于曉非作品集

001

虛妄與真實

楞伽經導讀 1

于曉非◎著

前言

　　從二○二○年十一月開始，我在「喜馬拉雅FM」APP上，推出《楞伽經導讀》音頻課程。現在，依據這個音頻課程，陸續整理成文字稿編輯出版。

　　依據《解深密經》佛陀三時判教，《楞伽經》屬於第三時教法的經典。第二時教法是佛陀立足於凡夫境界爲凡夫說法，其傳承在印度形成「中觀見派」，傳來中國漢地是「三論宗」；第三時教法是佛陀立足於聖者境界爲凡夫說法，其傳承在印度形成「瑜伽行派」，傳來中國漢地是「唯識宗」。

　　「唯識學」素以名相繁複而著稱，讓很多學人望而卻步。其實，抓住綱領、契入核心就可以避免入海算沙之弊。《楞伽經》以「五法、三自性、八識、二無我」這四根理論支柱，撐起了佛陀三時了義教法體系，極爲簡潔清晰，甚爲殊勝，佛子不能不讀。

　　本課程以《楞伽經》實叉難陀漢譯本爲據，同時對照《楞伽經》梵文原本，力求如實準確地理解表達佛陀眞實法義。

　　是爲序。

于曉非

二○二三年中秋於北京大有莊

CONTENTS

目　錄

CONTENTS

目　錄

《楞伽經》導讀001

引言1　為什麼要學習《楞伽經》？

從今天開始，我們將在一起共同學習一部重要的佛經——《楞伽經》。

在我們漢傳佛教，目前對於《楞伽經》這部經的經名的讀音有不同意見，有人念《楞伽（jiā）經》，有人念《楞伽（gā）經》，有人念《楞伽（qié）經》。這部經的漢文的名字，實際上，它是梵文詞laṅkā的音譯，既然是音譯，我們就應該選擇最貼近原本發音的那個漢譯名稱來念誦。《楞伽（jiā）經》、《楞伽（gā）經》、《楞伽（qié）經》這三個讀法，其中《楞伽（gā）經》是最接近梵文詞laṅkā的發音的。因此，我喜歡用《楞伽（gā）經》這樣的讀法，念《楞伽（jiā）經》、《楞伽（qié）經》其實也無大礙。

我們為什麼要學習《楞伽經》？大家知道，佛教的經、律、論三藏非常浩瀚，有那麼多的經典，為什麼我們唯獨要選擇《楞伽經》來學習，這是我們要解決的第一個問題。

我想有這樣幾個理由：

第一，《楞伽經》這部經與我們漢傳佛教的因緣特別的深。為什麼這麼講？佛教傳入我們漢族地區已經兩千年了，在這兩千年當中，形成了很多具有中國特色的佛教大乘教派，比如：天臺宗、三論宗、唯識宗、淨土宗、禪宗、華嚴宗等等。在這麼多大乘教派當中，其實只有禪宗和淨土宗，在我們漢族地區是最具有生命力的，它們傳播最廣，影響最深。

下面，我們就看看《楞伽經》與這兩個最具影響力的宗派——禪

宗和淨土宗——之間有什麼關係。

先說「禪宗」：

大家知道，禪宗是由印度的一位高僧叫達摩，他來到中國而傳承的一個教派。達摩來到中國，他接引了一位漢僧叫神光。當達摩祖師印證神光小和尚見道了，大悟了之後，達摩祖師做了幾件事情：

第一，給神光法師改了個名字，說你見道以前叫神光，現在見道了，脫胎換骨了，應該改個名字，達摩祖師給他起了一個新的名字叫「慧可」。所以，大家知道，中國的禪宗第一代祖師初祖是達摩，二祖就是慧可。

第二，達摩祖師給他改完名之後，給他傳了法。大家注意，禪宗是有法的。

第三，達摩祖師給慧可傳了衣缽（達摩祖師從印度帶來的釋迦牟尼佛的衣服和乞食的碗），以表「信」，就是證明我們這個傳承是真實的、可信的。一般講達摩祖師接引慧可，往往大家就只講了這幾件事情。

其實，還有下一件更重要的事情就是達摩祖師送給慧可一部書，這部書就是我們現在要學習的《楞伽經》，達摩祖師對慧可說：「我觀漢地，唯有此經，仁者依行，自得度世。」就是我看你們漢地，修行者只有依這部經而行，能夠自己獲得解脫。這是達摩祖師對這部經與我們漢地眾生的關係做的授記。

達摩祖師還對慧可說：「我給你這部《楞伽經》啊，你要知道這部經是『如來心地要門，令眾生開示悟』。」就是說，我給你的這部《楞伽經》，它是佛的心地要門，它能夠令眾生開示悟入佛的境界。大家看，達摩祖師對《楞伽經》的評價非常地高。

達摩祖師還說：「吾觀震旦，所有經教，唯楞伽，可以印心。」「震旦」就是指我們中國。就是我看你們中國，在所有翻譯過來的這些經教當中，只有《楞伽經》可以印證是不是明心見性，是不是見道大悟。所以，達摩祖師認為《楞伽經》是禪宗法脈印心的經典。

因此，請大家注意，依照達摩祖師的教誨，禪宗是否開悟見道，

是否明心見性，印證的經典是《楞伽經》，絕不是其他哪部經。大家注意，這是達摩祖師的教誨。因此，中國禪宗早期的祖師們有一個別名叫「楞伽師」。記載禪宗初期各位祖師事蹟的書，就叫《楞伽師資記》。

所以，大家要知道，禪宗初祖達摩祖師是用《楞伽經》印心。當然，禪宗傳到四祖的時候，也就是四祖「道信」，他雖然還用《楞伽經》印心，同時四祖又宣導用《般若經》印心。那麼，到了五祖弘忍大師就把印心的經典選擇爲《般若經》，而且選擇爲《般若經》裡面的《金剛般若經》，這也就是大家熟悉的《金剛經》。弘忍大師提倡用《金剛經》印心，但是在弘忍大師老人家心中，他依然是重視《楞伽經》的。

對禪宗有興趣的朋友，大概都讀過記載禪宗六祖惠能大師的一部書，就是《壇經》。在這部《壇經》當中，就記載五祖弘忍大師曾計畫在他門前的牆上要請畫師畫《楞伽經變相》，以供流傳供養。什麼叫變相？「變相」是佛教的一個專有名詞，是指把佛經當中的重要的情節用圖畫的形式表現出來。《楞伽經變相》就是在牆上畫上《楞伽經》裡面的一些重要的情節。當然，後來因爲神秀大師在這面牆上寫了四句偈頌，來表達他當時所證悟的境界，有了這四句偈，弘忍大師就放棄了在牆上畫《楞伽經變相》的這樣一個原來的計畫。但是，即便沒有畫，大家從《六祖壇經》的記載可以看到，雖然五祖弘忍大師把禪宗印心的經典改成了《金剛經》，但是他老人家心中始終記掛著《楞伽經》。

所以，從我上面講的這段故事，大家就可以理解，《楞伽經》與我們漢傳佛教非常重要的教派——禪宗因緣深厚。對於一個學習禪宗的人，一個參禪的人，《楞伽經》不是可讀可不讀，而是必須得讀。

說完「禪宗」，我們下面講「淨土宗」。

淨土宗和禪宗一樣，是在我們漢傳佛教當中影響深遠的一個教派，到今天都是。淨土宗的修行方法就是以念阿彌陀佛的名號，希求往生西方極樂淨土，這樣一個修行的法門。因此，大家看到那些修行

淨土法門的人，那些信徒，每天都在「南無阿彌陀佛──南無阿彌陀佛──南無阿彌陀佛──南無阿彌陀佛⋯⋯」念佛的名號。

　　淨土宗與《楞伽經》有什麼因緣呢？大家注意，在《楞伽經》當中有一個非常重要的偈頌，《楞伽經》中說：「十方諸剎土，眾生菩薩中，所有法報佛，化身及變化，皆從無量壽，極樂界中生。」這個偈頌就是說，所有的佛都從無量壽佛的極樂世界當中出來。「無量壽」梵文就是Amitābha，就是「阿彌陀佛」。在《楞伽經》當中，佛陀是極度的讚歎阿彌陀佛，讚歎西方極樂淨土。所以，你讀了《楞伽經》，你才會知道「阿彌陀淨土」的殊勝。再有，我們漢傳佛教修行淨土法門的方法是持誦阿彌陀佛的名號，也就是念佛的名字。那麼，很多修行淨土法門的人，心中就有一個疑問：我只念佛的名字，就有那麼大的功德嗎？名字為什麼這麼重要？我想告訴大家，當你學習了《楞伽經》之後，你就可以理解名字不僅重要，而且極其重要。所以，修行淨土法門的人也應該學習《楞伽經》。

佛陀教法納領

縱向判教（無次第）	立足點	三大緣起	六套解構模型	教法綱領	橫向判教（有次第）破增益（前）	補損減（後）	
小乘 初時教法	立足於凡夫境界向凡夫說法	十二緣起（緣起的方便說）	十二緣起模型	四諦 十二因緣 三法印	十二緣起（輪回無我）	遮詮	除妄即真（無常常無我）
大乘 二時教法	立足於凡夫境界向凡夫說法	緣生緣起（緣起的方便說）	四重二諦模型（漸法） 悖論歸謬模型（頓法）	權便中觀 究竟中觀 歸謬解構	緣生緣起（諸法無生）	遮詮	指向真實（實相離言）
三時教法	立足於聖者境界向凡夫說法	藏識緣起（緣起的究竟說）	種子薰現模型 眼翳執毛模型 眼識轉起模型	五法 三自性 八識 二無我	藏識緣起（唯識無境）	表詮	直陳真實（如來藏）

《楞伽經》導讀002

引言2 《解深密經》三時判教

大家知道，佛教經、律、論三藏當中的每一部經典都是重要的，我們絕不能厚此薄彼。但是我們為什麼唯獨要選擇先學習《楞伽經》？上一講講了第一個理由，現在講第二個理由。

由於眾生根性、習性的差別，佛陀為不同的眾生說法的時候，他講了不同的法。因此，在佛教的教理體系內部，就形成了不同的名言系統。如果，一個學習佛教的人，他不能夠理解佛教理論體系的內在結構，那麼他就無法讀懂佛經，甚至還會產生誤解。

舉例來說，「心」這個字，在《金剛經》當中，佛說：「過去心不可得，現在心不可得，未來心不可得。」在《金剛經》當中，佛說心不可得，可是在我們即將學習的《楞伽經》裡面，佛又說：「了境如幻自心所現」。就是世間的萬法，只是心的顯現，所以《楞伽經》說，心的顯現。那麼《金剛經》的「心不可得」與《楞伽經》的「心的顯現」，這兩處的「心」一樣嗎，它們表達的法義相同嗎？如果你認為一樣，就不可能讀懂這兩部經。因為，《金剛經》和《楞伽經》是分屬兩套不同的佛法的名言系統。同樣是這個「心」字，梵文是citta，詞都是一個，但是在這兩部經當中表達的法義是非常不同的。

再舉個例子——識。對佛教有興趣的朋友，可能都學習過佛教的「十二因緣」，也叫「十二緣起」。「無明緣行、行緣識、識緣名色、名色緣六入」一直到「緣生、生緣老死」，這十二重緣起裡面就有「行緣識」。

在《楞伽經》當中，「識」這個字也是個高頻詞，出現了很多

次。比如說，《楞伽經》一打開，你就會看到有一句話「藏識大海，境界風動，轉識浪起」，你看在這短短的十二個字裡就出現了兩次「識」這個字。「識」梵文對應的都是vijñāna，在漢語、在梵文確實都是同一個字。但是，在十二緣起當中的「行緣識」的「識」，與《楞伽經》當中的「藏識」、「轉識」的「識」是同一個法義嗎？如果你認為是同一個法義，用同樣的意思去理解這兩處的「識」，那你一定會造成混亂。所以，大家一定要知道學通、學懂佛教的前提，就是要能夠理解佛教體系的內部結構。

在佛教史上，梳理佛教理論體系內部結構的這項工作叫「判教」。大家注意，判教是我們學懂、學通佛法的前提，這個前提不是可有可無的，而是必須得有的。有的朋友學佛很久，甚至學了幾十年，依然不得門徑，為什麼？原因之一就是不懂判教。

在佛教歷史上，有很多大德祖師都依據自己對佛陀教法的理解，做出了他們各自的不同的判教。比如說，天臺宗有天臺宗的判教，華嚴宗有華嚴宗的判教。當然每一種判教都有它合理的因素，我都不否定。但是，我總想問一個問題，佛經中有沒有判教？

大家知道，「經」是佛說，所以出現在佛經當中的判教，那就是佛陀印可的判教。如果經中有判教，有佛陀印可的判教，那這種判教應該是最權威的、最值得信賴的。那麼，經中有沒有判教呢？有的。

佛教有一部非常重要的經，就叫《解深密經》。在《解深密經》當中，就有佛陀印可的判教，大家給它起名叫做「三時判教」。也就是，在《解深密經》裡面，把佛陀老人家一生的、完整的教法分成了三個相對獨立的理論體系、三個相對獨立的名言系統，分別給它們起名叫做：初時教法、二時教法和三時教法。初時教法對應的就是「聲聞乘」，後來我們也管它叫做「小乘」。當然，「小乘」這個名字是長久以來的一個約定成俗的表達方式，不存在著貶義啊！初時教法是「聲聞乘」，是「小乘」；而二時教法和三時教法是「菩薩乘」，也就是我們通常說的「大乘」。

大家就可以理解，依據《解深密經》的判教，大乘佛法分成了兩

個體系。在印度，後來對於大乘佛教的「二時教法」和「三時教法」這兩個理論體系，都出現了一些有修有證，而又有著深厚的學術背景、學術水準的一些大德祖師。他們對佛陀的二時教法和三時教法，分別進行了全面的理論梳理。

那麼，對佛陀二時教法進行梳理的學派，我們就叫做「中觀見派」；對三時教法進行理論梳理的學派就叫「瑜伽行派」。這兩派傳到我們中國以後，我們中國人就給梳理二時教法的教派起了一個很簡單的名字——中觀；對於梳理三時教法的這個教理學派——瑜伽行派，到了中國我們就給他起了一個名字——唯識。當然，「唯識」是不是能夠完全的概括瑜伽行派的學術思想呢？這個有爭論。但是，「唯識」僅僅是個名字，就是在我們漢傳佛教裡會問：「你這個大乘佛教徒是學中觀的，還是學唯識的？」唯識，是個名言，指佛陀三時教法的學術體系。

在印度，中觀這一派出現了幾位大德，比如：龍樹、提婆和佛護。唯識，也就是瑜伽行派，也出現了幾位大德，他們叫彌勒、無著和世親。所以，大家注意，佛教不是盲修瞎練，它是有很深的理論指導的。歷史上的一些祖師大德，他們不僅有修有證，而且他們的理論水準、學術水準是極高的。因此，佛教不是反智的，不要一聽說誰還能講經，誰有理論水準，他一定意味著就沒有修行，沒有信仰，不是的！佛教史上有修行，有信仰的大師，大多都很有理論水準。

回到我們主題上，剛才我們舉的例子「心」和「識」，為什麼在不同地方有不同的理解呢？十二緣起，其實就是屬於佛陀的初時教法的法；而《金剛經》講「心不可得」，它是屬於佛陀二時教法的法；《楞伽經》講「自心所現」，它是佛陀三時教法的法。如果，我們在體系上把它捋清晰了，我們再學習「十二緣起」，學習《金剛經》，學習《楞伽經》就不會造成思想的混亂。

在之前，我推出了《解構凡夫的「真實」世界——〈金剛經〉導讀》這本書，它不僅逐字逐句地講解了《金剛經》的經文，而且還借

助講《金剛經》的機會，全面系統的講述了中觀的學術思想、學術體系。認真學習過這本書的朋友，大家都會記得有「權便中觀」和「究竟中觀」。

這一次，我推出的《虛妄與真實——〈楞伽經〉導讀》這兩本書，由於《楞伽經》屬於三時教法，所以這次《楞伽經》導讀的課程，不僅我們要逐字逐句地學習《楞伽經》的經文，還要借學習《楞伽經》的機會，全面系統地闡述三時教法的教理體系，也就是講瑜伽行派的思想，說的再通俗一點講「唯識」。

我們總結一下，為什麼我們要先選擇學《楞伽經》呢？就是我們經過比較，發現屬於佛陀三時教理體系的很多經典當中，借《楞伽經》完整、系統地表達佛陀三時教理體系，它是最方便、最善巧、最了義的！《楞伽經》有優勢，這就是我們為什麼先選擇學習《楞伽經》的第二個理由。

當然我順便說一下，因為現在有朋友喜歡學習藏傳佛教，而在藏傳佛教裡面有很多教派，比如說，寧瑪、噶舉、薩迦、覺囊、格魯等等。大家注意，其實在藏傳佛教裡面，除了格魯之外，寧瑪的「大圓滿」、噶舉的「大手印」、薩迦的「道果法」、覺囊的「十輪金剛」，這些各派的修法所依止的顯教的教理都是三時教法。所以，大家注意，學習《楞伽經》，學習三時教法，對於學習藏傳佛教的朋友是非常重要的。那有人說我是學格魯的，格魯主要是依止二時教法來修行，也就是依止中觀來修行。但是，學習格魯的朋友其實也有必要了解學習三時教法，因為只有這樣，你對佛法的學習才是圓滿的。「空性」與「佛性」的區別是什麼？什麼是「如來藏光明」？大家學完《楞伽經》之後，你就會至少在理論上，可以對這些問題非常明了了。

上一講和這一講，我們講了為什麼先學習《楞伽經》的兩大理由。如果說還有第三個理由的話，那就是《楞伽經》這部經的法義非常深邃，它所運用的詞句非常古奧、難懂。因此，《楞伽經》對於一般的學習佛教的民眾來說，絕對是一部完全不可能自學的經典。說

我要自學《楞伽經》，把它學懂──這件事幾乎是不可能的。《楞伽
經》的學習必須得有講授，我想這就是我們為什麼要選擇先學習《楞
伽經》的理由。

《楞伽經》導讀003

引言3　關於《楞伽經》的漢語譯本

在正式學習《楞伽經》之前，我們先要討論一下有關《楞伽經》漢語翻譯的問題。

流傳至今，《楞伽經》的古代譯本現存有三個。按照翻譯時間早晚的順序排列，第一個漢譯本是西元五世紀有一位印度僧人來到中國，他叫求那跋陀羅。現存的《楞伽經》古代漢譯本，時間最早的就是求那跋陀羅的譯本。前面講過，中國禪宗祖師達摩給二祖慧可一部《楞伽經》，給的那部《楞伽經》，就是求那跋陀羅的譯本。《楞伽經》的第二個漢譯本是西元六世紀，由另一位從印度來到中國的學者叫菩提流支，由他翻譯的。第三個漢譯本是西元八世紀初，西域于闐（就是現在的新疆和田）的一位大翻譯家叫實叉難陀，他來到長安，翻譯了《楞伽經》。實叉難陀的這個譯本完成在西元700年，譯完之後實叉難陀就從長安城回西域了。過了兩年，也就是西元702年，由另一位西域三藏法師叫彌陀山，由他又依據《楞伽經》的梵文原本，重新校勘了實叉難陀的譯本。據記載，這位彌陀山去過印度學習，而且在印度時他專門學修《楞伽經》，他是《楞伽經》的專家。所以，由彌陀山校訂的實叉難陀譯本就顯得更為精準，水準很高。我們今天看到的這第三個譯本，嚴格講應該是實叉難陀譯，彌陀山校。這就是《楞伽經》古代譯本的基本情形。

下面，我們講這部經的經名翻譯。這部經的名字的梵文是laṅkāvatāra，它是由兩個梵文詞組成的。一個是laṅkā，laṅkā就是個地名，從後面的《楞伽經》的經文來看，它是laṅkāpura，pura就是城

市。因此，laṅkā這個名字指的是一座城，是城的名字。《楞伽經》的梵文名字的第二個詞avatāra，是進入的意思，所以，laṅkāvatāra就是「進入楞伽城」。誰進入楞伽城呢？從《楞伽經》的經文看，顯然是佛陀進入了楞伽城。因此，從《楞伽經》的這個名字看，就是這是一部佛陀在楞伽城裡講的經。《楞伽經》的名字就是這樣，很簡單清晰明了，不必做其他的過度解讀。

對於這個經名的翻譯呢，第一個譯本，求那跋陀羅的譯本，他基本上是音譯，所以他的翻譯是《楞伽阿跋多羅寶經》。楞伽就是音譯那個laṅkā，阿跋多羅就是avatāra的音譯，就是那個進入的意思，他後面添了一個寶，想必這是譯者自己加的。所以，求那跋陀羅把《楞伽經》的經名譯作《楞伽阿跋多羅寶經》，這基本是一個音譯的名字。現在有人在講求那跋陀羅譯本的經名的時候，把阿跋多羅解釋為無上，這是與另一個梵文詞搞混淆了，那個詞是anuttara，一般音譯為阿耨多羅，這個詞的意思是「無上」，最常出現的複合詞是anuttarāsamyaksaṃbodhi，音譯為「阿耨多羅三藐三菩提」，意譯為「無上正等正覺」。這個anuttara（阿耨多羅）是無上的意思，但是《楞伽經》經名的阿跋多羅對應的梵文不是這個anuttara，是另一個梵文詞avatāra，avatāra不是「無上」的意思，是「進入」的意思。所以，把「阿跋多羅」解釋為「無上」是錯誤的。

第二個譯本，菩提流支的譯本，是既音譯，又意譯。laṅkā作為地名，他選擇了音譯；avatāra是「進入」，他選擇了意譯，譯為「入」。所以他把這個經的名字譯作《入楞伽經》。

第三個譯本，實叉難陀的譯本，他也想這樣翻譯，像菩提流支一樣，但是《入楞伽經》這個名字已經被菩提流支用了。因此，為了區別菩提流支的譯本，他就在《入楞伽經》前邊加了一個詞「大乘」，所以實叉難陀翻譯的《楞伽經》的名字是《大乘入楞伽經》。

現在這三個譯本都有流通，所以我們到書店一看是三種《楞伽經》。第一，《楞伽阿跋多羅寶經》這是求那跋陀羅翻譯的；第二，《入楞伽經》這是菩提流支翻譯的；第三，《大乘入楞伽經》這是實

叉難陀翻譯的。

大家要注意，《楞伽經》的印度梵文原本沒有失傳，現在還在。現在社會上有一種說法，說印度佛教典籍的梵文原本，全都沒有了，有的也是十七世紀以後的所謂梵文本子。我想在這裡告訴大家，這是不懂梵文的人的非常無知的誤傳，我們要在這裡更正一下，其實佛教的很多梵文原本現在都是存在的，而且是很古老的本子。《楞伽經》的梵文原本就還在。

我們拿《楞伽經》的梵文原本與《楞伽經》在我們漢傳佛教歷史上這三個古老的譯本做個對比，我們就會發現這第三個譯本中，實叉難陀的譯本與現存梵文原本的契合度最高。注意，我用的詞是「契合度」。正是因為實叉難陀的譯本與現存的梵文原本的契合度最高，所以我們這一次《虛妄與真實——〈楞伽經〉導讀》課程就選擇實叉難陀的譯本作為我們的基本讀本。就是我們依據實叉難陀的譯本來講《楞伽經》，當遇到疑惑的問題、疑惑的詞句，不好理解的地方，我們參看求那跋陀羅和菩提流支的譯本。如果三個譯本對照起來，依然還有解決不了的問題、更難解決的地方，我們就查閱《楞伽經》的梵文原本，依據梵文原本來解讀《楞伽經》。

下面，我們就開始依據實叉難陀的譯本來學習《楞伽經》。經名剛才已經講過了，實叉難陀把《楞伽經》的名字譯作《大乘入楞伽經》。實叉難陀的譯本把整個《楞伽經》分為十品：第一品《羅婆那王勸請品》；第二品《集一切法品》；第三品《無常品》；第四品《現證品》；第五品《如來常無常品》；第六品《剎那品》；第七品《變化品》；第八品《斷食肉品》；第九品《陀羅尼品》；第十品《偈頌品》。

大家注意，實叉難陀的這個譯本，他這十品的劃分以及這十品的品名與現存的《楞伽經》的梵文原本是吻合的。按照我們漢傳佛教的講經傳統，我們要把這一部經分為三個部分：序分、正宗分和流通分。「序分」就是一部經的序言；「正宗分」就是這部經的核心部分；「流通分」是這一部經的附錄，往往都是佛陀囑託這部經日後怎

麼樣的流傳於世。

　　這一部經分爲十品，我們依照傳統也把它按照序分、正宗分和流通分劃分一下。其實這十品，第一品《羅婆那王勸請品》是這部經的「序分」，就是前言。從第二品《集一切法品》到第七品《變化品》，這一共六品就是《楞伽經》的「正宗分」，也就是這部經最核心的部分。後面還有三品《斷食肉品》、《陀羅尼品》、《偈頌品》，我們就可以把它們歸爲「流通分」。但是《楞伽經》比較特別，這三品重點並不在流通，我們可以把這三品算作《楞伽經》的附錄。首先，它講了兩件事，第八品《斷食肉品》講應不應該吃肉的問題；第九品《陀羅尼品》給出了一個《楞伽經》的眞言修行：這兩品是附錄。其次，第十品叫《偈頌品》，《偈頌品》就是把整個這一部《楞伽經》的所有法義，最後又用偈頌體佛陀把它重述了一遍。這就是這部《楞伽經》的基本結構。

　　到這一講爲止，我們用了三講的時間，作爲我們學習這部《楞伽經》的引言。從下一講開始，我們就正式開始學習《楞伽經》的經文。

《楞伽經》導讀004

1-01-01五法 三自性 八識 二無我

　　《楞伽經》的第一品，也就是《楞伽經》的序分，這一品叫《羅婆那王勸請品》。羅婆那王，就是佛陀這次說法的那個地方楞伽城的主人。這部《楞伽經》就是羅婆那王請佛所說，這一品就是記述著羅婆那王請佛說法的勸請過程。

　　《楞伽經》字數很多，實叉難陀的譯本大概是六萬多字，不僅整個《楞伽經》很長，而且《楞伽經》當中的有一些品也很長。所以為了便於大家學習，我就把每一品根據討論的不同話題又分了段。從這一講開始，對每一講都做了編號。大家看這一講的編號就是「1-01-01」。這第一個「1」就表示「品」，就是「第一品」；「-01」這個「槓之後的01」是指「段」，就是我對這一品分的第幾段，今天就是講第一品的第一段；然後又「-01」表示這一品這一段的第幾講，因此，今天這個編號就是「第一品第一段的第一講」。下面我們的每一講都有這樣一個編號，便於大家學習。

　　下面，開始學習《楞伽經》的經文。

　　第一句「**如是我聞**」。大家注意，一部完整的佛經都是由這句話開頭的，它的梵文就是evaṃ mayā śrutam，這句話如果用現在的白話文翻譯就是「被我如此這般的聽說過的」。為什麼每一部完整的佛經都是這句話開頭呢？因為這是佛陀的教誨！佛陀對阿難這個弟子說，等我涅槃以後，你們在結集我的經典的時候、結集我的言教的時候，有一個結集的原則，這個原則就是「被我如此這般的聽說過的」。什麼意思？就是你們到時候怎麼聽的，就給我怎麼結集，不要自作聰明

的對我的教誨，把它修改修改、補充補充、刪節刪節、提高提高，這些事情是不能做的。也就是佛陀沒有授權阿難這些弟子，在日後結集他經典的時候，對他的教誨進行改革、改變。老師沒有授權！

因此，我們看到「如是我聞」這四個字，第一，就知道下面記述的都是當時老師講課的真實場景、真實教誨，要生信；第二，我們作為末法時期的後世弟子，我們對佛陀言教的學習，也應該秉持著「如是我聞」這樣一個基本精神，就是經中怎麼說的，我們怎麼聽的，就如實地學習，不要加上那些自己的妄見。對「如是我聞」有很多過度詮釋，我是不主張那樣講的。

下面，**「一時」**就是有那麼一個時候，沒有寫某年某月某日。佛經都是「一時」，為什麼？第一，這是印度人的習慣；第二，特別在佛教，他認為時間是虛妄的，沒有必要執著那個具體的時刻。所以，佛經全是「一時」——有那麼一個時候。

繼續看經文，**「佛住大海濱」**。「佛」指的就是佛陀；「住」就是住在那裡，正在那裡居住；「大海濱」顯然是一個海邊；「摩羅耶山」海邊的一座山叫摩羅耶。

「摩羅耶山頂楞伽城中」就是在摩羅耶山的山頂上有一座城——楞伽城，這就是佛陀說法的地點。在這個楞伽城中，佛陀**「與大比丘眾及大菩薩眾俱」**，也就是佛陀今天要在這裡說法了。聽眾有誰？有比丘，「比丘」就是佛陀的出家弟子，還有大菩薩，「菩薩」可以示現為出家，也可以示現為在家。這一天的聽眾有出家人，有在家的菩薩。

大家注意，一部佛經裡面，如果說今天的聽眾裡有菩薩，那往往就意味著這部經講的是大乘佛法。

下面的經文是對今天出席會議的這些大菩薩們做了介紹。看下一句，**「其諸菩薩摩訶薩悉已通達五法、三性、諸識、無我」**。這裡講「菩薩」還是「摩訶薩」，「摩訶」是什麼意思？「摩訶」就是梵文mahā的音譯，mahā是「大」的意思，所以，「菩薩摩訶薩」如果翻譯過來就是「大菩薩」。前面也講是「大比丘眾及大菩薩眾俱」，

「俱」就是「在一起」；「大菩薩」就是「菩薩摩訶薩」。那麼，今天出席會議的菩薩們大到什麼程度？後面有交代、有講述。重要的是今天出席會議的這些大菩薩們都已經通達「五法、三性、諸識、無我」，這一點非常重要。

「五法」就是指「五種法」；「三性」有時候也翻作「三自性」、「三種自性」；「諸識」就是好多個識，那多少個識呢？從後面《楞伽經》的學習，我們會知道廣說、略說是不同的。廣說這個「識」有八個，所以叫「八識」；略說可以說有三個，也可以說有兩個。當我們把《楞伽經》學完以後，學懂了，你就會發現，其實「識」只有一個。說八個，說三個，說兩個，都是從「識」所表現出來的種種的不同的功能上進行劃分的而已。當然，我們平常最習慣的表達是選擇「八識」，所以，「諸識」也是「八識」。「無我」，是講「兩種無我」。所以，我們可以把它們表述為「五法、三自性、八識、二無我」。

注意，「五法、三自性、八識、二無我」這是四個道理，非常重要，為什麼？因為，佛陀的三時教法的教理體系，就是用這四個道理建立起來的，這四個道理是佛陀三時教法的四根支柱；這四個道理是佛陀三時教法體系的骨架。可以講，學習佛陀的三時教法，也就是學習瑜伽行派的思想體系，說的通俗點就是學唯識，學什麼，其實就是學這四個道理。懂了這四個道理，就是懂唯識、不懂這四個道理，其他的枝枝節節的瑣碎的內容，你學的再多，也不能叫懂唯識。

就像我在《解構凡夫的「真實」世界──〈金剛經〉導讀》當中講的：「什麼是中觀？『中觀』就是四重二諦的『權便中觀』與泯滅二邊的『究竟中觀』這兩個道理。」注意：「中觀」是兩個道理。前面我們講過「判教」，也就是依照《解深密經》，佛陀的整個的教理體系可以分成「三套名言系統」，就是佛陀的初時教法、二時教法和三時教法。初時教法是「小乘」，二時教法和三時教法是「大乘」。因此，大家就可以理解，佛陀的大乘教法分成「兩個體系」，就是二時教法的「中觀」和三時教法的「唯識」。更重要的是大家要知道，

二時教法的「中觀」是由「四重二諦的權便中觀」和「泯滅二邊的究竟中觀」，這兩個道理組成。佛陀三時教法的「唯識」是由「五法、三自性、八識、二無我」，這四個道理組成。其實，整個一部大乘佛法，它的教理體系就可以完全概括在這六個道理之中，也就是懂了這六個道理，就是懂了大乘佛法。因此，學佛難嗎，學佛陀的教理難嗎？不難。

但是，有人說很難，學了多少年都沒學通，為什麼？因為，對佛陀的教理體系不清楚。比如說「學唯識」，有人把「學唯識」形象地描述為「入海算沙」（就是到大海裡數沙子）。大家想想，到大海裡數沙子這件事，第一，沒意義；第二，數不完。那麼，學唯識的人被人形象地描述為入海算沙，這是不是事實？是的。歷史上學唯識的人，包括今天很多學唯識的人，都是在那裡入海算沙，墮於無數的、無窮無盡的、種種的名言之中不能自拔，不僅自己學不懂，更不可能給別人講明白。所以唯識這門學問，今天對很多人來講是望而卻步的，「一學唯識，入海算沙」原因是什麼？原因就是沒有搞清楚佛法的體系，沒有抓住佛法的教理體系的綱領，糾結枝枝節節的末節，因此才造成「入海算沙」。

其實，佛陀三時教法的綱領就是「五法、三自性，八識、二無我」四個道理。那這四個道理，每個道理指的具體的是什麼事情，它的名言是什麼？

「五法」就是相、名、妄想、正智、如如。

「三自性」就是遍計所執自性、依他起自性、圓成實自性。

「八識」就是眼識、耳識、鼻識、舌識、身識、意識、末那識、阿賴耶識。

「二無我」就是人無我、法無我。

我建議大家，把前面這「五法、三自性、八識、二無我」以及它們所表述的具體內容的這些名字，先背下來，我們在以後的課程當中，就會詳細地講述這「五法、三自性、八識、二無我」。

大家看《楞伽經》這部經好不好？《楞伽經》這部經非常的殊

勝！爲什麼？大家看，這部經一開章、一翻開來，幾乎就是在第一句話，就把佛陀的三時教法的教理體系的綱領講出來了——五法、三自性、八識、二無我。

《楞伽經》導讀005

1-01-02境界自心現

上一講我們講到，這次在楞伽城中與佛陀在一起的那些大菩薩們，都已經通達了「五法、三自性、八識、二無我」。注意，是「通達」，梵文是gatimgata，這個詞的語氣很強烈，是完完全全地、徹徹底底地通曉才能叫「通達」。那麼，這些大菩薩們通達了「五法、三自性、八識、二無我」之後，獲得了什麼結果呢？

我們看下一句經文「**善知境界自心現義**」，也就是這些大菩薩們，通過學習五法、三自性、八識、二無我，他們很好地知道了「境界自心現」這個法義。注意，這裡面核心的詞彙是「境界自心現」這五個字，大家要知道，這五個字非常的重要，可以講，這就是《楞伽經》的核心！也就是佛陀給我們講「五法、三自性、八識、二無我」，他的目的是什麼？他的目的就是要讓我們這些凡夫、這些眾生能夠很好地知道「境界自心現」這樣一個義理。我們這些凡夫努力地學習「五法、三自性、八識、二無我」，最後要獲得一個什麼結果呢？就是很好地了知「境界自心現」這個法義。「境界自心現」是三時教法的核心！

我們下面就討論一下這五個字。

境界，它對應的梵文詞是gocara，實叉難陀譯作「境界」，其他有的翻譯家譯作「行處」。「行處」就是「行走到的地方」。誰行走到的地方呢？是「心」行走到的地方。所以，這個境界、這個行處是「心的行處」，說得通俗點就是「心的所到之處」。

什麼是「心的所到之處」，下面舉例來講。對我們凡夫而言，大

家注意，這個心的行處是什麼？我們看見了一座山，「這個被看見的山」就是我們凡夫的心的行處；聽到了一段愛樂樂團演奏的貝多芬交響曲，「這個被聽到的交響曲」就是我們凡夫的心的行處；我們聞到一股沉香味，那麼「被聞到的這個香味」就是我們凡夫的心的行處；用舌頭舔舔蜂蜜──「哇」好甜吶──「這個被嚐到的甜味」就是我們凡夫的心的行處；摸到了這把椅子，「這個被摸到的椅子」就是凡夫的心的行處；在這裡想銀河系之外的那個浩瀚的銀河外星系，「這個被想到的銀河外星系」就是我們凡夫的心的行處。所以，大家理解什麼是凡夫的心的行處呢？就是我們凡夫用我們的眼、耳、鼻、舌、身、意所能感知到的種種的事物，這就是對凡夫而言的境界。

經文說是「境界自心現」，大家注意是「現」，它對應的梵文是dṛśya，這個詞就是「顯現」的意思。「境界自心現」，對凡夫而言，就是這些境界，這些凡夫的心的所行之處，凡夫用眼、耳、鼻、舌、身、意所感知到的這些種種的事物，它們無非都是自己的心的顯現而已。注意，是「顯現」，不是「產生」。所以，這些境界，既然是心的顯現，那就說明它們不是心外的某種真實的存在，這一點是非常重要的！

可能今天大家第一次聽到這樣的法義，你可能會有疑惑，沒有關係，我們日後的課程要有一大部分的時間，就是喋喋不休地、反反復復地講這件事，講「境界自心現義」。

講到這裡就有兩個問題：

第一，說這個境界是自心的顯現，那這個「心」是什麼心？在引言中曾經說過，《金剛經》說「心不可得」，《楞伽經》說「心的顯現」。那麼，《楞伽經》這個能夠顯現境界的「心」，是什麼心？這是一個極其重要的問題！今天，先把這個問題提出來，作為一個思考題留給大家，課後大家去思考一下。等到後面的課程，我們將會詳細地回答這個問題。

第二，大家注意到沒有，剛才我反復地強調是對「凡夫」而言。我反復強調這個境界對「凡夫」而言是「凡夫」的眼、耳、鼻、舌、

身、意所能感知到的這個世界，感知到的種種的事物，這是「凡夫的心」的行處。我總是強調「凡夫心」，那麼有的朋友就會想：「你這樣的表達，是不是就暗示著，除了凡夫心之外，還有別的什麼心？」這就是個好問題！其實除了「凡夫心」之外，還有「聖者心」（聖者的心）。所以，大家要知道，在《楞伽經》中講「心」，它分「凡夫心」與「聖者心」。那麼大家馬上就會有一個問題，這「凡夫」與「聖者」怎麼區分，怎麼判斷？誰是凡夫，誰是聖者？

其實，我在《解構凡夫的「真實」世界——〈金剛經〉導讀》當中講過，就是大乘佛法把一個眾生從凡夫到最後成佛，這個整個的歷程分成了五個階段，分別起名叫「資糧位」、「加行位」、「見道位」、「修道位」和「證道位」。

資糧位，大家聽這個名字就能理解「準備資糧」，也就是「準備工作」。

加行位，就是通過「資糧位」的修行，資糧具足了，那麼準備衝刺了，準備下一個見道位了，見道位之前的那一段衝刺的過程就叫「加行位」。

見道位，就是見道了。這個「道」就是「道路」，就是見到了通向成佛的道路了。

見道位之後叫「修道位」，見到了通向成佛的道路之後，就要在這個成佛的大道上努力地修行，這就是「修道位」。

最後叫「證道位」，就是沿著這條大道修行到最後的終點——成佛。

整個修行就分為這「五位」。

到這裡，大家就可以理解這五個修行階段，它們的特點不同，大概可以分爲兩類：一類是資糧位、加行位和修道位，這三個修行階段都可以用一個線段來表示，就是因爲這三個修行階段，是一個漸修的過程；另一類，見道位和最後的證道位，都可以用一個點來表示，因爲是剎那的頓證，不是漸進的過程。資糧位、加行位、修道位是「漸修」；見道位和證道位是「頓證」：特點不同。

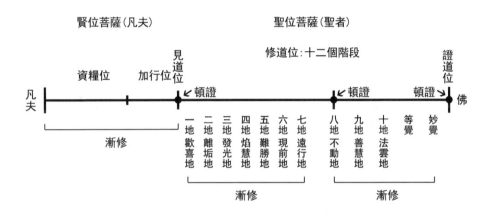

下面一個問題，就是在這「五位」當中，哪一個是關鍵點，是轉折點？大家要知道，在這個修行的整個歷程當中，「見道位」是第一個關鍵點，是第一個轉折點，是第一個分水嶺。也就是見道之前是一種特徵，見道之後是另外一種特徵。見道之前的修行者就是「凡夫」；見道之後的修行者就叫「聖者」。所以，「凡夫」與「聖者」的判斷區分，就是看他的修行階段是見道位之前，還是見道位之後。那麼，見道位之前就是凡夫，他的心就是「凡夫心」；見道位之後就是聖者，他的心就是「聖者心」。

前面講過了，凡夫的心的行處、他的境界就是凡夫用他的眼、耳、鼻、舌、身、意所感知到的一切事物。

那「聖者的心」的行處是什麼？在後面的《楞伽經》，佛陀告訴我們，聖者的心的行處就是「眞如」。「眞如」就是聖者，就是佛陀才能親證的眞正的眞實性。「眞如」顯然不是凡夫的行處，說得通俗

點，就是凡夫憑著凡夫的感官是感知不到的，說得再通俗一點，就是凡夫見不著。「真如」只有聖者能見、能證。大家注意，我的表達是兩件事：能見和能證。也就是見到真如和最終證得真如是有區別的，這一點大家要理解。

《楞伽經》導讀006

1-01-03破增益與補損減

　　《楞伽經》中說，這些大菩薩們都「善知境界自心現義」。這裡的境界自心現的「境界」，既是指凡夫心的行處，也指聖者心的行處。因此，「境界自心現」就有了兩重含義：

　　第一重含義，就是當境界是指我們凡夫心的行處，就是這個境界是我們凡夫依靠我們的感官，依靠我們的眼、耳、鼻、舌、身、意所感知到的心外的世界，比如：桌椅板凳、山河大地、日月星辰。佛陀在這裡講「境界自心現」，就是想告訴我們這些凡夫，自以為靠著我們的感官所能感知到的這個世界，其實只是我們自己心的顯現，並不是心外真的有這個真實的世界的存在。可是，我們這些凡夫無明所障，我們糊塗，我們非把佛陀認為只是心的顯現，而並不是獨立於我們的心——在我們心外的真實存在——的這些事物，可我們這些凡夫對這些事物，卻堅定不移地認為這是心外的真實存在，而且死死地執著著這個世界不放手。我們犯的這個錯誤，佛教裡給了一個專有的名詞叫「增益」，梵文就是samāropa，這個詞在《楞伽經》後面的經文當中是出現的。也就是佛陀認為我們這些凡夫，犯的第一個嚴重的錯誤，就是把佛陀認為只是心的顯現，並不是在心外有真實存在的東西，可是我們這些凡夫非要把心的顯現，當作獨立於心的、在心外的真實存在，這是我們凡夫由於無明而強加上去的所謂的存在，因此，給這個錯誤起名叫「增益」。

　　那麼，「境界自心現」的第一重含義，佛陀就是講：你們凡夫誤以為的心外的這些真實的存在，其實只是心的顯現，它不是真實的心

外的存在。這就是在糾正我們這個增益的錯誤，我們把它起個名就叫「破增益」。這是「境界自心現」的第一重含義。

第二重含義，說這個境界還可以表示「聖者心的行處」。就是聖者，就是佛陀親證的真實性，我們把這個真實性起名叫「真如」。那對於我們凡夫而言，這是我們凡夫靠著我們的感官所感知不到的。既然我們感知不到，那我們凡夫就不承認有佛陀親證的真正真實性的存在。不僅不承認，而且還生起誹謗，說佛陀證悟的真實性（真如）我沒有見過，那不存在，講有佛陀證悟的真正真實性，那是胡說，那是瞎說，這就生起了誹謗。

佛陀看我們凡夫，除了「增益」的錯誤之外，還犯了第二個錯誤，這個錯誤就是不承認聖者、佛陀有親證的真實性，也就是把真實性在我們凡夫心中給丟掉了，那麼這個錯誤就起名叫「損減」，梵文是apavāda，這個詞在《楞伽經》後面的經文當中也是出現的。

佛陀告訴我們，佛陀有真正親證的真實性，真實性（真如）是存在的。但是，這個真如的存在，又不是像我們凡夫在我們凡夫境界當中所以為的存在。比如說，我們凡夫認為的存在「桌椅板凳」、「山河大地」、「日月星辰」，這都是在我們凡夫心之外的獨立的存在。也就是在我們凡夫的心中，我們認為的存在，它一定是與我們能認識的這個心是獨立的，是分開的。也就是「能認識的心」與「被認識的物」是分離的，這是我們凡夫的典型的「認知模式」。

那麼，佛陀要告訴我們，佛陀親證的真正的真實性（真如）是存在的。但是，這個「真如」與能證、能見真如的「心」，又不是分離的。不像我們凡夫的認知模式下，「能認識」與「被認識」是分離的這樣的形態。佛教也給它一個名詞——佛陀親證的「真如」與能見能證真如的「心」——不二。

因此，從這個意義上講，對於聖者的境界而言，依然我們可以表達為是「境界自心現」，也就是聖者證悟的真正的真實性，並沒有離開聖者的心。這是「境界自心現」的第二重含義。

聖者有真實性可見、可證，而且能見、能證的心與真如不分離、

不二。這就是佛陀在糾正我們凡夫的第二個錯誤：我們凡夫見不到、不承認佛陀有親證的真實性，我們損減了。佛陀這個「境界自心現義」的第二重含義，就是糾正我們損減的錯誤。我們給這個糾正損減的錯誤起個名就叫「補損減」——把凡夫丟掉的那個佛陀證悟的真正的真實性給它補上。

我們總結一下，《楞伽經》開頭講這些大菩薩們通達了「五法、三自性、八識、二無我」，因此，他們就善知了「境界自心現」這個法義。那麼「境界自心現」有兩重含義，這兩重含義就是佛陀在糾正我們凡夫的兩個錯誤——「增益的錯誤」和「損減的錯誤」。糾正這兩個錯誤，就叫「破增益」和「補損減」。

其實，當我們把整部《楞伽經》學完之後，你會發現其實整個佛法無非就是講兩件事情——破增益和補損減。沒有第三件事情！

我們還要進一步討論「破增益」和「補損減」：

大家要知道，對我們凡夫而言，這個增益的錯誤和這個損減的錯誤是「連帶性錯誤」。什麼意思？就是因為我們凡夫增益了，所以才損減了。我們凡夫為什麼見不到佛陀證悟的真正的真實性呢？就是因為，我們凡夫死死地執著著，佛陀認為其實只是心的顯現，不是心外獨立存在的事物，可是我們非以為是心外獨立事物，而且死死地執著著這種「認知模式」。就是我們認為、我們認識世界這個「能認識的心」與「被認識的物」永遠是分離的；我們執著著心外有東西，並且執著著「能認識的心」與「被認識的物」是分離的：這樣一個認知模式。這個「增益的錯誤」導致的嚴重的後果，就是我們再也見不到佛陀證悟的真正的真實性了。因為，佛陀證悟的真正的真實性，不是靠我們凡夫的感官所能感知到的，佛陀證悟的真正真實性，這個「能證之心」和「證的真如」它是一體的，是不二的。

佛陀證悟真正真實性的這個認知模式，凡夫是抵制的，是背離的。因此，凡夫沉醉在凡夫的認知模式裡面，就導致了凡夫不可能見到、證到佛陀證悟的真正的真實性。也就是因為我們增益了，所以我們損減了。從這個意義上講，大家應該理解，「破增益」和「補損

減」這兩件事情對我們凡夫而言，哪件事情更重要？對的，破增益更重要！也就是「破增益」是我們這些凡夫學佛修行的重頭戲。整個一部佛法就是講「破增益、補損減」，而重頭戲就是「破增益」。

講到這兒，我要補充一點：我們剛才講「境界自心現」，這個「境界」既是凡夫心的行處，也是聖者心的行處。因此「境界自心現」的「心」，它既包括凡夫心，也包括聖者心，這是沒有問題的。但是，由於破增益是重頭戲，在《楞伽經》中出現的這個「心」字，在更多的時候它代表的是「凡夫心」，而不是「聖者心」。在後續我們讀《楞伽經》的時候，我會提示大家，也就是這個「心」是只代表凡夫心，還是既代表凡夫心，又代表聖者心。其實，在《楞伽經》當中只代表凡夫心的這個「心」出現的頻率是最高的。

《楞伽經》導讀007

1-01-04心：citta和hṛdaya

這一講開始，我們先講一個佛教的常識。佛經裡「心」，這個字出現的頻率相當高，但是大家注意，佛經漢語的「心」字，其實它對應著兩個不同的梵文詞：一個是citta；一個是hṛdaya。這兩個梵文詞，在我們漢譯佛典當中都翻作「心」。因此，我們在佛經當中看到「心」這個字的時候，我們應該認真地思考一下，它對應的梵文是citta還是hṛdaya。citta表示「精神活動」；hṛdaya它的本意是「心臟」，引申義是指「一種理論的核心、要點」。

我們剛讀過的這個《楞伽經》的經文「境界自心現」，這個「心」對應的就是citta，表示的是「精神活動」。有的朋友可能讀過一部經叫《般若波羅蜜多心經》，大家注意，《心經》的「心」對應的就是hṛdaya，不是citta。所以，《般若波羅蜜多心經》（Prajñāpāramitā Hṛdaya Sūtra）的這個名字，是說這部經是講述「般若波羅蜜多」這個法門的核心要義。所以，大家一定要把這兩個不同的「心」區分開來。在《楞伽經》當中，大多數的「心」都對應的是citta，少數對應的是hṛdaya。所以，我們後面讀《楞伽經》的時候，如果遇到「心」對應的是hṛdaya的時候，我都要特別的提醒大家。

我們開始往下讀經文。

前面講了，今天參加會議的大菩薩們通達五法、三自性、八識、二無我，都善知境界自心現這個法義。那下面就要講這些大菩薩們，他們在度化眾生的時候，具有著種種殊勝的能力，下面就是對這些殊勝能力的一個描述。

我們看經文，「**遊戲無量自在、三昧、神通、諸力，隨眾生心現種種形方便調伏**」

「遊戲」就是對這些大菩薩們度化眾生的時候，在眾生之中所表現出來的那種遊刃有餘的狀態。為什麼這些菩薩們有這種狀態呢？因為他們具有無量的自在。「自在」是大自在力，就是「度化眾生的調伏力」。他們還具有「三昧」，梵文是samādhi，「三昧」是samādhi這個詞的音譯，這個詞還有時候音譯為「三摩地」，意譯就是「定力」，大菩薩們具有很強的定力。「神通」就是這些菩薩們具有的種種神異的、超常的那種能力。「諸力」就是種種的菩薩們對眾生的加持力。就是由於這些大菩薩們，他們具有以上這些種種的特徵、能力，因此他們可以隨眾生心，現種種形方便調伏。也就是可以隨著眾生的種種的心願，顯現出不同的形態，以方便度化，調伏眾生。這一段就是對這些大菩薩們度化眾生的能力的一個描述。

有一部經叫《法華經》，其中有一品叫《觀世音菩薩普門品》，在這一品當中就告訴我們，觀世音菩薩就具有這樣的能力。在《普門品》當中告訴我們「眾生以何身得度，觀世音菩薩就現何身而為說法」。

看下一段，「**一切諸佛手灌其頂**」。

大家注意，前一句講的是菩薩們度化眾生，而這一句是講佛對這些菩薩們的加持。就是菩薩們度化眾生的過程當中，他們也是獲得佛的加持的。那什麼加持？「手灌其頂」的加持。什麼樣的菩薩能夠獲得佛的「手灌其頂」的加持？這在《楞伽經》的後面有一段有詳細的描述，那一段經文告訴我們，只有十地菩薩才能夠獲得佛的「手灌其頂」的加持。

什麼是十地菩薩？前面我們講過了，一個凡夫到修行成佛，簡單地說要經歷五個修行階段，就是資糧位、加行位、見道位、修道位和證道位。其中的「修道位」，又可以分為十二個階段，分別叫做：初地、二地、三地、四地、五地、六地、七地和八地、九地、十地、等覺、妙覺，一共十二個階段。大家看，十地菩薩後面僅有等覺、妙覺

兩個階段就成佛了，因此，我們可以說，「十地菩薩」就是即將成佛的菩薩。前面我們講「今天與會的都是大菩薩，那麼這些菩薩大到何種程度？」前面我們曾經留下了這樣一個疑問，讀到這句經文，我們就有答案了。這些菩薩大到什麼程度？大到「十地菩薩」的程度，也就是「即將成佛」的程度。

看下一句，說這些十地菩薩們「**皆從種種諸佛國土而來此會**」。

這些菩薩們不是常住在我們娑婆世界的菩薩，他們都是來自於十方的佛國淨土。那麼，有朋友會問：「這些菩薩們為什麼會從佛國淨土來到我們娑婆世界呢？」他們來到娑婆世界，是來聽佛陀說法。有人說，十地菩薩還要聽法？其實，這是十地菩薩給我們這些凡夫的示現。也就是作為十地菩薩都示現來聽佛說法，這就告訴我們，在整個的佛法的修行的歷程當中，我們必須聞法不厭足。就是任何時候都不要以為自己聽法聽夠了、聽足了，其實遠遠不夠！十地菩薩都給我們示現要聽佛說法，而我們沒有理由不聽法、不讀經。當然，這些十地菩薩們來到娑婆世界，也是幫助佛陀在我們這個世界弘揚佛法，說通俗點——來幫忙了。

看下一句，在這些大菩薩當中有一位菩薩「**大慧菩薩摩訶薩為其上首**」——一位叫大慧的菩薩排在最前面，什麼意思？就是大慧菩薩是這部《楞伽經》的「當機菩薩」。什麼叫當機菩薩？也就是後面整部《楞伽經》都是由這位十地的大慧菩薩向佛提問。佛陀回答這位十地的大慧菩薩的問題，而形成了這部《楞伽經》。

我們回顧一下這段經文講了什麼？講佛陀有一次在楞伽城要說法了，今天到會的有出家的比丘，還有很多在家的大菩薩。這段經文主要是對這些大菩薩們做了個相對詳細的描述：

第一，他們都通達了五法、三自性、八識、二無我；

第二，他們都善知「境界自心現」這個法義；

第三，這些大菩薩們具有種種的神通自在之力，他們示現在眾生當中方便調伏眾生；

第四，這些菩薩們在度眾生的同時，也受著諸佛的手灌其頂的加持，證明他們都是十地菩薩；

第五，這些菩薩們都不是常住在娑婆世界的菩薩，他們來自諸佛國土；

第六，在這大菩薩們當中，大慧菩薩排在最前面，是《楞伽經》的當機菩薩。

這段經文，我把它分為《楞伽經》第一品的第一段。那麼，第二段我們從下一講開始講。

《楞伽經》導讀008

1-02-01自所得聖智證法

　　上一講，我們已經把《楞伽經》第一品的第一段講完了，這第一段講佛陀來到了楞伽城準備說法。《楞伽經》下面的內容，就是講佛陀今天在楞伽城的因緣。就是爲什麼佛陀今天會在楞伽城？佛陀今天到楞伽城的起因、原因是什麼？用我們現在的話講，就是下面的經文與第一段相比是個倒敘，把話說回去。

　　下面，我們就開始看第一品的第二段經文。

　　「**爾時世尊于海龍王宮說法，過七日已，從大海出。有無量億梵、釋、護世諸天、龍等奉迎於佛。**」

　　「爾時」就是之前有那麼一個時候。「世尊」就是佛陀。佛陀到海龍王宮講法。講了幾天？七天。講了七天法之後，佛陀從大海中出來，這個時候有無量億的梵、釋、天、龍來迎接佛陀。「梵」就是梵天。「釋」就是帝釋天。還有護持世界的很多的天神、龍神。這裡說「有無量億的梵、釋、天、龍」，這個「無量億」其實就是印度人的一種表述方式，表示很多很多很多，沒有什麼特別的含義。

　　看下一句經文，「**爾時如來舉目觀見摩羅耶山楞伽大城，即便微笑而作是言：『昔諸如來、應、正等覺皆於此城說自所得聖智證法，非諸外道臆度邪見及以二乘修行境界。我今亦當為羅婆那王開示此法。』**」

　　這個時候，佛陀舉目一看，看見了摩羅耶山頂的楞伽城，佛陀就笑了，而且說「**昔諸如來、應、正等覺**」——大家注意，「如來、應、正等覺」這三個詞是佛陀的異名，就是佛陀也可以叫「如來」，

叫「應」，叫「正等覺」——也就是過去久遠久遠以前的那些佛。

看下面經文，「**皆於此城說自所得聖智證法**」，過去的佛都在這個城說過法，說這個「自所得聖智證法」。「**非諸外道臆度邪見**」，而且，這個「自所得聖智證法」不是那些佛教之外的修行者們，依靠他們思辨，想這樣的見解所能領受的境界。「**及以二乘修行境界**」（「二乘」指的就是聲聞乘和緣覺乘，這兩個「乘」合起來就是我們通俗講的「小乘」），「自所得聖智證法」也不是小乘的修行者的境界。「**我今亦當為羅婆那王開示此法**」，佛陀說我今天要給這位羅婆那王講一講這個「自所得聖智證法」。這位羅婆那王是誰？羅婆那王就是楞伽城的主人。

這一段經文裡面，最重要的就是這個「自所得聖智證法」。什麼是自所得聖智證法？就是通過自己的修行獲得的內在的聖智，去親證的法。「自所得聖智證法」中的核心的詞是「聖智」。什麼是聖智？「聖」就是聖者，前面我們已經討論過了，什麼是聖者呢？就是從凡夫到成佛，需要經歷「資糧位、加行位、見道位、修道位、證道位」，見道位之後，從「初地菩薩」到「證道位的成佛」，這個階段的修行者就叫「聖者」。見道位之前的資糧位、加行位就是「凡夫」。所以，資糧位、加行位是「凡夫位」；修道位、證道位是「聖者位」。這一點大家要清晰。

好，「聖者」我們講清楚了。那「智」是什麼意思？我們前面講「境界自心現」，反覆強調這個「心」既表示凡夫心，也表示聖者心。那麼這個「聖者心」，在《楞伽經》中就給了它一個新的名字，就是這個「智」。「智」是聖者心，梵文是jñāna，這個梵文詞，希望大家對它留意，把它的模樣要記住。

那麼，「聖智證法」就是見道之後從「初地菩薩」到「修行成佛」，在這整個的階段當中的聖者的聖智，他證得的那個境界。說的通俗點，就是聖者親證的境界。佛陀說，我要給羅婆那王他們講一講，這個聖者親證的境界法。

大家一定要對這個「自所得聖智證法」給予高度的重視！因為這

就決定了《楞伽經》的特點。甚至，這也就決定了整個的三時教法的特點。什麼特點？就是佛陀說法的對象固然是凡夫，但是佛陀在《楞伽經》當中，是立足於「自所得聖智證法」而說法。說得簡單一點就是，佛陀立足於聖者境界向凡夫說法！注意，是佛陀立足於聖者境界向凡夫說法！！我再重複一遍，是佛陀立足於聖者境界向凡夫說法！！！重要的事說三遍。

這一點為什麼重要呢？這就是三時教法的特點，這就是三時教法區別於二時教法的「根本差異」。其實，二時教法和三時教法最根本的差異，就在於佛陀說法的「立足點」不同。

二時教法，佛陀立足於「凡夫境界」向凡夫說法；

三時教法，佛陀是立足於「聖者境界」向凡夫說法。

這就是差別。

比如說「心」。我們一再講，「境界自心現」在《楞伽經》當中的這個「心」，既表示凡夫心，也表示聖者心。當然，「聖者心」固然只能是立足於聖者境界而講述，立足於凡夫境界，在凡夫境界根本無法領受、測度聖者的心。這個沒有問題，但重要的是在三時教法裡，在《楞伽經》裡，「境界自心現」這個「心」，還代表凡夫心。但是，這個「凡夫心」，在《楞伽經》當中，在三時教法當中，它是立足於「聖者境界」而說的「凡夫心」，不是立足於「凡夫境界」而講的「凡夫心」。說得通俗一點，在三時教法、在《楞伽經》中所說的「凡夫心」，不是我們這些凡夫當下自己所能感知到的此時此刻的這個「心的活動」。在三時教法裡，佛陀講「凡夫心」，他是立足於聖者境界而講。什麼意思？也就是在三時教法裡面，在《楞伽經》裡面，所謂的「凡夫心」也只是聖者才能見。

注意：三時教法的「凡夫心」是聖者能見。它不是我們當下凡夫自己所見的自己的這個凡夫的心。這一點非常重要！

前面我們曾經留下了一個問題，《金剛經》說「心不可得」；而《楞伽經》說「心的顯現」。那麼，這個「不可得」的心與「境界自心現」的心，不同在哪裡？現在我們就可以解決這個問題了。

《金剛經》屬於二時教法，它是立足於「凡夫境界」向凡夫說法。《金剛經》的「心」，就是凡夫所能感知到的凡夫自己的這個眼、耳、鼻、舌、身、意的精神活動。因此，這個凡夫感知的自己的這個凡夫心，它是不可得的。

　　《楞伽經》屬於三時教法，三時教法是佛陀立足於「聖者境界」向凡夫說法。因此《楞伽經》中的「凡夫心」，是「聖者」才能見的凡夫心；不是凡夫自己感知到的眼、耳、鼻、舌、身、意的這個凡夫心。所以，在三時教法裡面，在《楞伽經》裡面，「境界自心現」這個「境界」是立足於「聖者境界」說法的聖者才能見到的「凡夫心」的顯現。

　　我們講到這就清楚了，為什麼二時教法說「心不可得」？因為那是佛陀立足於「凡夫境界」而說法。三時教法為什麼說「心的顯現」？因為那是佛陀立足於「聖者境界」而說法。二時教法與三時教法，由於這個說法的「立足點」不同，就造成了這「兩套名言系統」有著非常鮮明的特點。比如，前面講「心」，二時教法的這個「心」與三時教法的「心」是不同的。

核心詞彙		出　　處		說法立足點	差異		屬性與特點	修行
心 (citta)	二時教法 （中觀）	《金剛經》	「心不可得」之「心」	立足於「凡夫境界」	凡夫所感	凡夫心	凡夫所感自己眼耳鼻舌身意的精神活動	空
	三時教法 （唯識）	《楞伽經》	「境界自心現」之「心」	立足於「聖者境界」	聖者能見	凡夫心	「識」vijñāna，能所分離	轉
					聖者親證	聖者心	「智」jñāna，能所不分離	

　　因此，我們學習大乘佛法、學習二時教法與三時教法的時候，我們不可混講，當然也不能混學。也就是我們學習、講授大乘佛法的時候，我們一定要清楚此時此刻我們學習的、講授的是大乘佛法的二時教法呢，還是三時教法。

　　「立足點不同」是我們這一講的重點，也是我們學習大乘佛法的要害！一千五百年來，「中觀」和「唯識」兩派爭論不休。中觀與唯識在印度、在漢地、在藏地有過不少的理論衝突。其實，造成中觀與唯識相互誤解的最根本的原因，就是不知道這兩套名言系統的根本差

異，其實就是佛陀說法的「立足點」不同。清楚了這一點，「中觀」與「唯識」的衝突就會自然的化解。

《楞伽經》導讀009

1-02-02識和智

通過前面幾講的學習，我們馬上就要開始深入到佛陀三時教法的核心內容。由於佛陀的思想對我們凡夫的思想是極具顛覆性的，因此學習、理解佛陀教法不是一件容易的事情，大家要做好充分的思想準備。

如果聽了佛陀的三時教法，你能夠理解，進而還能認同，那當然很好。但是，如果聽了佛陀三時教法不能理解、不能認同，也沒有關係。那你就把佛陀的教法當作一種思想文化來學習，看看歷史上竟然還有這樣的思想者如此地理解、看待我們這個世界。把佛陀教法當作一種思想文化學習也很好。

我特別要提醒大家，務必不要自己不理解佛陀的教法而生誹謗，這是萬萬要不得的！

下面繼續學習經文，**「爾時羅婆那夜叉王以佛神力聞佛言音，遙知如來從龍宮出，梵、釋、護世天、龍圍繞。」**

這個時候，楞伽城的主人這位羅婆那王——大家注意，羅婆那王不是六道的人身而是夜叉身——他在佛的神力的加持下，聽到了前面佛說的話，而且也知道佛陀周圍有很多的梵、釋、護世的天、龍圍繞著。佛陀剛從龍宮出來。

看下面的經文，**「見海波浪，觀其眾會藏識大海境界風動，轉識浪起。」**

這時，羅婆那王看見大海的波浪，他又觀到此時圍繞著佛陀的這些眾生的心，他就以這個大海的波浪來比擬描述眾生的心。「藏識大

海，境界風動，轉識浪起」，看到這種景象，羅婆那王內心生起了歡喜心。

「發歡喜心，於其城中高聲唱言：『我當詣佛，請入此城，令我及與諸天、世人於長夜中得大饒益。』」

羅婆那王很高興，就在城中高聲地說道：「我要到佛陀那裡去，要把佛陀老人家請到我的楞伽城裡。」請來幹什麼？請佛陀說法，這樣就能夠使羅婆那王自己和這些天、人、種種的眾生，於長夜中得大饒益。這裡的「長夜」，就是形容眾生的「生死輪迴」。「得大饒益」，什麼是大饒益？就是能夠解脫生死輪迴的利益。

這段經文的表面意思我們講完了。但這段經文裡，最重要的就是剛才我們講過的那十二個字「藏識大海，境界風動，轉識浪起」。我們要對這十二個字做一個細緻的分析。

首先講「藏識」。什麼是藏識？我們首先說這個「識」。前面我們講「境界自心現」的時候，反復強調這個「心」既代表凡夫心，也代表聖者心。而上一講，又講到在《楞伽經》當中給「聖者心」又起了一個新的名字叫「智」，對應的梵文就是jñāna。我現在要說這個凡夫心，在《楞伽經》當中，也給它起了一個新的名字就叫作「識」，對應的梵文就是vijñāna。上一講的時候，我提醒大家要注意「智」的梵文jñāna。今天的這個「識」，梵文是vijñāna。大家看一看，這兩個字長得很像，它們來自於同一個動詞詞根√jñā。

大家要知道，印度的語言學家認為「名出於動」，他們認為所有的名詞都必須來源於動詞。也就是見到一個名詞，他們總是問：「這個名詞來源於哪個動詞？」「哪個動詞」就是這個名詞的「動詞詞根」。由於「名出於動」，所以你要想準確地把握這個名詞的含義，你就必須要找到這個名詞的來源，就是它的動詞詞根。vijñāna和jñāna這兩個詞，有一個共同的詞根就是√jñā，這個詞根的意思是「知道」、「了知」、「了解」。由這個動詞詞根，後邊加個詞尾形成jñāna，實叉難陀把它翻譯成「智」，這就是「聖者的心」。而同樣依據這個詞根√jñā加上詞尾na，同時還加上一個詞頭、一個前綴

詞vi，形成一個名詞vijñāna，實叉難陀把它翻譯成「識」。也就是「識」這個梵文詞，比那個「智」的梵文詞多了一個詞頭vi，這一點相當重要！這個詞頭vi在這裡表達的含義是「分離」、「分開」。因此，大家就可以理解了，表示「凡夫心」的這個「識」vijñāna，它一定是一種「分離的認知模式」，而表示「聖者心」的這個「智」，梵文jñāna沒有vi，那它就應該表達的是一種「不分離的認知模式」。這裡面我們說的「分離」，指什麼分離？這是我們後面的課程中要重點學習的內容，現在先不討論，但請大家記住這一點。

下面講「藏識」的「藏」。「藏」對應的梵文是ālaya，這個梵文詞的基本的含義是「房間」，引申義就是「一個能儲藏東西的空間」。所以，很多翻譯家把ālaya譯作「藏」，就是收藏的意思。這個詞也經常音譯，ālaya音譯成「阿賴耶」。所以，「藏識」、「阿賴耶識」它對應的梵文就是ālayavijñāna。這個「藏識」，就是「具有收藏的功能的識」。「藏識」字面意思解釋完了。

大家記得我們這個講座一開始就講過一個重要的內容，就是佛陀的三時教法是由四個道理組成的骨架，哪四個道理？五法、三自性、八識、二無我。現在，我們開始講「藏識」，就是講這四個道理中「八識」的這個道理。八識，哪八個識？眼識、耳識、鼻識、舌識、身識、意識、末那識和阿賴耶識。也就是排在第八位的就是這個「藏識」。首先，我要表達一點，當我們講「八識」的時候，是不是在這第八個識「藏識」（阿賴耶識）之外，還有獨立於這個藏識的七個識呢？也就是哪七個識與藏識無關，是獨立的，是嗎？答案是否定的。其實，我們講「八個識」，這是一種說法的方便，等我們把《楞伽經》學完之後，你就知道「識」其實只有一個，就是這個藏識（阿賴耶識），另外的七個識只是這個藏識在某種情況下的顯現出來的功能而已。所以，「識」其實只有一個——藏識（阿賴耶識）。

大家也許注意到了，我們在學習《金剛經》的時候，在學習二時教法的時候，有阿賴耶識嗎？沒有。在二時教法裡面，在《般若經》裡面，講的是「六個識」，就是眼識、耳識、鼻識、舌識、身識、意

識。只講這六個識。

　　大家注意，「藏識」是三時教法的核心詞彙，二時教法不講「藏識」。所以，「阿賴耶識」是三時教法的標誌性名言，凡是你看大講特講阿賴耶識的經典，一定是三時教法的經典。為什麼二時教法不講藏識，而三時教法才講藏識呢？這是由三時教法的特點決定的。

　　三時教法有什麼特點？我們回顧一下上一節課。上一節課談到的經文裡面說，佛陀要在楞伽城講什麼法？佛陀要在楞伽城講「自所得聖智證法」，就是要講登初地以上的菩薩的聖智親證的法，這是三時教法的特點。我們反復強調，三時教法是立足於「聖者境界」而向凡夫說法。為什麼要反復強調這一點？就是為現在講「藏識」做的鋪墊。因為，「藏識」就屬於自所得聖智證法。我再說一遍，「藏識」就屬於自所得聖智證法！什麼意思？就是藏識雖然講的是「凡夫心」，但是三時教法《楞伽經》是立足於聖者境界說法，是立足於聖者境界回過頭來看我們凡夫的心。因此，藏識是屬於自所得聖智證法。通俗地講，藏識是登初地以上的菩薩，這些聖者才能見的凡夫心。我再強調一遍：這個「藏識」，是登初地以上的菩薩，這些聖者才能見到的凡夫心！

　　所以，講三時教法，講瑜伽行派，講唯識，這個「藏識是聖者才能見」，這件事是重點中的重點，是要害中的要害！

　　為什麼二時教法裡沒有「藏識」？因為二時教法是立足於「凡夫境界」向凡夫說法。二時教法裡的「凡夫心」，是凡夫自己當下的覺知，因此它就只是眼識、耳識、鼻識、舌識、身識、意識。因此，二時教法只講這「六個識」，沒有「藏識」。二時教法也無法講「末那識」（就是第七個識）。為什麼？《楞伽經》在後面的經文裡講得很清楚「依于藏識故，而得有意轉」。什麼意思？就是只有依止於藏識，才有末那識的轉起。因此，不講「藏識」就無法講「末那識」，所以，二時教法只講「六個識」。

　　總結一下這講的要點，本講重點講了「藏識」，也就是講了「阿賴耶識」。我強調的是藏識（阿賴耶識），就屬於「自所得聖智證

法」。「藏識」是登初地以上的菩薩聖者才能見的凡夫心，不是我們凡夫自己當下見到的我們自己此時此刻的覺知狀態，這一點非常重要！

《楞伽經》導讀010

1-02-03種子熏現模型

上一講，我們已經開始解讀「藏識」這個名言，我們特別強調，藏識就屬於「自所得聖智證法」，也就是「藏識」是聖者才能見的凡夫心。那麼有朋友會問，你說這個藏識只有聖者才能見，這件事在佛經中有依據嗎？有依據，在《楞伽經》的後面的經文當中就有依據，當我們講到後面經文遇到依據的時候，我會特別地提示給大家。

「境界自心現」這個「心」，如果就凡夫心而言，這個「心」就是藏識、就是阿賴耶識。所以，境界自心現，就「凡夫心」而言，我們就可以解讀為「凡夫境界是藏識的顯現」。藏識既然是聖者才能見，就無法用凡夫的語言來描述。這在後面的經文中就講到，說聖者的自證法是離言的，就是不能用凡夫的語言來詮表。但是，佛陀慈悲，為了度化眾生，無法用凡夫的語言來描述，也得方便善巧地、努力地用凡夫的語言來描述。

其實，「藏識」這個名言的安立，就是類比我們凡夫境界的一個方便善巧的名言。藏識，就是收藏的意思。在《楞伽經》中，用「藏識」來描述凡夫的心，描述凡夫的心的活動，那佛陀安立「藏識」是怎樣來描述凡夫心的活動呢？下面我們就做個簡單的解讀。

「藏識」這個「藏」是收藏的意思，那收藏什麼呢？收藏種子，就是農民種地的那個種子。有人說：「那為什麼藏識不收藏石子，它要收藏種子？」這就是借這個種子具有「能生」的這個法義。也就是種子我們把它埋在土壤裡，澆上水，遇陽光，它會生長，在這裡就是借用種子的能生的法義。

那藏識裡的種子是怎麼來的呢？在瑜伽行派、在唯識宗裡，佛陀告訴我們，這個藏識裡的種子是由眾生的行為熏習而來的。大家注意，是眾生的行為熏習而來的。「熏習」是瑜伽行派的一個非常重要的名言。

先說「眾生的行為」，我們為了講課的方便，我們選擇梵文的一個動詞kṛ來表達眾生的行為。√kṛ這個動詞詞根，它是對人，甚至是對一切動物的行為的一個最一般的表達。

比如說，我們看見一座山，這個「看」就是一個「kṛ」；我們聽見了雷聲，這個「聽」也是一個「kṛ」；我們聞到一股香氣，這個「聞」也是一個「kṛ」；我們嚐到這個醋很酸，這個「嚐」也是個「kṛ」；我摸到桌子了，這個「摸」也是一個「kṛ」；說想念母親，這個「想」也是一個「kṛ」。也就是「kṛ」這個動詞，是對眾生的行為的最一般的表達。

由kṛ這個動詞衍生出一個名詞，這個名詞在佛教裡是相當重要，也是相當有名的，這個名詞就叫karma，我們漢語翻譯成「業力」。karma這個詞，在佛教裡，以至於在整個印度文化裡，都是非常重要的。什麼是業力？就是我們眾生的一切的行為，這些行為是不能夠長住的。比如說，我看見一座山，隨著我看這件事的發生，其實，這個「看」已經結束了，它是當生即滅的。但是，「當生即滅」的這個行為雖然它「滅」了，但它的作用會延續下去的。那麼，驅使著這種行為的作用的延續下去的力量，我們就叫它「業力」，梵文是karma，就是從√kṛ這個動詞詞根演化而來。

阿賴耶識裡收藏的種子是哪裡來的？就是我們的眾生、凡夫當下的行為「kṛ」。「kṛ」是無常的，是當生即滅的，但是它的作用要延續。在佛陀的三時教法、在唯識宗當中，這種作用的延續就是用「藏識熏習種子」的模型來表達的。也就是這個「kṛ」無常，當生即滅，但是，「kṛ」在藏識當中就熏習下了一顆種子，而這顆種子等待因緣成熟的時候，它又會現行為一個新的「kṛ」。

注意，又出現一個非常重要的詞叫「現行」。現行出一個新的

「kṛ」，而這個新的行為、新的「kṛ」它依然是無常的、當生即滅的。這個新的「kṛ」雖然滅了，但是它的作用要延續下去。這個作用的延續就體現為這個新的「kṛ」又在阿賴耶識（藏識）當中熏習下了一顆新的種子，而這顆新的種子等待種種的因緣條件成熟的時候，它又會現行出一個新的行為「kṛ」，而這個新的「kṛ」當生即滅了，但是它反過來又在阿賴耶識當中熏習下了一顆新的種子，而這顆種子因緣成熟的時候，又會現行出一個新的「kṛ」…… 這樣的無窮的往復，這就形成了「眾生的行為」，以及導致這個行為所產生的那種「延續的力量」。

種子熏現模型

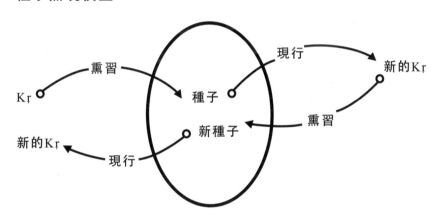

在三時教法裡，這就是一個模型，這就是「藏識」所安立的模型。這個模型我們給它起了個名字，就叫「種子熏現模型」。這裡面的關鍵字：第一、藏識——阿賴耶識；第二、「kṛ」；第三、熏習；第四、種子；第五、現行。

大家一定注意，「現行」這個詞翻譯得非常好。是現的「行為」，沒有說現「物」。不是顯現出一個東西，而僅僅顯現的是行為。「現行」這個詞非常重要，而且譯得非常的好！在佛陀的三時教法裡、在瑜伽行派、在唯識宗裡面，佛陀就是用這樣一個「種子熏現模型」，來描述我們凡夫的心的活動。這一段法義很重要，「藏識」

講完了。

　　下面，我們講「境界」。這個詞在前面出現過，叫「境界自心現」。但是，大家注意，境界自心現那個「境界」，它對應的梵文是gocara。但是，在這裡的「境界」，雖然實叉難陀還翻譯成「境界」，但是它對應的梵文不是gocara，對應的梵文是viṣaya。那gocara與viṣaya有什麼區別？前面我們講過，gocara既表示凡夫心的行處，也表示聖者心的行處；但是，viṣaya這個詞在沒有特別的定語修飾的情況下，它只表示凡夫心的行處，它只表示凡夫心所緣的境界。因此在這裡，雖然實叉難陀譯作「境界」，但是在更多的時候，其他的翻譯家更喜歡把viṣaya這個詞翻譯成「外境」。「外境」指的就是我們凡夫以為的心外的存在的事物，比如：桌椅板凳、山河大地、日月星辰。所以，這就是對這句話當中的「境界」的解讀。

　　下一個詞「轉識」。轉識，有時候也譯作「轉起識」。那麼，這個「識」指的是什麼識？大家注意，這個「識」，指的就是八識當中的「前七識」。也就是第八識叫「藏識」，把八識中的前七個識組合起來就可以叫「轉識」。在這裡，把「藏識」比喻成大海，把「轉識」比喻成海浪。大家想一想，海與浪是什麼關係？浪其實就是海，浪是海表現出來的一種形態，不是在海之外有浪，浪是離不開海的。把「阿賴耶識」比喻成大海，把「前七識」比喻成海浪，這就說明：前七識離不開藏識（第八識），前七識只是阿賴耶識所表現出來的一種形態，不是在藏識之外，有獨立於藏識的七個識。前七識，它僅僅是藏識在某種情形下所表現出來的功能，我們把藏識表現出來的這些功能起名叫眼識、耳識、鼻識、舌識、身識、意識、末那識。因此，我們在前面的課程當中，反復地強調了一件事情，就是在佛陀三識教法、在瑜伽行派、在唯識宗裡，講「識」其實只有一個識，就是藏識——阿賴耶識。

我們講「八個識」，後面還講「三個識」、「兩個識」。大家要注意——講八個，講三個，講兩個——除了「藏識」之外的所謂的識的名言的安立，都是在表達「藏識的某種表現形態」，而不是獨立於藏識之外又有其他的什麼識。識只有一個！

《楞伽經》導讀011

1-02-04羅婆那請佛說法

上一講，我們講了藏識的「種子熏現模型」。大家一定要注意，「藏識」是聖者能見，因此它是離言的。這個「種子熏現模型」，也只是佛陀用凡夫的語言勉強類比凡夫境界而安立的，只是一種類比的、近似的表達。

上一講，我們講了「藏識大海，轉識浪起」，沒有講「境界風動」。爲什麼把境界、把外境比喻成風？這個問題我們要留待後面去學習討論。因爲，現在能夠討論清楚這個問題的知識儲備還不夠。

我們繼續看經文，「**作是語已，即與眷屬乘花宮殿，往世尊所**」。

羅婆那王說了上面的話之後，就與他的家眷和隨從乘花宮殿。「宮殿」這個詞梵文是vimāna，這個詞的本義確實是「宮殿」，但是這個詞還有一個引申義，就是「能夠在空中飛行的車」，所以在有些印度文獻裡把它譯作「飛車」，因此，這裡說羅婆那和他的家眷、隨從乘花車更準確一點。「往世尊所」就是去佛陀那裡。

「**到已**」，就是到了之後。「**下殿**」，就是下車。「**右繞三匝**」，就是順時針的繞三圈，這是印度的禮節，表示恭敬。「**作眾伎樂供養如來**」，就是大家演奏音樂、唱歌、跳舞，以這樣一種美好的形式來供養佛陀。其實，世界一切的美好的東西都可以用來供養佛陀。

「**所持樂器皆是大青因陀羅寶，琉璃等寶以爲間錯**」，演奏的這些樂器上面都是鑲嵌著因陀羅寶——「因陀羅」就是帝釋天，「因陀

羅寶」就是帝釋天宮的珠寶——還有琉璃等寶。「以爲間錯」就是這些寶物，在這些樂器上錯落有致地鑲嵌著。

下一句，「**無價上衣而用纏裹**」，這裡的上衣用現代漢語講就是布料，用很珍貴的布料包裹著。

「**其聲美妙，音節相和**」，就是樂聲很美妙，旋律很和諧。看下面經文，「**於中說偈，而讚佛曰**」，就是在這個美妙的音樂之中。在大家歌舞的時候，羅婆那王就說了下面的偈頌來讚歎佛。

看第一個偈頌，「**心自性法藏，無我離見垢，證智之所知，願佛爲宣說**」。

先看第四句，就是羅婆那王說，我們現在特別希望佛陀爲我們宣說。宣說什麼呢？心自性法藏，就是「心自性的法門」。大家記得前面我們講「境界自心現」，不管凡夫境界還是聖者境界，都是自心的顯現。所以，佛法的根本的法門就是「心自性的法門」。

這個法門有什麼特點呢？第一，無我；第二，離見，就是遠離一切的凡夫見解；第三，離垢——遠離污垢；第四，證智之所知——佛陀的自內證的境界。

總結一下這個偈頌，就是羅婆那王說：「現在請您給我們說一說『心自性的法門』」。這個「法門」，有四個特點：無我；離見；離垢；佛陀內證的法。說這個偈頌爲什麼是讚佛呢？因爲，只有佛陀才能說出這樣的法。

看第二個偈頌，「**善法集爲身，證智常安樂，變化自在者，願入楞伽城**」。

「善法集爲身」這個「身」指的是佛身，說佛的身是由善法積聚而成的。「證智常安樂」，也就是佛陀有內在的自證法而獲得安樂。「變化自在者」，這是說佛身可以顯現出種種的變化。那麼，羅婆那王現在就請佛陀，請佛陀的身，進入楞伽城說法。

看第三頌，「**過去佛菩薩，皆曾住此城，此諸夜叉衆，一心願聽法**」。

羅婆那王說，過去的那些佛和菩薩都曾經住過楞伽城，因此，今

天我們這些夜叉一心一意地也希望，佛陀能夠再來這裡給我們說法，我們恭恭敬敬地渴望著聽佛說法。

看下面的經文，「**爾時羅婆那楞伽王以都吒迦音歌讚佛已，復以歌聲而說頌言**」。

這裡的「都吒迦」，是toṭaka這個詞的音譯。toṭaka是什麼？是印度詩歌的一種文體。前面這三個頌子，羅婆那王是用這個toṭaka的文體。那下面他要換一種文體。什麼文體呢？歌聲。這個「歌」，梵文是gāthā，就是前面用toṭaka，後面用gāthā，就是換一種文體來讚佛。這兩種文體，從梵文上講，韻律是不一樣的。但是，我們翻譯成漢語以後，比如說，實叉難陀都譯成五個字一句，那麼這兩種梵文的不同文體的韻律，翻譯成漢語之後我們感受不到了。換了一種文體，羅婆那王繼續讚佛。

看第四頌，「**世尊於七日，住摩竭海中，然後出龍宮，安詳升此岸**」。

佛陀七天住在摩竭海裡。「摩竭」是makara這個詞的音譯，makara就是魚，大魚、鯨魚，就是有大魚的海中。佛陀從龍宮裡出來，很安詳地現在站立在這個岸邊。

看第五頌，「**我與諸婇女，及夜叉眷屬，輸迦娑剌那，眾中聰慧者**」。

我羅婆那王和諸婇女（就是夜叉王的王妃們），還有夜叉眷屬們。第三句，「輸迦」是śuka這個詞的音譯；「娑剌那」是śaraṇa這個詞的音譯。「輸迦」和「娑剌那」是兩個名字，是兩位仙人的名字，這兩位仙人皈依了佛教，他們能言善辯，有神通、很聰慧。羅婆那王說，我今天和王妃們，以及夜叉眷屬們，還有在這眾生之中，有像輸迦和娑剌那這樣的聰慧的人。

看第六頌，「**悉以其神力，往詣如來所**」，我們都以您佛陀的神力的加持，來到了如來您現在的地方。「**各下花宮殿，禮敬世所尊**」，大家都下了花車，禮敬了佛陀。「**復以佛威神，對佛稱己名**」，我們再以佛的加持，都對佛來通報自己的名字。

看第七頌，羅婆那王通報自己的名字，「**我是羅剎王，十首羅婆那**」。這個「羅剎」就是「夜叉」，這是同一個詞的兩種不同翻譯。我是夜叉王，長了十個腦袋的羅婆那。「**今來詣佛所，願佛攝受我，及楞伽城中，所有諸眾生**」，今天我來到您佛陀的這個地方，希望您佛陀能夠攝持我以及我楞伽城中的所有的眾生。

看第八頌，「**過去無量佛，咸升寶山頂，住楞伽城中，說自所證法**」。

久遠的過去的無量的佛，都曾經來到這個山頂（楞伽城位於摩羅耶山的山頂）。「寶山頂」這個「寶」字，是鑲嵌著寶石的意思。羅婆那王說，過去的無量的佛，都曾經來到過這個鑲嵌著寶石的山頂的楞伽城，他們住在這個楞伽城中，都說了「自所證法」（就是自心內證的境界），這就是我們前面講的「自所得聖智證法」的另一種簡單的表達。

看第九頌，「**世尊亦應爾，住彼寶嚴山**」，既然過去的佛都來到楞伽城說過「自所證法」，今天您世尊也應該住到我這個鑲嵌著寶石的非常莊嚴的山頂的城市。「**菩薩眾圍繞，演說清淨法**」，也應該有很多菩薩圍繞著您，聽您說清淨的法。「清淨」這個詞，它對應的就是「污垢」，就是「染汙」，佛經裡也叫做「雜染」。您來講「清淨的法」，第一個偈頌就說，「心自性法門」是無我的，是離見的，是離垢的，是清淨的。

大家注意，在佛陀的教法裡面，特別是在佛陀的三時教法裡面，什麼是「清淨」，什麼是「污垢」，它們是有嚴格定義的。這在後面的課程當中，我們會解說。

看下一句，「**我等於今日，及住楞伽眾，一心共欲聞，離言自證法**」。

我等（就是羅婆那王以及在楞伽山的這些眾生們）今天一心一意地都想聽聞您講一講「離言自證法」。

大家注意，佛陀的自證法是離言的，就是不能夠用凡夫的語言詮表的。可是，前面講羅婆那王請佛到楞伽城說「自所證法」。這裡又

說，我聽您說的法，但這個法又是離言自證法。又是離言的，又是不能用凡夫語言表達的，有人一聽，這不就是矛盾嗎？不矛盾。

佛陀自證的法，是不能夠用凡夫語言表達的，是聖者親證的。在《楞伽經》後面的經文中，給了它一個詞叫「宗通」，就是自所證的殊勝之相是離於語言的，這就是「宗通」。但是，佛陀慈悲，爲了度化眾生，他還要隨眾生心，方便善巧安立種種名言爲眾生說法，這就是「說自所證法」。在後面的《楞伽經》中，也給了它一個詞叫「說通」。大家一定要注意，「宗通」與「說通」，兩者合起來是完整的佛法，缺一不可。

《楞伽經》導讀012

1-02-05願聞自證法 究竟大乘道

我們繼續上一講學習《楞伽經》第一品的第十頌。

「我念去來世，所有無量佛，菩薩共圍繞，演說楞伽經」。

實叉難陀在這裡譯作「我念去來世」，「去」就是過去；「來」就是未來。但是，對照梵文本，只有「過去」，沒有「未來」。菩提流支就譯作「我念過去世」，就是羅婆那王說：「我回憶在過去世當中，所有的、無量的佛由菩薩們圍繞著，都在楞伽城演說過《楞伽經》。」

看第十一頌，**「此入楞伽典，昔佛所稱讚，願佛同往尊，亦為眾開演」**。

《楞伽經》叫《入楞伽經》，所以，「此入楞伽典」就是這一部「入楞伽經典」是過去的佛都非常讚歎的，因此，我們希望您（佛陀）也像過去的佛一樣到楞伽城，再給眾生開演這部「入楞伽典」。

看第十二頌，**「請佛為哀憫，無量夜叉眾，入彼寶嚴城，說此妙法門」**。

請佛陀能夠哀憫楞伽城的這些無量的夜叉眾生，請您進入裝飾著寶石的莊嚴的楞伽城中，能夠為眾生再去演說這個微妙的法門。這個法門為什麼很微妙？因為，它是「心自性法門」，它是「自所得聖智證法」。

看第十三頌，**「此妙楞伽城，種種寶嚴飾，牆壁非土石，羅網悉珍寶」**。

這是羅婆那王說：「我的這個楞伽城啊，是由很多很多的寶石妝

點的莊嚴的城池，那牆壁都不是一般的土石建造的，而是由一些珍寶堆砌的。」「羅網」指的就是楞伽城的這個城頂，這個覆蓋物。「悉珍寶」指同樣是用種種的珍寶編織而成。在這裡羅婆那王講他的這個城市的豪華，大家覺得這個裝修如何？那是土豪級裝修啊！

有人說，羅婆那王這不是在佛陀面前炫富嗎？其實，這裡面有很深的法義。在世間法上，眾生的福報從何而來？在世間法上，福報是往昔對眾生行大佈施，對聖者做大供養的果報。同樣地，那世間的貧窮從何而來？貧窮，就是往昔不佈施、不供養、多貪欲的果報。所以，在這裡羅婆那王「炫富」說自己的城市多麼的豪華，這也是在講夜叉城的眾生往昔是行過大佈施，大供養的。

看第十四頌，「**此諸夜叉眾，昔曾供養佛，修行離諸過，證知常明了**」。

楞伽城的夜叉眾在往昔供養過佛陀，所以是行過對聖者的大供養的。「修行離諸過」就是他們遠離了種種的過失。這個「過」，就是「錯誤」、「過患」、「過失」，如果我們看梵文，梵文的原文是rāgadoṣa，doṣa是「過患」、「過失」。但是，這裡是rāgadoṣa，rāga是什麼？rāga就是「貪欲」。在這裡，實叉難陀沒有把它譯出來。遠離的是什麼過失？就是遠離貪欲的過失。所以上一頌羅婆那王說自己的城市非常的豪華，那說明那裡的夜叉眾都是福報很大的。為什麼？因為，他們遠離了貪欲的過失。遠離貪欲的過失，那一定是熱愛佈施的眾生，而且他們還供養佛陀，供養聖者，因此才會獲得這樣的福報。「證知常明了」意思就是很善於自覺、自證、自省。

看第十五頌，「**夜叉男女等，渴仰於大乘，自信摩訶衍，亦樂令他住**」。

楞伽城裡面的這些夜叉男女，都是非常渴望地、敬仰地學習大乘佛法。自信摩訶衍，「摩訶衍」是什麼？是梵文mahāyāna這個詞的音譯，mahāyāna就是大乘。楞伽城的夜叉男女們自信摩訶衍，就是自己很信仰大乘法。而且，樂令他住，就是還很樂於讓其他的眾生也安住於大乘法。所以「自信摩訶衍，亦樂令他住」，就是楞伽城的夜

又男女們，他們相互鼓勵，勸信大乘佛法。

看第十六頌，「**惟願無上尊，為諸羅叉眾，甕耳等眷屬，往詣楞伽城**」。

那現在呢，我們有一個心願，就是請您老人家──佛陀（在這裡被稱作「無上尊」）──為了楞伽城的夜叉眾。第三句，「甕耳」這是一個人名，這個「甕」就是陶罐，就是裝東西的器皿，梵文就是kumbha；這個「耳」梵文是karṇa，就是耳朵；「甕耳」就是耳朵如同陶罐一般的這麼個人。這個人叫「甕耳」，說明他的耳朵恐怕是很大，像陶罐一般，這說明什麼呢？說明他能聽進去很多很多的東西。如果佛陀來說法，他就能聽進去很多很多佛陀的教誨。那這個甕耳是誰呢？甕耳就是羅婆那王的一位兄弟。現在就要請佛陀到楞伽城給羅剎眾，給甕耳這些兄弟們、眷屬們來講法。

看第十七頌，「**我于去來今，勤供養諸佛**」這裡面實叉難陀又譯作「去來今」，「去」是過去；「來」是未來；「今」是現在。但是，對照梵本來看，沒有這個「來」，就只是「過去」和「現在」。我羅婆那，過去是很殷勤地供養佛的，而且到了今天我也同樣很努力地供養佛。目的是什麼？

看下一句，「**願聞自證法，究竟大乘道**」。

大家讀《楞伽經》開頭這一些段落，恐怕你已經發現了，「自證法」這個詞出現的頻率很高，「自證法」就是佛陀聖者親證的法。這就是三時教法的特點，所以在《楞伽經》當中，後面「自證法」這個詞還是不斷地出現。這就是我們前面總結的「佛陀的三時教法的特點是什麼？三時教法的特點就是佛陀立足於聖者境界向凡夫說法」。

但是，大家一定要注意，佛陀立足於聖者境界向凡夫說法，它有兩個方面：

第一，是佛陀立足於「聖者境界」向凡夫說「凡夫境界」；

第二，是佛陀立足於「聖者境界」向凡夫說「聖者境界」。

注意兩件事，第一件事就是「破增益」；第二件事就是「補損減」。因此，大家注意，正是這個立足於聖者境界而佛陀講的「破增

益、補損減」的法，才是「究竟大乘道」。什麼是究竟？就是「徹底的」，用佛教的另一個語言講就是「了義的」。所以，佛陀三時教法，佛陀立足於聖者境界給凡夫說法「破增益、補損減」這是「了義法」，這是了義的大乘道。

「願佛哀憫我，及諸夜叉眾，共諸佛子等，入此楞伽城」。

我現在羅婆那的心願，就是請您老人家能夠哀憫我和楞伽城的夜叉眾生。「共諸佛子等」，佛子是誰？「佛子」就是菩薩。請您與菩薩們一起能夠進入我的楞伽城，給我們講「自證法」，講「究竟大乘道」。

《楞伽經》導讀013

1-02-06勸請大慧奉問於佛

我們接著上一講，繼續讀經文。

看第十八頌，「**我宮殿婇女，及以諸瓔珞，可愛無憂園，願佛哀納受**」。

這裡的「宮殿」，指的就是「宮殿」，不是前面的飛車，梵文是grha。羅婆那王說：「我的宮殿、我的婇女以及我的瓔珞（就是項鍊，在這裡代表各種各樣的珠寶），還有我那個可愛的無憂園（就是羅婆那王自己的花園），這一切我都願意拿出來供養佛陀，希望您老人家能夠接受。」

看第十九頌，「**我于佛菩薩，無有不捨物，乃至身給侍，惟願哀納受**」。

我羅婆那王對於佛和菩薩的供養，無有不捨物（就是沒有什麼不可以拿出來供養佛和菩薩的），以至於我都可以拿出我的身體奉獻給佛，奉獻給菩薩，去侍奉佛、菩薩。也希望佛菩薩們能夠接受我的這份供養。

大家看一看，羅婆那王為了聽聞佛法，他願意拿出一切來供養佛和菩薩。為什麼？這就是對佛法的尊重。「無上甚深微妙法，百千萬劫難遭遇」，佛法不可以等閒視之，不可以以為隨隨便便、輕而易舉就應該能夠得到佛法。那有人說：「哎，我現在得到佛法也挺容易的呀！」大家要知道，這是佛和菩薩們往昔的大願的加持的結果，要有感恩的心。一物不肯捨，只想免費聽，這是當前末法時期我們漢傳佛教的一道亮麗的風景。各位，這種心態是與甚深的佛法不相應的，是

缺少福德的表現。要知道，在我們這個娑婆世界，任何的免費的背後都是有別人的付出，在娑婆世界沒有免費的午餐，佛教徒們都應該以羅婆那爲榜樣。

看第二十頌，下一個偈頌梵文還是偈頌體，但是實叉難陀翻譯成長行：

「爾時世尊聞是語已，即告之言」，佛陀聽了前面羅婆那王的話之後，就對羅婆那王說。「夜叉王，過去世中諸大導師，咸哀愍汝，受汝勸請，詣寶山中，說自證法」。也就是佛陀說：「過去的那些大導師（指的就是佛）都哀愍你，因此都接受了你的勸請，到了你這個楞伽城中，說了自證法。」

「未來諸佛亦復如是」。「過去的佛是這樣，未來的佛同樣也會到你的楞伽山中，爲你說『自證法』。」佛陀接著說。

看第二十二頌，「此是修行甚深觀行現法樂者之所住處」。這裡面的關鍵字是「現法」。什麼是現法？梵文是dṛṣṭadharma，就是當下見法的眞實；菩提流支譯作「現見法」，就是「見眞實」。什麼樣的眾生是修行這個「甚深觀行現法樂者」呢？當然就是見道位之後的登初地菩薩以上的這些聖者。佛陀說：「你這個楞伽城是聖者修行的住處。」因此，看下一句，「我及諸菩薩哀愍汝故，受汝所請」。佛陀說：「我和今天這些菩薩們都非常地哀愍你，我們接受你的邀請。」

看第二十三頌，「作是語已，默然而住」。佛陀說了上面的話之後，就不再說話了，就沉默了。「時羅婆那王即以所乘妙花宮殿奉施於佛」。這裡的「宮殿」就是指那個花車，羅婆那王就把自己的花車供養給佛。「佛坐其上」，佛陀就上了羅婆那王的花車。

第二十四頌，「王及諸菩薩前後導從」，羅婆那王和那些菩薩們前後導從。其實我們可以調整一下，是「前導後從」，就是羅婆那王在前面帶路，那些菩薩們都跟隨在佛的後面，而且還有——「無量婇女歌詠讚歎，供養於佛」——無量的婇女在那裡載歌載舞地供養著佛。「往詣彼城」，就這樣大家歡歡樂樂地往楞伽城去了。

看第二十五頌，「到彼城已，羅婆那王及諸眷屬復作種種上妙供

養」。大家看，佛陀到了楞伽城以後，羅婆那王和他的眷屬們做的第一件事是什麼？就是供養佛和菩薩。怎麼供養的？「**夜叉眾中童男童女以寶羅網，供養於佛**」。就是夜叉中的那些個青年的男女，用珠寶做的網供養佛。

看第二十六句，「**羅婆那王施寶瓔珞奉佛菩薩，以掛其頸**」。

羅婆那王就拿出珍寶串起來的項鍊供養佛和菩薩們，他把這個項鍊掛到了佛和菩薩們的脖子上。

看第二十七頌，「**爾時世尊及諸菩薩受供養已，各為略說自證境界甚深之法**」。

佛陀和菩薩們接受了羅婆那王和夜叉眾的供養之後，各自都簡略地說了一下自證境界的甚深大法。

好，這兒告一段落，看下面一個新的話題。

第二十八頌，「**時羅婆那王並其眷屬，復更供養大慧菩薩**」。

羅婆那王和夜叉們供養完佛菩薩，佛菩薩們略說了「自證法」。這個時候，羅婆那王和他的眷屬們又專門地供養那位大慧菩薩。前面講過，在這次法會當中，大慧菩薩而為上首，他排在最前面。我們前面講過，這部《楞伽經》大慧菩薩是當機菩薩，也就是這一部《楞伽經》是由大慧菩薩向佛陀發問。大家要知道，發問者的水準就決定了這部經的深淺。羅婆那王自知自己的境界不夠，因此他就請這位十地菩薩——大慧菩薩，來向佛陀提問。

看下一句，「**而勸請言**」，他勸請大慧菩薩說。「**我今請大士，奉問於世尊，一切諸如來，自證智境界**」。我今天請您這位大士（指大慧菩薩），請您來向佛陀提問。問什麼呢？問一切的佛陀的自證智的境界。

看第二十九頌，「**我與夜叉眾，及此諸菩薩，一心願欲聞，是故咸勸請**」。

我羅婆那王和楞伽城裡的夜叉眾，還有今天隨佛陀來的這一切的菩薩們，我們都很渴望聽佛陀講「自證法」。因此，我們都勸請您大慧菩薩站出來給佛陀提問。

看第三十頌，「**汝是修行者，言論中最勝，是故生尊敬，勸汝請問法**」。

「汝」指的就是大慧菩薩。您大慧菩薩是一位修行者。當然是修行者，大慧菩薩是十地菩薩，重要的是羅婆那王說大慧菩薩是「言論中最勝」。什麼意思？就是菩薩的一種功德就是「辯才」，就是「辯才無礙」，也就是菩薩的標配是要有非常好的言語的能力。比如說，能夠把複雜的佛法講簡單了，能夠回答眾生提出的種種的問題，而且他的語言、他的音聲就具有攝受力，這都是菩薩的標配，這都是菩薩的度眾生的方便。這就是「言論中最勝」，是羅婆那王說大慧菩薩：「您是辯才中的大辯才，是菩薩中最具辯才的菩薩，因此我們對您生起恭敬的心，今天我們勸請您代表我們大家向佛陀提問題。」

看第三十一頌，「**自證清淨法，究竟入佛地，離外道二乘，一切諸過失**」。

請您代表我們向佛提問。問什麼呢？問佛陀的「自證法」；問「清淨的法」；問那個最終徹底的、了義的能夠「成佛的法」；問那個遠離外道見，遠離小乘見，遠離一切過失的「真實的佛法」。

到這裡，《楞伽經》第一品的第二段結束了。

《楞伽經》導讀014

1-03-01為夢所作？為幻所成？

我在講授這部《楞伽經導讀》課程的時候，有一個默認的前提，就是假定大家學習《楞伽經導讀》課程之前，都學習過《解構凡夫的「真實」世界——〈金剛經〉導讀》。在《金剛經導讀》裡，我除了逐字逐句解析《金剛經》的經文內容，重要的是還講解了佛陀二時教法的教理。

當然，是不是說二時教法與三時教法有學習上的次第關係，就說二時教法是學習三時教法的基礎，或者說三時教法是學習二時教法的基礎？沒有！「二時教法」和「三時教法」，這是兩個相對獨立的名言系統，是走向解脫的兩條相對獨立的大道。

由於教學的需要，我在《金剛經導讀》課程當中所討論的一些佛教的基本問題，在這部《楞伽經導讀》課程中，有些就不再重複了。比如「出離心」的問題，「菩提心」的問題，這些問題都非常重要，所以沒有學習過《金剛經導讀》課程的朋友，我建議能夠抽時間學習一下那個課程。那有的朋友說，我是學習了《金剛經導讀》課程的。那麼，也有一個問題，你真學懂了嗎？

今天我在這裡要明確地講，在《金剛經導讀》課程裡面，我們講了「四重二諦的權便中觀」和「泯滅二邊的究竟中觀」。「權便中觀」其實根本就不算中觀，只有「究竟中觀」才是中觀！也就是「既不生，也不滅」不是中觀，「因不生，故不滅」才是中觀！

可問題是，一句「因不生，故不滅」的究竟中觀，說這個凡夫境界壓根兒無生。那麼，世間萬法之間的「因果關係」，還存在不存

在？比如說，如果你認爲這是一隻動物園裡的眞老虎，那麼這隻老虎我們就認爲它一定有媽，而且只有唯一的媽。這個老虎的媽媽，就是這隻老虎的一種「因」。但是，究竟中觀告訴我們：這隻老虎其實無生，根本沒產生，是如同老王夢中的虎，那夢中的虎壓根兒就不可能有媽，給夢中的老虎找媽是戲論。泯滅二邊的「究竟中觀」，居然就把這個老虎的媽媽給解構沒了，這也就是把世間萬法之間的「因果關係」給解構沒了！

這個問題極其嚴重，爲什麼？「萬法皆空，因果不空」，這八個字是當今佛教界的金科玉律，膽敢把這個世界上的「因果關係」給解構沒了，那簡直是膽大包天，大逆不道，罪該萬死，死入地獄。各位學習過《金剛經導讀》的朋友，你在學習「究竟中觀」的時候，意識到這個嚴重的問題了嗎？如果你沒有意識到這個問題，那就是沒有眞正學懂，需要重學。

今天我們就把這個「因果」的問題提出來，大家認眞思考一下，怎麼理解「萬法皆空，因果不空」？重要的是，這裡的「因果」屬不屬於萬法？如果你回答，這裡的「因果」屬於萬法，「因果」就在萬法之中。那好，萬法皆空，「皆空」就是全都空。那既然萬法皆空，憑什麼屬於萬法的這個因果會不空？！既然屬於萬法的因果不空，你怎麼又可以說萬法皆空——萬法全都空了？！那你至多只能說，萬法當中除了因果之外其它都空，而你不能說萬法皆空啊。

那好，你說這個「因果」不屬於萬法，那這個不屬於萬法的因果，是什麼因果？各位，這個問題關係到佛法的命脈，這是個大問題！今天我先把這個問題提出來，大家課後認眞思考一下，在後面的課程當中，我們會仔細地討論這個話題。

下面，回到我們《楞伽經》的經文的學習上來。看第三十二頌，從這第三十二頌開始，是我把《楞伽經》第一品劃分的第三段的開始。

看經文，「**爾時世尊以神通力，於彼山中復更化作無量寶山，悉以諸天百千萬億妙寶嚴飾**」。

大家看發生什麼事了？就是在羅婆那王把佛陀請到楞伽山之後，這時候佛陀以他的神通，忽然間在摩羅耶山、在楞伽城裡面，又化現出了無數的摩羅耶山、無數的楞伽城。而且，每座山上、每個城裡，都有百千萬億的微妙的寶貝在那裡莊嚴著。

　　看三十三頌，「一一山上皆現佛身，一一佛前皆有羅婆那王」。

　　佛陀以神通力化現出的這無量的摩羅耶山、楞伽城，每個山上、每個城中都有一個佛，每位佛前面都有一個羅婆那王。

　　看第三十四頌，「及其眾會」。不僅每個城中、每座山上都有一個佛，都有一個羅婆那王，而且每座城中都開著一個法會。「十方所有一切國土皆於中現」。不僅如此，十方的國土都在羅婆那的楞伽城中顯現出來。「一一國中悉有如來」。而且，每個國土裡都有佛。

　　看第三十五頌，「一一佛前咸有羅婆那王並其眷屬」。這十方的國土裡面，每個佛前都有個羅婆那王，還有羅婆那王的那些眷屬們。「楞伽大城阿輸迦園，如是莊嚴等無有異」。這裡的「阿輸迦」是梵文aśoka的音譯，aśoka就是「無憂」（沒有憂慮），前面講過，羅婆那王的花園就叫「無憂園」，前面是意譯，這裡是音譯。就是無量的世界裡面，每個世界裡面都有一個像過去楞伽城的這個無憂園一樣，每一個花園也都是那樣地莊嚴，沒有什麼區別。

　　看第三十六頌，「一一皆有大慧菩薩而興請問，佛為開示自證智境」。這每一個世界裡面，又都有一個大慧菩薩在那裡向佛提問，而佛陀都在那裡在講著他的自所得聖智證法。

　　下面，更神奇的事情又發生了，「以百千妙音說此經已」，這個「妙音」，就是指這無量的世界裡佛在說法的聲音。這麼多佛說法的聲音就在這個時候……

　　看三十七頌，「佛及諸菩薩皆于空中隱而不現」。也就是這個時候，突然間無量世界的那些佛、那些菩薩，還有那些無量的楞伽城和佛土突然間又都全消失了。「羅婆那王唯自見身住本宮中」。就剩下一個羅婆那王，自己孤零零地站在宮殿裡。

　　看第三十八頌，「作是思惟」，羅婆那王就想了。「向者是

誰？」剛才看到的是誰在說法呀？「**誰聽其說？**」聽法的又是誰呢？「**所見何物？**」剛才看見的都是什麼呀？「**是誰能見？**」那麼，見到那一切的又是誰呢？

看第三十九頌，「**佛及國城眾寶山林，如是等物今何所在？**」「那我剛才看到的那麼多的佛、那麼多的國土、城池，裡面有那麼多的美景。那現在都到哪裡去了呀？」羅婆那王想。「**為夢所作？**」難道剛才所見到的這一切都如同是夢境？「**為幻所成？**」這裡的「幻」，指的是幻術。就是印度古代有一些幻術師，他可以把擺在那裡的草木土石經過幻術讓你看著，比如說，是一匹馬，是一頭牛，是一條狗，但其實是假的。「**為復猶如乾闥婆城？**」「乾闥婆」是gandharva這個詞的音譯，是一種天道眾生，他喜歡唱歌跳舞，喜歡文藝活動。乾闥婆經常自己化現出一個城，就如同今天他化現出一個卡拉OK廳，自己在裡面進行娛樂活動，可活動一結束，這個城、這個卡拉OK廳就消失了。也就是，乾闥婆唱歌跳舞的這個城，只是他的一個化現，並不真實存在。

看第四十頌，「**為翳所見**」，「翳」是什麼？是一種眼病。就是有的人眼睛生病了，因此他看見這空中，比如有很多毛在飄，或者空中有好多蚊子在飛，其實根本沒有毛，根本沒有蚊子，只是眼睛生病了，這個就叫「翳病」。老百姓叫它「飛毛症」，或者叫它「飛蚊症」。

看下一句，「**為炎所惑**」，這裡的「炎」是什麼？這裡的「炎」，是指動物（比如：鹿）在荒漠上它很渴，由於陽光的作用，它就看到這個荒漠的遠處似乎有水，因此就朝著這個看似有水的地方飛奔而去，但其實沒有水。有時候我們也有這樣的經驗，就是在筆直的高速路上開車，我們看到路的遠方好像地上有水，可我們開到那個地方的時候，你一看沒有水。所以看似有水，實際沒水，這個就叫「炎」，有時候譯作「陽焰」；有時候譯作「鹿渴」。

看下一句，「**為如夢中石女生子？**」什麼叫「石女」？就是沒有生育能力的女人。這是不是就如同在夢裡看到沒有生育能力的女人生

了個兒子？

看下一句，「**為如煙焰旋火輪耶？**」什麼是煙焰旋火輪呢？就是我們點一支香，在黑夜中你拿著這個香一轉，站在你對面的人似乎就看見一個火輪、這就叫旋火輪。實際這個輪子看著有，其實沒有，因為你不轉，這個輪子立馬消失。

所以，大家注意，這裡面羅婆那王就想：「剛才變化出那麼多的世界，忽然間這一切的世界又沒了。哇，難道我們所生活的這個世界如同夢境？如同幻術？如同乾闥婆城？如同生了翳病的眼睛看到的飛毛？如同鹿看到的陽焰？如同夢中夢見了石女生兒？如同看見了夜晚的旋火輪？這些都是看似有，看似存在，實際上也許根本就不存在呀！」

大家注意，羅婆那王此時從他心底裡深深地升起了疑情——這個世界是真實的存在嗎？！

《楞伽經》導讀015

1-03-02眼翳執毛模型

上一講，我們講到佛陀示現了神通，把一個楞伽城變成了無數個楞伽城，又把無數個楞伽城變沒了，不僅城沒了，佛、菩薩、夜叉眾生全沒了，只剩下羅婆那王自己孤零零地站在宮殿中。

我們怎麼理解這件事情？可以分為三個層次：

第一個層次，如果你沒有佛教信仰，那麼你就把這一段故事當作文學作品來閱讀。就像《西遊記》一樣，這是一種極具想像力的、誇張的藝術表現，當故事聽完全可以。

第二個層次，如果你是佛教徒，具有佛教信仰，那就應該理解，接受這是佛陀的神通力的示現。偉大的覺者（佛陀）完全可以做到這一點。

第三個層次，你要理解到這不僅僅是佛陀神通力的表現，這是在佛經中佛陀的一種示現。他是要表達一種思想，要引發我們去思考。

佛陀這樣向我們示現什麼呢？佛陀示現我們這個世界，其實並不是眾生、凡夫們所以為的那樣一個真實的存在。羅婆那王用了七個比喻，「為夢所作？為幻所成？猶如乾闥婆城？為翳所見？為炎所惑？如夢中石女生兒子？如旋火輪？」都是看著有，而實際上它並不是真實的有。也就是我們可以引申說，只有虛擬的世界才會示現這樣一種存在。羅婆那王在這個層次上，他就起了疑情，懷疑我們生活的這個世界的真實存在性：「我們感知到的這個堅實的世界，難道是夢？是幻術？是乾闥婆城？是患翳病的眼中所顯現的影？是鹿見到的那個陽焰？哇，它並不是真實的存在嗎？」這就是第三個層次，這就是佛陀

在這段經文當中，所要啓發我們的重要的法義。

在羅婆那王的這七個比喻當中，我們今天把其中的「爲翳所見」（眼睛生翳病所見到毛）這樣一個比喻，要專門拿出來討論一下。

大家記得，我們在《解構凡夫的「眞實」世界——〈金剛經〉導讀》中講「四重二諦」的第三重二諦時，也就是「世俗諦是緣生性空，勝義諦是名言假有」。在講這「第三重二諦」的時候，我們曾經舉過一個例子，用了一個比喻，大家還記得嗎？就是汽車製造廠組裝車間把零部件組合起來，是否產生出所有零部件之外的一個新東西呢？我們很多凡夫、眾生就是以爲產生出了新東西，還給它起個名叫「車」。這個叫「車」的新東西產生了嗎？

在二時教法當中，這個例子是最重要的，這是以佛陀二時教法進入大乘佛法的門檻。也就是你能夠理解了這個例子、這個比喻，那麼你就入門了，否則你永遠在大乘佛法門外徘徊。其實，很多人就是卡在這個門檻過不去。

今天我想說，我們學習佛陀三時教法的時候，有沒有類似於這個「汽車製造廠組裝車間」的這樣一個例子、這樣一個比喻，它可以成爲我們以佛陀三時教法進入大乘佛法門檻的，這麼一個非常具有意義的例子、比喻呢，有沒有？有，這就是「爲翳所見」。用「眼睛生翳病」這個例子、這個比喻來講「唯識」。

大家注意，下面我們就講這個例子。你能夠理解、能夠信受、能夠認同下面的這段表述，那麼你就是以佛陀的三時教法而進入了大乘佛法的門檻。如果你不能理解下面這一段表述，那麼你就只能在佛陀的三時教法的門外徘徊。所以，下面這段討論非常重要，就是用「翳病」來講「唯識」。

什麼是翳病？就是一個人眼睛生病了，他就看到這個屋子裡好像有「毛」在飄著，老百姓也管它叫「飛毛症」。其實沒有「毛」，其實僅僅是生病的眼睛自身顯現出了「影」又被自己看到了，只不過這個「影」看起來像眼睛之外在空間、在房間裡漂浮的「毛」，是「似毛的影」。因此你就把這「似毛的影」當作「毛」。如果你很清醒，

你很理智，知道是眼睛生病了，其實屋子裡並沒有「毛」，你就趕快去醫院，到眼科門診掛個號，通過醫生的診治，把你眼睛的翳病治好，那麼看似像毛的「影」也就不存在了。但是，佛陀說我們這些凡夫無明所障、糊塗，我們非不認為是眼睛生病——自己的眼睛顯現的「似外的影」——我們非要把這個「影」當作眼睛之外的「毛」。

那麼，一旦你把這個「似外的影」當作「真外的毛」的時候，大家注意，至少可以產生後面的兩種情形：

第一種情形，你就會問：「今天我家屋子裡怎麼會飄著這麼多毛呢，這個毛是哪裡來的呀？」

你要追尋它的來源，你想來想去：「噢！恐怕是這天冷了，我家樓上鄰居要蓋毛毯了，他把毛毯拿出來在陽臺上撣一撣。哇！他家的羊毛毯上的毛都飄到了我的家裡。」

（你看你還給這個毛找到了出處）

進而，你還會問：「那樓上鄰居的毛毯是哪裡來的呀？」

——噢，樓上鄰居的毛毯是在京東商城自營買來的。

（追到京東商城了）

「京東這個毛毯是哪來的呀？」繼續追問。

——哇，京東是從呼和浩特毛毯廠進的貨。

（追這個毛追到呼和浩特了）

那麼，你問呼和浩特毛毯廠說：「你們這個毛是哪裡來的呀？」

他說：「是從呼倫貝爾大草原上那個羊身上剪下來的。」

那你就還得追問：「那這個羊哪來的呀？」

——這個羊是羊媽媽生的。

「那羊媽媽哪裡來的呀？」

——是羊外婆生的。

「那羊外婆是哪裡來的呀……」

這個問題就會無休止地問下去。

大家知道，這個尋求最初的「因」，這個問題千百年來困擾著無數的哲人。以至於有人說：「哎！別問了，我告訴你最初的羊哪來

的——神創的。」是神創造出來的，那你就會問：「那神哪來的？」他說：「閉嘴！不准問。神不需要創造！」哇，似乎還找到了這個羊毛的最初的「因」，這是一種「給出」的結果。追尋這個羊毛最初的來源，是我們內心的一種渴望。

第二種情形，就是既然我今天感覺到我屋子裡飄著毛，那好的，我就要請一位科學家來研究一下我今天屋子裡的毛。

科學家就拿出了一個方案說：「那你給我一根毛，我要把它放到顯微鏡底下，看它的內部結構。顯微鏡不夠，我要放到電子顯微鏡底下來看它的內部結構。」

噢！它是由什麼樣的分子組成，分子裡又是由什麼樣的原子組成的，原子裡又是有什麼樣的質子、中子組成的…… 以至於找到最後，一個最原初的不可再分的那麼一個最最基礎的物質。如果真找到了的話，「哇」，會非常高興。你看我屋子裡的這個毛，就是由這個最基本的物質組成的。

千百年來，人類都渴望著找到這個毛的最基本的組成形態。印度人把這個起名叫「極微」；古希臘哲學家把它起名叫「原子」；現在的科學把它起名叫「基本粒子」。一旦找到了這個毛的最深處的基本結構、基本組成，那麼我們就確認了這個毛的存在。

所以大家能理解嗎，這兩種路徑：第一，尋求這個毛的最初的產生的原因；第二，深研這個毛的內部的基本結構，尋找它的基本組成。

這兩個思路，其實目的只有一個。就是為了確認：今天我感受到的我家房子裡的這個毛的那種真實的存在性，我要確認它的真實存在。

各位！人類在過去千百年來，花了大量的精力就是在做這兩件事情。可是佛陀說，你們錯了！你們追尋這個毛的最初的來源，以及深研這個毛的內部結構，這兩件事在佛陀看來是「戲論」。

也就是佛陀說，眼前你最重要的要知道的不是毛的來源、毛的結構，你是要知道，其實根本不是毛，是你生病的眼睛自身顯現的

「影」又被你自己看到了，是你把這個「影」誤以爲是眼睛之外的「毛」。佛陀說這件事是最最最最重要的！

下面，就進入我們更重要的一段討論。而這段討論，它是以前面我們講過的「種子熏現模型」爲基礎的。如果「種子熏現模型」，你還沒有很好地理解，那應該先退回去，把那個模型學清楚以後再來聽我下面的內容。

一個生了翳病的患者，他糊塗，他執著，他非要把眼睛生病顯現的「似毛的影」當作「毛」，他非常地執著。大家注意，本來是生病的眼睛顯現的一個「似外的影」，你非不以爲是「似外的影」，你非要誤以爲是「眞外的毛」。

各位，這個「誤以爲」是不是一個「kṛ」？是的，這是一個「kṛ」。因此，這個「誤以爲」可以當生即滅了，但是這個「誤以爲」（這個「kṛ」）在阿賴耶識當中熏習下了一顆種子，等待因緣成熟的時候，這顆種子要「現行」了。大家注意，這顆種子的現行，就是對當初種下這顆種子的那個「誤以爲」的一次展現與強化。

什麼意思？就是當這顆種子現行的時候，你就會覺得這個影就更像是毛了。它（影）更像是毛了，你就更誤以爲它（影）是毛了。大家注意，這個「更誤以爲它（影）是毛」是不是一個「kṛ」？是個「kṛ」，它當生即滅了，但是這個「更誤以爲是毛」的錯誤認識又在阿賴耶識當中熏習下了一顆種子，等這顆種子因緣成熟的時候，它（種子）又要現行了。而這個現行就是對剛才的那個「更誤以爲是毛」的這個錯誤認識的再一次的展現與強化。結果就是，你看著這個影就更更像是毛了。既然，看著這個影更更像是毛了，就會更更更誤以爲是毛，這個更更更誤以爲是毛的「kṛ」又熏習下了一顆種子，等這顆種子現行的時候，就會看著這個影就更更更更像是毛了，因此你就更更更更誤以爲是毛了，這個更更更更誤以爲是毛的錯誤認識，又熏習下了一顆種子，而這顆種子在現行的時候，你就看著這個影就更更更更更像是毛了，因此就更更更更更誤以爲是毛了……，就是這樣的不斷地熏習——種子——現行，熏習——種子——現行；不斷地展

現強化，展現強化，展現強化⋯⋯

　　各位聽好，佛陀告訴我們了一個巨大的祕密！佛陀說，就是這樣一個錯誤認識，本來是「影」你誤以為是「毛」的錯誤認識的不斷地熏習——現行，熏習——現行⋯⋯；展現強化，展現強化⋯⋯，以至於在我們的感知世界裡，這個「毛」就越來越真實了，真實到什麼程度呢？

　　真實到直到有一天，你會對老王說：「老王你居然敢說這不是毛？哼！」然後把手指頭上沾點唾沫，「啪」捏下了一根毛給老王看：「這難道不是毛嗎？！」這根毛，居然的在我們的感知世界裡就真實無比了，就堅不可摧了。

　　佛陀說，我告訴你們一個大祕密，你現在雖然捏下了一根毛，似乎這根毛的存在很真實，但是，它無非就是過去多生累劫僅僅是影而我們非要誤以為是毛的這個「錯誤認識」的不斷地熏習——現行，熏習——現行，熏習——現行⋯⋯；不斷地強化，強化，強化⋯⋯。這個強化的結果，使得我們覺得心外的這個毛的存在變得真實無比了。其實，這個毛根本不存在，存在的只是對這個不存在的毛的這種錯誤的認識的強化而已！「毛」是這樣的，那麼桌椅板凳、山河大地、日月星辰，我們眾生心外的這一切的事物，佛陀在三時教法裡，在瑜伽行派，在唯識宗裡，要告訴我們的是，其實它（毛）只是心中的影。

　　我們把「心中的影」誤以為是「心外的物」。這個「誤以為心外的物」的錯誤認識的不斷地強化，強化⋯⋯；熏習——現行，熏習——現行⋯⋯，就使得我們對心外的這個事物的「存在」，在我們的感知系統裡就真實無比了。而實際上佛陀要告訴我們的是，這些心外的物其實根本不存在，存在的只是心外沒有物而我們非要誤以為心外有物的「錯覺」！各位，這句話非常重要。

　　我們說，講「唯識」，講阿賴耶識種子的「現行」。現行出了桌椅板凳、山河大地、日月星辰。既然是唯識，那麼就是心外的這些事物都是我們的「心」現行出來的。注意，這不是唯識！這是對唯識的巨大誤解！

我們用剛才的這樣一個比喻、這樣一個例子要告訴大家的是，佛陀要告訴我們的大秘密是什麼？是我們這個阿賴耶識種子的現行，是「現行」不是「現物」。不是顯現出了心外的事物，而只是顯現出了心外沒事物可是我們非要誤以為心外有事物的「錯覺」。這個「錯覺」多生累、劫地強化，就使得我們這個「錯覺」的強化以為真有心外事物的存在。

　　各位！這個模型為了便於大家記憶，我們給它起個名字叫「眼翳執毛模型」。就是一個生了眼睛翳病的人，本來是因為生病，自身顯現了影，他非不以為是影，他非要誤以為是心外的毛，執著這個心外的毛，這個「執」、這個「錯誤認識」的強化，就使得這個毛在我們的感知世界裡無比真實了，堅不可摧了。可是，佛陀告訴我們 —— 其實這個毛根本不存在，存在的只是心外沒有毛，你非要誤以為有毛的「錯覺」而已！

　　各位，這就是凡夫境界上的「境界自心現」。

《楞伽經》導讀016

1-03-03轉識成智：去掉vi

上一講，我們講了「眼翳執毛模型」。大家要知道，這個「眼翳執毛模型」是闡述佛陀三時教法，講「唯識」的最生動的例子、最形象的比喻。只要能夠理解了這個「眼翳執毛模型」，那也就理解了什麼是「唯識」。

下面，再把「眼翳執毛模型」概括地表述一下：

原本只是生了翳病的眼睛，自身顯現出似毛的影，可是愚癡凡夫非不以爲是影，非要誤以爲是眼睛之外的毛。這個誤以爲、這個錯誤認識，多生累劫地經歷阿賴耶識種子的熏習 —— 現行，熏習 —— 現行，熏習 —— 現行……；被不斷地強化，強化……以至於強化到最後，這個感受有毛的「錯覺」，就使凡夫真以爲心外有毛了。這就是「眼翳執毛模型」。

那推而廣之，這桌椅板凳、山河大地、日月星辰，凡夫所感知到的心外的這一切事物都像毛一樣，其實只是心中顯現的似外物的影，而無明凡夫把「似外的影」誤以爲「真外的物」，這個誤以爲、這個錯誤認識經過多生累劫的阿賴耶識種子的現行 —— 熏習，現行 —— 熏習…… 也就在這個過程當中不斷地強化，使得心外有物的這個「錯覺」，真實到就像心外真有事物的存在一樣了。各位，能理解這一點，那就理解了「唯識」！

那這個「眼翳執毛模型」裡面的最關鍵的部分是什麼？最關鍵的部分就是阿賴耶識種子的「現行」，不可以理解爲「現物」。也就是阿賴耶識種子的現行，不是現出了桌椅板凳、山河大地這些心外之

物，而是顯現了其實心外沒有物，可無明凡夫非要誤以為心外有物的「錯覺」！

我再重複一遍，阿賴耶識種子的現行不是現出了桌椅板凳、山河大地這些心外之物，而是現出了其實心外沒有物，可無明凡夫非要誤以為心外有物的「錯覺」！！

我再重複一遍，阿賴耶識種子的現行不是顯現出了桌椅板凳、山河大地這些心外之物，而是顯現出了其實心外沒有物，可無明凡夫非要誤以為心外有物的「錯覺」！！！

只是顯現出了「錯覺」。在這裡，只有翳病眼睛顯現出的「似毛的影」和把這個「似毛的影」誤以為是眼睛之外的真毛的那個「錯覺」。大家注意，這個「錯覺」是有的，而那個毛是根本、壓根兒就沒有的。無明的凡夫認為有毛，認為眼睛之外、心之外有毛，這就是「增益」。

我們繼續討論。生了翳病的眼睛中顯現的那個「似毛的影」與我們凡夫誤以為存在的「眼睛之外的毛」，這「影」與「毛」有什麼不同？

對於這個「影」，見影之「見」與這個「影」是一體的，沒有分離。通俗地講，「影」就在眼睛裡面。

那麼，對於這個毛呢，就不同了。它之所以被認為是「毛」，這個誤以為的「毛」在凡夫心中，它一定是在能見毛的這個「能見」之外，也就是能見毛之「見」與所見之「毛」是分離的。通俗地講，就是如果你認為這個毛真的存在的話，那麼這個毛一定是在眼睛之外，而不是在眼睛裡面。

作為凡夫，他之所以是凡夫，就是把「本來的影」誤以為「心外的毛」，這個「能見」與「所見」分離了。

注意，這個「能」字，為了便於大家理解，我們就類比於我們上哲學課時候學的那個「主觀」，就是「認識的主體」；所見這個「所」字，那就類比於我們哲學課中的那個「客觀」，就是「被認識的那個客體」。由於凡夫堅定不移地認為心外有物，不管是看見的山

戀，聽見的歌聲，聞到的香氣，嘗到的美味，摸到的桌子，想到的情人⋯⋯ 這些被看見的，被聽見的，被聞到的，被嘗到的，被摸到的，被想到的東西，都是在能見，能聽，能聞，能嚐，能摸，能想之外。「能」與「所」是分離的。

因此，我們就可以得出結論，這個「能所」分離，就是凡夫的認知模式的最大特點；也就是，「凡夫心」的特點就是「能所分離」。

而聖者他之所以是聖者，不是凡夫，最重要的原因之一，就是聖者知道：心外無物；「以爲心外有物」那是「錯覺」。因此，聖者的認知模式從對凡夫的「能所分離」認知模式的否定角度來表達的話，聖者的認知模式就是「能所不分離」的認知模式。「聖者的心」是「能所不分離」。

我們回憶一下，前面曾經講過的一個內容，就是表示「凡夫心」梵文有個詞叫vijñāna，實叉難陀譯作「識」；「聖者的心」在梵文裡也有個詞叫jñāna，實叉難陀譯作「智」。當時，我就提醒大家要注意這兩個梵文詞。這兩個詞長得模樣很像，因爲它們來自同一個動詞詞根√jñā。它們的區別僅僅在於，這個vijñāna（識）比這個jñāna（智）前面多了一個前綴詞、一個詞頭vi。當時，我們就講這個詞頭vi，在這裡是「分離」的意思。當時我們說，那既然「凡夫的心」是vijñāna，有詞頭vi，那「凡夫心的活動」一定是一種「分離的認知模式」。那表示「聖者的心」jñāna，它沒有詞頭vi，所以當時我們就說，這個「聖者心的活動」想必就一定是一種「不分離的認知模式」。

那麼，「分離與不分離，指什麼分離，什麼不分離？」這是當時我們留下的一個問題。我們學習到今天，學習到這裡，就有答案了。

說「凡夫心」是一種分離的認知模式，指什麼分離？指的就是這個「能」與「所」的分離，就是能認識的「心」與被認識的「物」的分離。這種認知模式，就是「凡夫心」，就是「識」，就是vijñāna。那相反的，「聖者的心」那就是「能」與「所」不分離，所以「聖者心」梵文是jñāna，沒有那個vi。

講到這裡，大家注意，問題就簡單了。你說我們一個凡夫要修行，修行的目的是什麼？修行的目的就是要把我們從凡夫轉變爲聖者。通過前面的討論，那我們就可以理解，把「凡夫」轉變爲「聖者」，就是要從凡夫「能所分離」的認知模式轉變爲聖者的「能所不分離」的認知模式；就是要從vijñāna轉變成jñāna；就是要從「識」轉變爲「智」。那麼從「識」轉變爲「智」，在我們漢傳佛教有一個固定的翻譯詞語叫「轉識成智」。從佛陀三時教法來講，修行的核心就是「轉識成智」。

　　大家注意，漢語「轉識成智」這四個字，在過去的千百年來難倒了多少英雄好漢，有太多的人皓首窮經、終生以求。可是，到死他也沒把這四個字搞明白。

　　其實，從梵文的角度講，「轉識成智」就是從vijñāna（識）轉變成jñāna（智）。那麼，簡單地講，「轉識成智」從梵語角度說就是「去掉vi」。「去掉vijñāna（識）的詞頭vi」這就是「轉識成智」。

　　那什麼是去掉vi？vi就是表示「分離」的意思。去掉vi，就是從「能所分離」的認知模式轉變成「能所不分離」的認知模式；就是從把生翳病的眼睛顯現的「似毛的影」當做眼睛之外的「眞實的毛」的這種狀態，轉變爲知道它不過是「影」，根本、壓根兒就沒有「毛」。這就是「轉識成智」。

　　這也就是，羅婆那王在佛陀神通示現的啓發下，他猛然地感知到：「哇，原來我們生活的這個外在世界，這個楞伽城，如同爲翳所見呐！」

《楞伽經》導讀017

1-03-04何謂分別？

　　上一講，我們講了凡夫的認知模式是「能所分離的認知模式」。在佛法裡，特別是在佛陀的三時教法裡，給凡夫的「能所分離」的認知模式起了一個名字就叫「分別」。「分別」這個詞，在佛教裡是個高頻詞，稍微熟悉佛法的朋友都知道，佛教徒特別喜歡說：「哎，你不要起分別心哦！」「分別心」是很多學佛的人的口頭禪。但是，「什麼是分別？」很多人存在著誤解。

　　在很多人心中，什麼是「分別」？

　　比如，老王走在大街上，迎面走過來一個人，老王盯著這個人看了幾秒鐘心想：「咦！這是個漂亮姑娘」。旁邊就會有人說：「老王你起分別心了吧。」這就是把老王對走過來的這個人，他盯著看，做判斷，「啊！是一個漂亮姑娘。」把這個「判斷」當作「分別」。

　　照這樣理解的話，那就是老王走在大街上，迎面走過來一個人，老王假裝看不見，假裝沒看見，就是不對這個人做判斷。管他是男，是女，是老，是少，是胖，是瘦；管他是穿紅衣服，還是藍衣服：老王就是不判斷。有些學佛的人就說：「哇，老王，這次真棒，沒起分別心哦！」

　　依照這些學佛者的這樣的理解，那什麼是分別？就是凡夫在凡夫境界裡，對心外種種事物做出凡夫的判斷，他們叫做「分別」。也就是凡夫在凡夫境界，對心外的種種事物不做凡夫的判斷，他們就叫做「不分別」。也就是把「分別」給等同於凡夫的「判斷」了，這是巨大的誤解！

在佛法裡，「分別」指的就是凡夫「能所分離」的認知模式。也就是老王走在大街上，迎面走過來一個人，即使老王不做判斷，不管他是男，是女；是胖，是瘦；是老，是少。但是，只要老王認為心外有這個人的存在，這就已經是分別了。因為，以為心外有物，就已經是能所分離了。

我們回憶一下前面講過的「眼翳執毛模型」。生了翳病的眼睛，顯現出似心外毛的影，只要把這個「似外的影」當作了「心外的毛」，即使不去判斷這個毛是直的，還是彎的；是長的，還是短的：只要認為心外有毛，這就已經是「分別」了。

所以，大家理解，「分別」就是凡夫「能所分離」的認知模式。「分別」就是凡夫無明，誤以為心外有物，因此就進入了能所分離的認知模式。我們說「分別」是凡夫的迷惑、凡夫的糊塗造成的。因此，我們講「分別」的時候，往往前邊還加上一個定語，就叫「虛妄分別」。

那麼，有人就會問，有沒有不虛妄的分別？回答是沒有。「分別」就是虛妄；「分別」就是「錯覺」。大家想一想，我們現在每天在沒在分別？其實，凡夫每時每刻都在分別。凡夫的特點就是「認為心外有物」；凡夫的認知模式的特點就是「能所分離」。這個以為心外有物的能所分離就是「分別」。因此，我們可以總結為一句話：只要是凡夫就一定「分別」，只要在「分別」就一定是凡夫。

凡夫在「分別」，那聖者呢？聖者就是「無分別」。注意，「無分別」不是對心外的事物不做判斷，而是「能所不分離」！

上一講，我們也講到，從佛陀的三時教法來講，修行的核心就是「轉識成智」。講到這裡，我們就可以對「轉識成智」做一個新的解讀。什麼是轉識成智？就是從凡夫的「分別的識」轉為聖者的「無分別的智」。上一講，我們也講到「去掉vi」，就是去掉vijñāna（識）詞頭的vi，去掉vi就是「離分別」。

分別與無分別	
分別	無分別
識 (vijñāna)	智 (jñāna)
凡夫	聖者
能所分離的認知模式	能所不二的「認知模式」
誤以為心外有物	親證心外無物
「錯覺」	正覺
修行：轉識成智（去掉「vi」）	

好，這段教理討論完了。

我們回到《楞伽經》的經文的學習。前面我們講到了佛陀示現神通，把一個楞伽城變成無數楞伽城，又把這無數的楞伽城變沒了。因此，羅婆那王起疑情說：「這楞伽城莫非如夢如幻，假的，不真實？」下面接著看經文。

第四十一頌，「**復更思維：一切諸法，性皆如是**」，羅婆那王又想了想說，一切諸法（就是凡夫境界的一切的事物），桌椅板凳、山河大地、日月星辰……這一切的一切，性皆如是。這個「性」，意思就是「根本特點」、「根本特徵」。就是凡夫境界的一切的事物的根本特徵，那不也是像我的楞伽城一樣，如夢如幻、不真實嗎？那為什麼如夢如幻的不真實，會在我們這些凡夫的感覺裡卻是如此的真實地存在呢？

那就看下一句，「**唯是自心分別境界**」，大家看到「分別」這個詞出現了。一個如夢如幻的世界 —— 假世界，為什麼在我們凡夫的感知世界裡又如此真實呢？因為它是自心的境界，但是，是自心的分別境界。前面講過了「什麼是分別」、「什麼是『錯覺』」。就是把心外沒事物你非要誤以為心外有事物的「錯覺」，導致的你感覺心外的事物很真實，所以凡夫境界的這種所謂的真實的存在，其實都是「自

心分別境界」。

看下一句，「**凡夫迷惑，不能解了**」，就是這件事凡夫很糊塗，根本不能理解。

看第四十二頌，「**無有能見，亦無所見，無有能說，亦無所說**」。

羅婆那王感歎，其實，既然是自心分別的境界，哪裡有什麼能見所見、能說所說。這個「能所分離」是錯的，是一場「錯覺」。

看下一句，「**見佛聞法，皆是分別**」。

以為心外有佛可見，以為心外有法可聽，這都是分別，因為「能所分離」。大家還記得《金剛經》中有一句話：「若以色見我，以音聲求我，是人行邪道，不能見如來。」《金剛經》的這句經文與這裡的法義是相應的。

看下一句，「**如向所見，不能見佛**」。

「向」就是過去；所見，注意這個「所」，「所」就是對象，與「能」相對立。就是心外之見，叫所見。那我過去在心外見佛，這其實是不能夠見到真正的佛的。

看四十三頌，「**不起分別，是則能見**」。

「要離分別，不能起分別，那樣才能真正的見到佛呀！」，由於佛陀的神通示現，羅婆那王做了如此的領悟。我們說羅婆那王也是善根深厚。不起分別，遠離分別，要從凡夫的「分別」轉變為聖者的「無分別」，這就是「轉識成智」。

我們這個《楞伽經》導讀課程，學到這裡大家應該能夠品出一點味道了。佛陀的三時教法立足於「聖者境界」，安立了「阿賴耶識」，進而安立了「種子熏現模型」和「眼翳執毛模型」。大家想一想，安立「阿賴耶識」，講「種子熏現」，講「眼翳執毛」，目的是什麼，用意是什麼？其實，目的只有一個，就是讓凡夫離「分別」。

「種子熏現模型」和「眼翳執毛模型」，它們想表達的就是，只有心識，沒有凡夫以為的心識之外的事物。凡夫以為心外有事物，這是「錯覺」。是把生了翳病的眼睛顯現的似外的影，你誤以為成心外

的毛了，其實毛根本不存在。充其量存在的只是沒有毛而凡夫非要誤以爲心外有毛的「錯覺」。這個道理，我們可以用四個字來表達，就是「唯識無境」──只有內在的心識，沒有心識之外的事物。如果我們濃縮一下，用兩個字來表達就是「唯識」（只有心識），梵文就是vijñānamātra。大家想一想，「唯識」這個道理它要幹什麼？其實，「唯識」這個道理就是在解構我們凡夫的分別。

當然，「唯識」還有一重含義，就是佛陀安立了阿賴耶識，以「種子熏現」和「眼翳執毛」爲比喻，想告訴我們什麼？想告訴我們，凡夫以爲的心外事物是根本不存在的，存在的只是心外事物不存在，而凡夫誤以爲心外事物存在的「錯覺」，就是這個「虛妄分別」；就是想告訴我們，凡夫世界只是虛妄分別，除此之外什麼都沒有！這個道理，可以用三個字來表達，就叫做「唯分別」，也可以表達爲「唯了別」，對應的梵文詞就是vijñaptimātra。這個梵文詞準確的翻譯應該是「唯分別」或者「唯了別」，但是在我們漢傳佛教的歷史上，千百年來在絕大多數情形下，譯師們也把這個詞翻譯成「唯識」。因此，我們就可以把它理解爲是「唯識」的第二重含義。這一重「唯識」的含義，就是要表達凡夫境界就是虛妄分別；凡夫境界就是一場徹頭徹尾的、不折不扣的「錯覺」！因此，必須得轉──轉識成智！

《楞伽經》導讀018

1-03-05不二與無分別

上一講，我們重點講了「什麼是分別」。在《楞伽經》後面的經文當中，「分別」這個詞將反反復復地出現，絕大多數的「分別」表示的都是這個凡夫的「能所分離」的認知模式。但是，也有極少數的情形，由於翻譯的原因，「分別」這個詞另有所指，在後面的學習當中遇到這種情形的時候，我會提醒大家。

分別是虛妄的，為了便於大家理解，我們引入了一個現代詞叫「錯覺」，來表示這個虛妄分別。但是大家不要從普通的意義上來理解這個「錯覺」，不是生活中把老王看成老李的錯覺；不是把虎當成貓的錯覺。這裡的「錯覺」就是指聖者認為不存在，而凡夫非要誤以為存在的這個「錯誤認識」。

本來是生了翳病的眼睛所顯現的「似毛的影」，而非要把這個「影」誤以為是「心外的毛」的這個「錯誤認識」，這就是「錯覺」。凡夫就是「錯覺」；聖者就是「正覺」；成佛就是「無上正等正覺」。

我們再回到「分別」這個詞。要學懂佛陀三時教法，首先就要理解，什麼是分別？

在《解構凡夫的「真實」世界——〈金剛經〉導讀》當中，曾經重點學習過：佛陀教法的「橫向的教理體系」的判教——破增益與補損減。那麼，對於資糧位的凡夫而言，修行的首要就是「破增益」。什麼是破增益？「破增益」就是解構凡夫境界。

在佛陀的三時教法中，為什麼我們說「分別」很重要？因為，在

三時教法中，解構凡夫境界的抓手就是「分別」。因爲，「分別」是凡夫的基本特徵。就像上一講，講到的「凡夫一定分別，只要分別就一定是凡夫」。因此，把凡夫的分別解構了，就是把凡夫境界解構了，這一點很重要。

再有一點，在三時教法裡面，解構分別的工具，或者說解構分別的方法是什麼？其實，這個解構的工具、方法就是「唯識」——只有心識，沒有外境。就是用這個唯識的方法解構「分別」，把「分別的凡夫」用唯識解構爲「無分別的聖者」。這就是三時教法的基本的「理論」與「修行」的路徑。

我們對比一下佛陀的二時教法。在二時教法中，有沒有一個類似於三時教法中解構凡夫境界的分別的抓手呢？在二時教法當中有沒有這樣一個抓手？有的。這個抓手，在二時教法當中就是凡夫的「二邊見」，簡稱「二」。「二」也是凡夫的基本特徵：凡夫一定「二」，只要「二」就一定是凡夫。因此，把凡夫的「二」解構了，就是把凡夫境界解構了。在二時教法中，有沒有像三時教法中類似於「唯識」這樣的解構工具和方法呢？有，就是「二諦」。

在《金剛經導讀》當中，我們曾經系統地講解了「二諦」。當你學習二諦的時候，你是否思考過爲什麼是「二諦」，而不是「一諦」、「三諦」、「五諦」、「八諦」，非要是「二諦」？其實，「二諦」就是對治凡夫的「二」。用「二諦」對治凡夫的「二」，進而徹底的泯滅「二」。就是把「二」的凡夫解構爲「不二」的聖者，這就是佛陀二時教法的基本的「理論」與「修行」的路徑。

對於資糧位的凡夫，大乘佛法給出了這兩條相對獨立的入手的修行的路徑：

第一，在佛陀的二時教法當中，以「二諦」爲手段，把「二」的凡夫解構爲「不二」的聖者。

第二，就是在佛陀的三時教法中，以「唯識」爲手段，把「分別」的凡夫解構爲「無分別」的聖者。

大乘教法的解構抓手：「分別」與「二」		
名言	分別	二
教法	三時教法	二時教法
說法立足點	聖者境界	凡夫境界
凡夫特點	能所分離的認知模式	二邊見
解構方法	唯識	二諦
法門	唯識法門	不二法門
目標	無分別的聖者	不二的聖者
兩套相對獨立的名言系統，不混學，不混講。		

　　作為一個資糧位的凡夫修行者，對於這「兩條路徑」要做個抉擇，選擇其中一條，即可下手修行。這兩條路徑有什麼不同？當然是抓手不同：一個是「二」，一個是「分別」；當然是解構的方法不同：一個是「二諦」，一個是「唯識」。除此之外，更重要的就是這兩條路徑的最重要的不同，那就是「立足點」的不同。

　　二時教法是立足於「凡夫境界」。為什麼？大家想一想，四重二諦的第一重二諦的世俗諦是什麼？是實有，這是個實實在在的凡夫見。就是立足於凡夫的「實有見」，一步步地經過四重二諦的解構，就成就了四重二諦的第四重二諦的勝義諦——空性見。這就是立足於凡夫的實有境界，通過「二諦」解構成為「空性見」，進而泯滅「二邊」，成就聖者的「因不生，故不滅」的「不二法門」。

　　而三時教法與二時教法不同，它是立足於聖者境界。為什麼？因為，在三時教法裡面，直接安立聖者才能見的「阿賴耶識」，以「唯識」解構凡夫誤以為心外有物的這種「錯誤認識」，成就聖者的「無分別智」。

　　講到這裡，大家想一想，在二時教法當中的「二諦」和在三時教法中的「唯識」，它們的作用是什麼？它們的作用就是「解構」，是解構的方法、手段、工具，是解構的善巧。

我要在這裡特別強調：二時教法的「二諦」與三時教法的「唯識」，它們僅僅是解構的方法、手段、工具；僅僅是解構的善巧！我這樣表達可能很多朋友還不理解，其實我的這個話是有所指的。因為，在過去的一千多年來，有太多的佛學家，把「二諦」和「唯識」當做佛陀證悟的真正的「真實性」來理解。

比如，很多講中觀的學者說：「佛陀告訴我們，這個世界的真正的真實性是什麼？就是『勝義諦空，世俗諦有』；亦空、亦有，非空、非有。這就是佛陀說的『實相』。」其實各位，這是巨大的誤解！「空性」和「實相」根本就不能安立在「二諦」之上。必須泯滅「二邊」，才能安立「空性」與「實相」。如果對於這一點你還不理解，就請學習回顧《解構凡夫的「真實」世界 ——〈金剛經〉導讀》相關內容。

再比如，有些學者講「唯識」時說：「佛陀要告訴我們，聖者能見的阿賴耶識就是佛陀證悟的真實性。」其實，我們說阿賴耶識是「真實」，注意我沒有說「真實性」。如果說阿賴耶識是「真實」，也僅僅是從聖者才能見的角度說它是真實。但是，阿賴耶識中的那些積澱的種子，其實全都是凡夫誤以為心外有物的錯誤認識所熏習的，由這些錯誤認識熏習的種子而成就的阿賴耶識，怎麼能說阿賴耶識就是佛陀證悟的真正的真實性呢！這些虛妄分別成就的「藏識」，是在後面的修行的過程當中要被轉掉的，它絕不是佛陀證悟的真正的真實性！佛陀證悟的真正的真實性是「真如」，不是「阿賴耶識」！這一點，我們在後面的課程當中，要進一步地全面地深入地討論。

還有一個問題，就是我們說「二時教法」和「三時教法」是各自具有鮮明特點的兩條相對獨立的修行路徑。為什麼要強調「相對獨立」？這就是要表達佛陀的「二時教法」和「三時教法」，這兩個體系既然相對獨立，就不能混講。

比如說，三時教法當中也講「世俗與勝義」，甚至有的翻譯家也在三時教法體系當中，譯有「世俗諦」與「勝義諦」這樣的名言。但是三時教法中的「世俗與勝義」、「世俗諦與勝義諦」，千萬不要等

同於二時教法中的「二諦」的「世俗諦與勝義諦」。如果，這一點搞不清，以爲「二時」與「三時」中的「世俗與勝義」、「世俗諦與勝義諦」都是同樣的道理，這樣的混講一定搞亂思想，成爲「相似佛法」。

《解構凡夫的「真實」世界——〈金剛經〉導讀》全面地講了佛陀的二時教法。我們目前正在學習的這個《楞伽經導讀》課程，要全面細緻地闡述佛陀三時教法。這兩套大乘佛法的體系，不能混學，混講！這一點，敬請大家要思路清晰。

《楞伽經》導讀019

1-03-06熏習與現行

　　《楞伽經導讀》課程在一開始就講過，佛陀的三時的教理體系是由「四個道理」支撐的，那就是「五法、三自性、八識、二無我」。前面這十幾講，我們講的就是這個「八識」。「五法」、「三自性」和「二無我」我們還沒有涉及。這一講，還是繼續講「八識」，深入地講「識」。

　　「八識」是我們的一個習慣地表達。前面我們也反復強調過，其實「識」只有一個，就是「藏識」，也譯作「阿賴耶識」。把「識」分成八份，叫「八識」。後面，我們還會把「識」分成三份，分成兩份。這些不同的分法都是方便說，都是爲了表達「識的某種功能」，而「識」只有一個。

　　那我們就深入地講「識」，講「阿賴耶識」。前面我們講過一個模型叫「種子熏現模型」，大家注意，我們起的這個名字是認眞斟酌過的，「種子熏現」就是種子的「熏習」與「現行」。因此大家能理解，把阿賴耶識講明白，就是把種子的「熏習」與「現行」講明白。

　　首先，我們今天先談一談「熏習」。講「熏習」就要引入一對新的範疇叫「雜染與清淨」。「雜染」就是不乾淨的意思，因此它的對立面就是「清淨」。雜染也簡稱「染」，清淨也簡稱「淨」。我們講「熏習」，講「熏習種子」，爲什麼要引入「雜染與清淨」這一對範疇呢？就是因爲「熏習的種子」可以分爲兩大類：一類就叫「雜染的種子」；一類就叫「清淨的種子」。

　　什麼是雜染種子？就是凡夫的錯誤認識熏習的種子。那問題是，

什麼是錯誤認識，是不是把老張看成老李，把虎當做貓，這就是錯誤認識呢？不是的。這裡面講的「錯誤認識」，就是凡夫的虛妄分別。就是把生了翳病的眼睛所顯現來的那個似毛的影，當作了眼睛之外的毛，這樣的「錯誤認識」。就是只要認為心外有物的這種認識，就是「錯誤認識」。由這種「錯誤認識」熏習的種子，就叫「雜染種子」。

什麼是清淨種子？就是如實認知熏習的種子。那什麼是如實認知呢？就是知道原來只是生了翳病的眼睛所顯現來的「似毛的影」，僅僅是「影」；那個我們誤以為的眼睛之外的毛，其實根本、壓根兒就不存在：這就是「如實認知」。也就是知道我們凡夫所感知的萬事萬物，原來是自心所現的分別境界，也就是「唯識無境」，這就是「如實認知」。這種「如實認知的行為」熏習的種子，就是「清淨種子」。

在這裡要談一件事情，很多人在這個問題上誤解，就是「雜染與清淨」這個佛陀三時教法裡面的這一對範疇，千萬不要與凡夫世俗世界的「善與惡」的這一對範疇混淆。

比如說，有人認為到農貿市場偷了人家兩根黃瓜，這個行為肯定是熏習了雜染種子。那好，我們在大街上做了件好人好事，比如說，扶一位老太太過馬路，這是好事，是善。那有人說，這熏習的種子就是清淨種子了吧？不是的。大家要注意，到農貿市場偷了人家兩根黃瓜，這個熏習的種子固然是雜染種子，但是這個雜染並不是因為「偷」才雜染，是因為認為「心外有黃瓜可偷」而是雜染。扶老太太過馬路不是清淨種子，為什麼？因為，只要認為「心外有老太太可扶」，熏習的種子就是雜染的。

佛陀說，我們這個世界如夢如幻。大家要注意，只要認為心外有物，不管我們當下的這個行為是「善」，還是「惡」，其實都是在支撐著這個夢，甚至是強化著這個夢！只不過，做了好事的「善」會導致未來的美夢；做壞事的「惡」會導致未來的惡夢。但是，不管是美夢，還是惡夢，它都是夢，因此它就是「雜染」。那什麼是清淨的？

就是知道心外無物；知道當下如夢；知道要從夢中醒來。所以，之所以叫「清淨」，因爲它是要喚醒夢，而不是強化夢！

講到這兒，大家就可以理解了，只要「分別」就熏習雜染種子，「無分別」才熏習清淨種子。充滿了雜染種子的就是「阿賴耶識」（注意，就是「識」）。如果，雜染種子完全被清淨種子替換了，這個時候就不能再叫做「識」了，就要叫做「智」。

前面我們講過，佛陀三時教法的修行的核心就是「轉識成智」。有人總是問：「什麼是轉識成智？」其實，講到今天這裡，我們就可以講「轉識成智」就是「轉染成淨」。所以，三時教法的修行，就是用「清淨種子」替換「雜染種子」。當然，眞正地替換要從見道位之後的從初地到七地菩薩的修行，那才是眞正地替換，那才是眞正地轉染成淨。因爲，見道之後才「無分別」。因此，見道之後才叫「修道位」。

那有人問了：「我是資糧位的凡夫，我能不能現在就轉染成淨？」寬鬆地說，資糧位凡夫也能轉染成淨；嚴格地說，凡夫資糧位的修行是一種近似的轉染成淨。我們講「大乘的六度」——佈施、持戒、忍辱、精進、禪定、般若，眞修「六度」是見道之後的初地菩薩到七地菩薩的修行。那我們凡夫就不能修六度了嗎？也能修，修的是近似的「六度」。因此，眞正地轉染成淨是見道之後的修行內容，因爲，畢竟資糧位的凡夫還在分別。

那我們資糧位的凡夫，這個「近似的轉染成淨」怎麼修？八個字——聽聞正法，如理思維！爲什麼要聽聞正法？大家想一想，如果沒有佛陀應化於世間，沒有佛陀說的法，我們這些徹頭徹尾的凡夫怎麼可能想的到，我們眼前這個世界居然是「自心所現」，居然「唯識無境」！所以，首先要聽聞正法，聽聞了正法就要如理思維，就是要用佛陀的這些教法，來融入我們的心靈，認眞思考，認眞體悟，去信受這個「唯識無境」的道理，信受「了境心現」的道理。注意，這就是凡夫資糧位的「轉染成淨」。

現在大家在學習《楞伽經》，因此，我們知道了「境界自心

現」，並以此思維，信受。各位，這就是在阿賴耶識當中熏習「清淨種子」，我們此時此刻就是正在「轉染成淨」。

「熏習」今天先講到這裡，更細節的內容留待以後再講。

下面，我們講第二件事情——現行。為了便於大家理解，我們把阿賴耶識種子的現行分為兩個部分來描述，我們還是以「眼翳執毛模型」為例。

什麼是阿賴耶識種子的現行呢？兩件事情——「顯現」與「分別」。

什麼是顯現？就是生了翳病的眼睛，顯現出了似毛的影，這就是「顯現」。

什麼是分別？第一，把這個「似毛的影」誤執為「眼睛之外的毛」；第二，給這個誤以為存在的眼睛之外的毛，還起了個名字叫「毛」。這兩件事情就是「分別」。

| 現行 | 顯現 | 似相（ābhāsa） | 能所不分離 | 喻：生病的眼睛顯現出的「似毛的影」。 |
| | 分別 | 將「似外」誤以為是「真外」
（誤執ābhāsa為nimitta）

安立名言 | 能所分離 | 喻：將「似毛的影」誤以為「眼外之毛」，並且安立名言「毛」。 |

大家會問，阿賴耶識種子現行的時候，為什麼會顯現，為什麼會分別？其實，這就是當初種下這顆種子的行為的「展現」與「強化」。當時怎麼種下的這顆種子，前面講過了，就是「雜染種子」，就是把「似毛的影」誤執為「眼外的毛」，並給這個毛起了個名字叫「毛」；就是這個「錯誤認識」，就是這個「虛妄分別」，就是這個「kṛ」，在當初熏習下了種子。因此，這顆種子在現行的時候，就是對當初熏習這個種子的「kṛ」的一次展現與強化。比如說，它（種子）就要顯現「似毛的影」，這就是「展現」。而且，這一次展現的似毛的影，就更像似毛的影，這就是「強化」。同時，「起分別」就是展現種下這顆種子當時的那個分別，使得這一次就更分別，就更將

這個「似毛的影」執爲「眞外的毛」，並給它堅定不移的起個名字叫「毛」。這就是阿賴耶識種子的現行——「顯現」與「分別」。

我們進一步的要講，這個「顯現」，是顯現出了似毛的「影」。這個「影」，在梵文裡有一個詞來表達它叫ābhāsa，這個詞往往翻譯成「影相」，這個「影」的「相」，是「似外之相」，因此，ābhāsa這個詞準確地翻譯應該是「似相」。

對這個ābhāsa（似相）起了分別，把一個「似毛的影」給誤執爲眼睛之外的眞的毛。當誤執爲這個眞毛存在的時候，這個毛也有相，比如：長短之相，直彎之相……對這個毛的「相」，梵文也有詞來表達它，最常用的是兩個詞：一個是nimitta；一個是lakṣaṇa。這兩個詞往往都翻譯成「相」，其實嚴格意義上，它應該翻譯成「外相」，就是「心外之物的相」。

大家注意，ābhāsa（似相）與nimitta（外相），這一點一定要區分開來，這是我們能夠眞實學懂唯識的一個要點。有的翻譯家把ābhāsa與nimitta都翻譯成「相」，就容易混淆。比如說，講「無相」，那是沒有ābhāsa的這個「無似相」，還是沒有nimitta的這個「無外相」？後面我們會講到，「無似相」與「無外相」是完全不同的修行階段。

這是講「顯現」，講「相」。那「分別」，表現爲這個「分別」的功能是什麼，或者通俗地講分別是由誰來完成的呢？各位，分別就是由眼識、耳識、鼻識、舌識、身識、意識，「八識」裡面的這前六識完成的。

比如說，我們認爲有桌子的存在。爲什麼？因爲我們自認爲看見了桌子，我們自認爲摸到了桌子。所以，這「前六識」就是阿賴耶識種子現行時候的「分別的功能」。從這個意義上講，「前六識」就是阿賴耶識，並不是在阿賴耶識之外還有前面那六個識。還記得前面課程中的比喻嗎？「藏識大海，轉識浪起」，把「阿賴耶識」比成大海；把「前六識」比成海浪。海浪離開大海了嗎？「海浪」就是大海，「海浪」是大海的一個表現形態，這一點非常重要。

在三時教法體系裡面，我們講只有一個識——阿賴耶識。「前六識」不過是阿賴耶識種子現行的時候，生起的分別的功能的表現，不是在阿賴耶識之外還有這六個識。

我們比較一下二時教法，二時教法裡也有眼識、耳識、鼻識、舌識、身識、意識。但是，在二時教法裡面，這六個識是凡夫當下的覺知的凡夫心，是純粹的屬於凡夫境界。這就如同在二時教法裡面，講「色、聲、香、味、觸、法」，這「六塵」、這「六種外境」一樣是純粹的凡夫境界。這就是我們爲什麼要強調，「二時教法是佛陀立足於凡夫境界而說法」。

那麼，在三時教法當中就不同了，三時教法佛陀是立足於聖者境界說法。雖然，也有這六個識的名言的安立，但是這六個識是佛陀立足於聖者境界，以「聖者才能見」而安立的凡夫心——阿賴耶識。而這六個識，是聖者能見的阿賴耶識種子現行時候的分別的功能。因此，這六個識不是當下凡夫覺知的凡夫心，是聖者才能見的凡夫心。在三時教法裡的這六個識，不屬於凡夫境界。各位，這一點非常重要！

「現行」也先講到這裡，更具體的、細節的內容留在後面學習。

《楞伽經》導讀020

1-03-07二時空與三時轉

羅婆那王在佛陀神通示現的啓發下，他感知到我們凡夫境界——凡夫心外的萬事萬物，不過都是自心所現的分別境界，一切萬法皆是分別境界。也就是本來是生了病的眼睛顯現的影，而凡夫非要誤以爲是毛，而這個毛是根本不存在的。當羅婆那王領悟到這一點之後，大家看發生了什麼事情。

我們繼續往下念經文，**「時，楞伽王尋即開悟，離諸雜染，證唯自心，住無分別」**，

「時」就是「在這個時候」。就是在羅婆那王深深地領受了心外的世界不過是自心所現的分別境界，就在這個時候，楞伽王（羅婆那王）尋即（就是立即、立刻）開悟。那這個開悟是什麼境界？「開悟」就是見道而登初地的境界。我們講大乘佛法的修行分爲：資糧位、加行位、見道位、修道位和證道位。這裡就是見道位而登初地。有人說，你怎麼能證明這裡的「開悟」就是見道而登地呢？那就是下面這十二個字——離諸雜染，證唯自心，住無分別。這十二個字是見道之後境界的一個標準描述。

我們先說最前面的四個字「離諸雜染」。「什麼是雜染？」上一講我們已經做了充分的討論了。「雜染」就是虛妄分別而熏習的種子，我們叫「雜染種子」。「離」就是遠離。「遠離雜染」就是不再熏習雜染種子，也就是開始了「轉染成淨」的修行，這就是登地菩薩了。在這裡實叉難陀翻譯成「離諸雜染」，這個翻譯是實叉難陀依據自己的理解的一個引申翻譯。其實，對照梵文原文，這個詞應該翻譯

成「轉變所依」，它的梵文是parāvṛttāśraya。這個詞可以分成前後兩部分，前一部分parāvṛtta，這個詞就是「轉變」、「轉」的意思；後半部分āśraya，這個詞實叉難陀在《楞伽經》後面的經文當中，他往往都翻譯成「所依」或者「所依因」。「依」就是依止、依靠。那麼，所依是誰的所依？是現行的所依。因此，這個「所依」就是無始以來虛妄分別熏習的那些雜染種子。

那麼沒有心外的毛，爲什麼凡夫似乎看見了心外的毛了？就是因爲往昔的阿賴耶識的雜染種子現行了。由於雜染種子的現行——顯現與分別——就使凡夫感覺到好像心外有事物。所以，「所依」就是雜染種子。實叉難陀把這個「所依」，在這裡譯成「雜染」，也還是可以的。但問題是，實叉難陀譯的是「離諸雜染」，他翻的是「離」，是「遠離」。這個parāvṛtta，這個詞確實也有「遠離」的意思，但是這個詞更基本的含義不是「離」，是「轉」。它來自於動詞詞根√vṛt，√vṛt就是「轉」。因此，與其說是「離雜染」，不如說是「轉雜染」、「轉所依」、「轉染成淨」。

我爲什麼在這裡這麼強調這個「轉」字呢？因爲，描述大乘佛法的修行，如果我們選擇最簡潔的名言來表達的話，你會選什麼字？如果讓我選，就是兩個字：第一是「空」；第二是「轉」。

先說「空」。「空」大家知道這是佛教的標誌，佛教也被別人稱爲「空門」。如果學佛不知道什麼是「空」，那這是很遺憾的事情。在後面的《楞伽經》經文當中，有對「空」的全面闡述，我現在把《楞伽經》當中對「空」的闡述的一部分拿到這裡來講述一下。

那首先講述的第一個問題，就是我們說「空」，空什麼？空的對象是什麼？什麼才能空？

對於「空什麼」的第一種表述就是：空，凡夫以爲存在而聖者認爲不存在，這是空的對象。比如「毛」，凡夫以爲有毛，而聖者認爲你糊塗，那只是你的眼睛生了病而顯現的似毛的影，你誤以爲是毛，毛根本不存在。這個「毛」，就是空的對象。因此，大家要理解，佛教說的「空」，空的是原本不存在，只是凡夫無明所障，他誤以爲的

存在。如果原本就存在，那這個存在就沒必要空了，而且，也空不掉了。所以，「空」不是把原先的存在給空掉了，不是把原先的存在變爲了不存在，而是空原本就不存在，只是凡夫糊塗，誤以爲的存在。這就是對「空什麼」的第一種表述。

　　空，凡夫以爲存在，而聖者認爲不存在。「凡夫以爲存在」就是凡夫以爲的凡夫境界。所以，對「空什麼」的第二種表述就是「空什麼？空凡夫以爲的凡夫境界」。

　　大家回想一下，我們在講佛陀二時教法的時候，就強調佛陀二時教法是立足於「凡夫境界」而說法。因此，在佛陀的二時教法裡面講色、聲、香、味、觸、法，這「六塵」也叫做「外境」，這是凡夫以爲的凡夫境界。但是，不僅如此，在佛陀的二時教法裡面，「眼識、耳識、鼻識、舌識、身識、意識」這是凡夫當下覺知的凡夫心。注意，這也是凡夫以爲的凡夫境界。因此，在佛陀的二時教法裡面，它不僅要空六塵——外境，同時也要空六識的心識，這在佛陀二時教法裡面叫做「心境俱空」。這是二時教法的特點。

　　既然，講「空的對象」是凡夫以爲的凡夫境界；是凡夫以爲的存在，而聖者認爲不存在。那麼，如果我們把這一點引申一下，就會得出一個結論：聖者認爲的存在，壓根兒就不在空的範疇；聖者以爲的存在，不是空的對象。這一點，在後面的《楞伽經》經文當中有明確地闡述。

　　因此，講到這裡，大家就能夠理解了，爲什麼要強調「佛陀三時教法是立足於聖者境界而說法」；爲什麼要反反復復地強調「阿賴耶識是聖者能見」。因爲，阿賴耶識既然是聖者能見，阿賴耶識就是聖者以爲的存在。因此，「阿賴耶識」不是空的對象，說得再直白一點，「阿賴耶識」不能空！

　　在佛陀的三時教法裡，如果說，空，只能空外境，就是空那個毛。但是，沒有毛，而凡夫非要誤以爲有毛，造成凡夫誤以爲有毛的這個機制——阿賴耶識，不能空！因此，在三時教法裡，「空外境，不空心識」。

就是這個「空境，不空心」，讓講唯識的學者千百年來抬不起頭。因為，中觀學者死死地抓住這一點：「你看我中觀是『心境俱空』，而你唯識『境空心不空』，水準太低了！」沒有真正學懂唯識的唯識學者，也自感低人一頭。通過我們前面的討論，你認為中觀對唯識的這個評價有道理嗎？沒道理，沒有一丁丁丁點的道理！要害在哪兒？要害就在於他這樣的評價與理解就是沒有搞懂佛陀的「二時教法」與「三時教法」，佛陀說法的「立足點」不同！

三時教法，佛陀立足於「聖者境界」向凡夫說法，立足「聖者才能見的阿賴耶識」。「阿賴耶識」是聖者以為存在，不是凡夫以為的凡夫境界的存在。所以大家注意，唯識學人要理直氣壯地堅持「阿賴耶識不能空」，這不是唯識的水準低，這是唯識的特點，是唯識的殊勝！

但是，阿賴耶識雜染種子現行，導致凡夫誤以為心外有物。而凡夫誤以為心外有物的虛妄分別，又在阿賴耶識熏習下雜染種子。雜染種子的熏習與現行，確實讓凡夫誤以為有凡夫境界的存在。所以，我們才說它是「雜染」，不是「清淨」。那怎麼辦？這就是表達大乘佛法修行的那個「空」字之外的另一個字「轉」——轉染成淨。

在三時教法裡，佛陀以「聖者能見」安立「阿賴耶識」的目的，第一就是直截了當的告訴我們——外境根本不存在，那個毛根本不存在。對這個根本不存在的外境，在三時教法裡空它都是多餘的。那麼，在三時教法裡，什麼存在呢？外境不存在，而凡夫非要誤以為外境存在的這個「錯覺」，這個「虛妄分別」存在。因此，在三時教法裡，要做的就是把「錯覺」轉為「正覺」；把「分別」轉為「無分別」。這就是「轉染成淨」；這就是「轉識成智」。注意，是「轉」，不是「空」；只能「轉」，不能「空」！

上一講，講到三時教法裡的「六識」不同於二時教法裡的「六識」。在二時教法裡，這個六識是凡夫當下覺知的凡夫的心，是屬於凡夫以為的凡夫境界。因此，要空！

在三時教法裡，這個六識是聖者能見的阿賴耶識雜染種子現行時

表現出來的分別的功能。在三時教法裡，「六識」就是阿賴耶識；「六識」與「阿賴耶識」的關係，是「海浪」與「大海」的關係。所以，在三時教法裡，「六識」不能空，要轉！

將阿賴耶識的「雜染種子」逐步地用「清淨種子」替換，沒有了雜染種子的現行了，哪裡還會有雜染種子現行時候的分別的功能！都不現行了，哪裡還有現行的功能！所以，「轉染成淨」之後，「六識」自然而滅。因此，從三時教法來講，最終的結果也是「心境俱空」。

大家就可以理解了，佛陀的「二時教法」與「三時教法」對凡夫境界的解構的「徹底性」上絕沒有絲毫不同！解構得都是徹徹底底，沒有留一丁點兒尾巴！

所以，講到這裡，我們就可以總結一句話：佛陀的「二時教法」的修行核心是「空」；佛陀的「三時教法」的修行核心是「轉」。

大乘佛法的修行核心：「空」與「轉」		
縱向判教	二時教法	三時教法
立足點	立足於凡夫境界向凡夫說法	立足於聖者境界向凡夫說法
修行核心	空	空　　　　　　　　　轉
特點	心境俱空 此「心」：凡夫所感的凡夫心 此「境」：外境	空境，不空心 此「心」：聖者能見的凡夫心，即「阿賴耶識」 此「境」：遍計所執自性——凡夫以為存在而聖者認為不存在	心不能空，但必須轉
對象	空「凡夫以為的凡夫境界」 空「凡夫當下覺知的凡夫心」	空「遍計所執自性——凡夫以為存在，而聖者認為不存在」	轉「心識——聖者能見的凡夫心」
解構的徹底性	對凡夫境界的解構的徹底性上，絕沒有絲毫不同！		

《楞伽經》導讀021

1-03-08萬法皆空 因果不空？

上一講，我們講到了佛法說的空——空什麼，什麼空。佛法說的「空」，是空凡夫以為的凡夫境界；是空凡夫以為存在，聖者認為不存在。有了這樣的理解，我們就可以去討論前面曾經留下的一個問題，就是怎麼理解「萬法皆空，因果不空」這八個字。

「萬法皆空」，這裡的萬法指什麼？指的是凡夫以為的凡夫境界；指的是凡夫以為的存在，聖者認為不存在。

接下來的問題是「因果」空不空？

我們先從佛陀的二時教法來說，在二時教法當中「六塵」和「六識」，皆是凡夫以為的凡夫境界。因此，這「六塵」和「六識」中，凡夫境界的因果，凡夫認為不空，但是，佛法認為必須得空！

舉個例子，面對著一隻老虎，如果凡夫在凡夫境界裡，認為這隻老虎是動物園裡面的真老虎，那凡夫就一定認為這隻老虎得有媽，而且只能有唯一的媽。那這隻老虎的媽媽，就是這隻老虎的一種「因」，那這隻老虎當然就是「果」。那麼，這個「老虎的媽媽」與這隻「老虎」的這個「因果關係」，那凡夫認為肯定不空。凡夫認為，這樣的道理那是理所當然的、毋庸置疑的。

但是，佛陀的二時教法，經過「四重二諦」對凡夫境界的解構，以至於到了「究竟中觀」佛陀要告訴我們凡夫什麼？佛陀要告訴我們凡夫：其實，這隻老虎根本無生！

如同老王夢裡的老虎，老王在夢中以為這隻老虎很真實，在夢中還給這隻老虎找媽，可是等老王醒來之後才發現，這隻老虎根本不存

在，根本就沒有存在過，這只是夢境。只不過在夢未醒的時候，不知道是夢，才把夢境當眞。

那佛陀說，給老王夢中的老虎找媽是「戲論」。因爲，夢中的老虎壓根兒沒媽。因此，對於凡夫以爲的凡夫境界的這個老虎的媽媽與虎的這個「因果關係」，其實在佛陀看來是根本不存在的。從佛陀二時教法來說，只要你認同「因不生，故不滅」的泯滅二邊的「究竟中觀」見解的話，那麼，萬法皆空，因果必空！而不是「因果不空」。

這一點，在《解構凡夫的「眞實」世界——〈金剛經〉導讀》中，講到「究竟中觀」的時候，是不是要把這個因果問題提出來，要不要挑明說？我在當時斟酌再三，最後還是決定當時不講。爲什麼？因爲，「因果」這件事，是佛教中最敏感的一根神經，你只要觸碰了這根「神經」，有人就會歇斯底里；「因果」這件事，也是佛教中一根「超高壓線」，沒點本事，誰碰誰就死無葬身之地！

現在，在《楞伽經導讀》課程當中，爲什麼我又有膽量觸碰這個因果問題了？因爲，在佛陀的三時教法裡，這個因果問題有了圓滿的解答。

從佛陀三時教法來說，聖者能見的凡夫心的行處，是凡夫以爲的存在，而聖者認爲不存在。比如說，生了翳病的眼睛，本來只是顯現了似毛的影，而凡夫無明，非把這個影誤執爲眼睛之外的毛。對於沒有聽聞過佛法的凡夫，他就會堅定不移地認爲這個心外毛是眞實的存在，而且還要給這個毛尋找出處——這「毛」哪兒來的——就是尋找這個毛的「因」。那在凡夫看來，這個眞實存在的毛，肯定得有出處；肯定得有產生的原因。這個因果關係是千眞萬確，眞實不虛的。

可是，佛陀在三時教法裡告訴我們，「你們糊塗，毛根本不存在！只是眼睛生病顯現的影，你們誤執爲心外的毛」。因此，給這個壓根兒不存在的毛找出處，給這個毛找產生的原因，佛陀依然稱爲「戲論」。

在三時教法裡，凡夫認爲「毛應該有『因』」的這個因果關係，

我們給它起個名字可以叫「世俗因果」。因此，從佛陀三時教法來說，只要你認同：毛其實只是「錯覺」，只是虛妄分別；毛根本不存在。那麼，「萬法皆空」這個「世俗因果」，必須空！不能不空！

如果，在三時教法的體系裡面講「因果」，只講到這裡就結束了，那麼與二時教法講「因果」也就沒有多大不同了，體現不出三時教法的殊勝。

三時教法，佛陀是立足於聖者境界而說法；立足於聖者境界安立阿賴耶識。我們前面已經學習過了，安立「阿賴耶識」的作用就體現在種子的「熏習」與「現行」。現行的「kṛ」在阿賴耶識熏習種子，而種子又會現行爲新的「kṛ」。「kṛ」熏習種子 —— 種子現行「kṛ」 —— 「kṛ」熏習種子 —— 種子現行「kṛ」……周而往復，循環不已。這就形成了「種子」與「kṛ」之間，以「熏習」與「現行」的方式，表現出來的相互依存的、互爲因果的關係。這個「因果」，是基於聖者才能見的阿賴耶識而建立的。因此，我們可以給這個因果起個名字叫「勝義因果」。

問題是「勝義因果」的意義體現在哪裡呢？

我們剛才講了，在佛陀的二時教法的「究竟中觀」中，給夢中的老虎找媽是屬於「戲論」。因爲，「究竟中觀」把凡夫境界的因果給解構掉了。那麼，是不是到了三時教法，建立了「勝義因果」又把老虎的媽媽找回來了？不可能，夢中老虎在任何時候都沒有媽！

那「勝義因果」是什麼因果？

注意，「勝義因果」不是給夢中老虎又找到了媽，而是給夢中沒有老虎，而夢中眾生誤以爲夢中有眞老虎的這個「錯覺」，找到了「媽」；就是給本來是生病的眼睛顯現的影，而無明凡夫非誤執爲是眼外的毛的這個「誤以爲」，找到了「媽」；就是給心外無物，而凡夫誤以爲心外有物的這個「虛妄分別」找到了原因。注意，是給「虛妄分別」找到了「因」。

那麼，安立了「勝義因果」，首先就解決了一個問題。就是明明佛陀說這個桌子是「空」，可是在我們凡夫的感知世界裡，卻是如此

的真實的存在。凡夫又看見桌子了，又摸到桌子了，明明是「空」為什麼會摸到，會看到？

然而，立足於「凡夫境界」說法的二時教法無法回答這個問題。龍樹依據二時教法的教理，也只能回答說：「佛陀說沒桌子，你卻摸到了桌子，這只能證明你是個傻子。」不過而已。

那麼，在立足於「聖者境界」說法的三時教法中，安立了「勝義因果」，就回答了這個問題。佛陀說沒有桌子，凡夫為什麼看到了、摸到了桌子？這就是阿賴耶識雜染種子的現行的結果——虛妄分別。因此，從三時教法的這個甚深法義上理解「萬法皆空」，因果確實不空。什麼「因果」不空？「勝義因果」不空。那就是「萬法皆空，勝義因果不空」！

注意：「勝義因果」不是「聖者的因果」，而是立足於「聖者境界」表達的「凡夫因果」——凡夫的「錯覺」的因果。也就是「勝義因果」是依據「聖者能見的阿賴耶識」而建立的因果。

因此，「勝義因果」不能空！但是，「勝義因果」也得轉。

《楞伽經》導讀022

1-03-09再談因果

上一講，我們講了「因果」。「佛教的因果」這個問題貌似有些複雜。其實，從佛陀三時教法的角度來講，「因果問題」並不複雜。

佛陀三時教法是立足於聖者境界而說法。「聖者」就是見道之後的菩薩和佛陀。我們前面講了，見道之後的登地了的菩薩觀凡夫境界就是虛妄分別。除了虛妄分別，什麼都沒有！因此，聖者認為凡夫境界的因果，就只可能建立在展現與強化這個虛妄分別的阿賴耶識雜染種子的「熏習」與「現行」上。不可能建立在凡夫誤以為的世間種種事物上。因為，聖者認為：凡夫誤以為的世間萬物壓根兒就不存在。存在都不存在，怎麼能建立「因果關係」呢！所以，只有「勝義因果」，沒有「世俗因果」。

其實，不管是佛陀二時教法，還是佛陀的三時教法，對凡夫以為的凡夫境界的因果關係的解構都是完全徹底地，是不留死角地！

在佛陀三時教法中，不僅解構了「世俗因果」，更重要的是同時建立了「勝義因果」，這是三時教法的殊勝。因為，如果只解構「世俗因果」，而不建立「勝義因果」，那對於有些凡夫就會有副作用。有些凡夫就會認為，既然世間如夢，全是「錯覺」，那為什麼要做善事而不能做惡事呢！行善作惡，全是「錯覺」，作惡又有何妨！如果不建立「勝義因果」，這確實是個問題。

三時教法建立了「勝義因果」，就是告訴凡夫：雖然世間如夢，但是夢中「行善的錯覺」熏習阿賴耶識雜染種子，種子現行時就會導致「做美夢的錯覺」；夢中「作惡的錯覺」熏習阿賴耶識雜染種子，

種子現行時就會導致「做惡夢的錯覺」。雖然，美夢、惡夢全是夢，全是「錯覺」，但是在夢醒之前，「地獄錯覺」與「天道錯覺」對於凡夫的感受而言，還是苦樂分明的。因此，對於未醒凡夫，還是要盡可能行善，而不要作惡。

上面就是立足於「聖者境界」而說法的佛陀三時教法，對「因果問題」的解答。那二時教法呢？二時教法是立足於「凡夫境界」而說法。二時教法在徹底解構凡夫境界的時候，必定把凡夫境界的因果也解構掉了，也就是「萬法皆空，因果也空」。

但是，二時教法是立足於凡夫境界而說法，在解構掉凡夫境界的因果的同時，又不能像立足於聖者境界而說法的三時教法那樣建立起如同「勝義因果」的那樣的因果。那問題就嚴重了，隨著二時教法對凡夫境界的解構，空──空──空──空⋯⋯一路空下去，最後把因果也空了。「了不得了！」聽了這種法的有些凡夫就會認為，「既然一切皆空，因果也空，那行善作惡都是空，那殺人、放火、搶銀行又有何妨？！」問題很嚴重。有人就把「一些凡夫聽了『一切皆空』之後，就會去做惡」叫「墮入惡趣空」；把「聽了『一切皆空，因果也空』之後，就去做惡」叫「墮入斷滅見」。

可以講，過去一千五百年來，傳承佛陀二時教法的中觀學者們，一直處於對「惡趣空」、對「斷滅見」的恐懼與防範之中。大家要知道，大根性的眾生聽了佛陀二時教法一路空下去，空到因果也空，因而「證空性，見實相」──登地做聖位菩薩。可是，小根性的眾生聽了佛陀二時教法，一路空下來，空到因果也空，而得到的結果是「無惡不作，墮入惡趣」。

為什麼對於不同根性的眾生，二時教法造成這兩種完全不同的結局呢？這就是二時教法是立足於「凡夫境界」而說法的，這個「立足點」決定的。因為這個「立足點」，就使得二時教法體系無法建立如同三時教法體系的「勝義因果」。因此，「二時教法」與「三時教法」相比，覆蓋的、攝受的眾生的範圍就小。

兩　重　因　果	
世俗因果	勝義因果
立足於凡夫境界向凡夫說法	立足於聖者境界向凡夫說法
凡夫誤以為的存在的事物之間的因果	依聖者能見的阿賴耶識而建立的凡夫的「錯覺」的因果 （聖者才能見的雜染種子與kṛ之間的相互緣起）
萬法皆空，世俗因果也空 （假因果，必須空）	勝義因果不空，必須轉 （真因果，不能空，必須轉）

《解深密經》裡說，二時教法是佛陀「惟爲發趣修大乘者」說。就是二時教法，僅僅是給那些能夠發起「眞實菩提心」的修行者說的，也就是給那些根器大的眾生說的。而三時教法呢？《解深密經》裡說，三時教法是佛陀「普爲發趣一切乘者」說。就是三時教法的聽眾，不管根器大小都可以聽受。

1608年在西藏，一位叫多羅那他的藏傳佛教高僧，他根據印度僧人的口述，撰寫了一部《印度佛教史》。這部書，至今都是世界各國學者研究印度佛教歷史的必讀經典。在這部書的第二十四章記載了一件事情，就是在西元七世紀，一位傳承佛陀二時教法的中觀學者叫「月稱」和一位傳承佛陀三時教法的唯識學者叫「月官」，兩個人進行了一場長達七年的學術辯論。辯論是公開的，很多老百姓都來聽這個辯論，以至於後來在普通民眾當中都流傳著這樣一個偈頌，「噫嘻龍樹論，有藥亦有毒；慈氏無著論，是群生甘露。」「噫嘻」這是個感歎詞，沒有實際的意思。「龍樹」就是傳承佛陀二時教法的中觀學派的祖師，「龍樹論」就指的是中觀論。「有藥亦有毒」是藥能夠令眾生解脫，但是這個法裡有毒，有副作用。「慈氏無著論」裡的「慈氏」就是彌勒，「無著」和「彌勒」是傳承佛陀三時教法瑜伽行派——也就是唯識論——的祖師。彌勒、無著所傳承的思想是「群生甘露」，「群生」就是廣大眾生；「甘露」，甘露沒有毒。這是多羅那他《印度佛教史》裡記載的這個事情。

因此，大家要知道，在過去的一千多年，傳承二時教法的一些中

觀學者爲了規避教法的副作用彈精竭慮。最後，他們選擇採取「向凡夫見妥協」的方式來弘法，最典型的就是只在「二諦」上對治凡夫的「二邊見」而說權便中觀，再也不敢「泯滅二邊見」而說究竟中觀了。如果你還不知道什麼叫「權便中觀」，什麼叫「究竟中觀」，那就請回顧學習《解構凡夫的「真實」世界 ──〈金剛經〉導讀》相關內容。

在二時教法中，「二諦」中的「世俗諦」是佛陀向凡夫妥協而建立的道理，其實，只是接引眾生證空性的過程中的「階段性」的善巧方便。可是，後來居然把「世俗諦」與「勝義諦」組合起來之後，把這「二諦」當做了佛陀證悟的真實，因此「世俗諦」就顛撲不破了。「勝義諦空，世俗諦有」，這種「二諦的中觀」就成爲了中觀的主流。「『萬法皆空』，沒錯，勝義諦萬法皆空；『因果不空』，也沒錯，世俗諦因果不空啊！」聽起來多美妙啊！似乎佛也高興了，凡夫也歡喜了。爲什麼？因爲，說「勝義諦空」不違佛說的空，那佛高興。同時，「世俗諦有」，凡夫境界的因果也保留了，凡夫也歡喜了。對佛與凡夫兩頭不得罪。

各位，這種腳踩著佛與凡夫「兩隻船」的「二諦中觀」，能不能講？當然能講，而且在今天這個末法時期，還要大講特講，這是接引眾生的方便。在《解構凡夫的「真實」世界 ── 〈金剛經〉導讀》中，就講了「四重二諦」，那是平滑解構，次第消融凡夫「實有見」的巨大的方便善巧！但是，不能因爲講「二諦權便中觀」，而忽略了「泯滅二邊的究竟中觀」。

各位，泯滅凡夫的二邊，這個究竟中觀泯滅凡夫的因果，確實會有副作用。但是，它又確實是引領大根器眾生證悟空性的非常殊勝的法門。所以，那個副作用的代價是值得付的。如果不講究竟中觀，就不能空的徹底。甚至把「空性」理解成「性空」，而無法引領著大根器眾生去證悟空性。那麼，更嚴重的是目前的狀況，還不僅是忽視究竟中觀的問題。而是把「徹底解構凡夫見的泯滅二邊的究竟中觀」當做「惡趣空」和「斷滅見」來批判。這實在是一件遺憾的事情！

《楞伽經》導讀023

1-03-10阿賴耶識四要點

　　有人說，佛陀三時教法解構了「世俗因果」又建立「勝義因果」，這是自找麻煩，多此一舉。不要解構「世俗因果」，保留「世俗因果」，那也就不需要再來建立「勝義因果」，多好，多簡單呀。

　　可以嗎？不可以！爲什麼？因爲，世俗因果——就是給生了翳病的眼睛顯現的似毛的影而凡夫非要誤以爲是眼睛之外的毛——就是給這個誤以爲的眼外的毛找原因。所以，只要保留「世俗因果」，就是依然承認「心外的毛」的眞實存在。因此，就依然是「分別」，不可能「無分別」，也就不可能「離分別」而見道成爲登地菩薩。所以，「世俗因果」必須解構。

　　同樣的道理，在佛陀二時教法裡，只要是在「二諦」上講中觀，都不過是用一對「新的二」來替代一對「老的二」，依然還是「二」！也就是只要保留著二諦的「世俗諦」，不管是凡夫境界的「相似相續的緣生有」的世俗諦，還是「名言有」的世俗諦，其實都是在爲凡夫以爲的凡夫境界的存在，找存在的依據和存在的原因。只要這個爲凡夫境界存在找依據、找原因的因果不破，就不可能眞正地證悟空性。只有徹底泯滅二邊，消融凡夫以爲的因果，才能眞正地「證空性、見實相」！

　　好的，因果問題就暫且討論到這裡，告一段落。

　　通過前面的學習，大家應該知道了，準確理解佛陀三時教法的關鍵之一，就是要準確地理解「阿賴耶識」。爲了很好的掌握阿賴耶識的法義，我總結了四條學習阿賴耶識的要點：

第一，阿賴耶識是「聖者能見」的一分真實。這一點，是由佛陀三時教法是立足於聖者境界而說法的這個特點所決定的。阿賴耶識是聖者才能見，阿賴耶識不是凡夫以為的凡夫心，是聖者才能見的凡夫心。但是，注意「阿賴耶識是聖者能見的一分真實」：說的是「真實」，沒有說是「真實性」。大家一定要注意，這裡的「真實」和「真實性」是有很大區別的，後面會討論。而且，我們說阿賴耶識是聖者能見的一份真實，也僅僅就是從「聖者能見」的這個角度說。

第二，阿賴耶識是「凡夫的錯誤認識」所積澱。前面我們已經講過了，阿賴耶識雜染種子，是凡夫的虛妄分別熏習的；是生了翳病的眼睛顯現的似毛的影，而誤以為是眼外的毛的這個「錯覺」所熏習的。所以，「阿賴耶識」不是聖者（佛陀）證悟的真正的「真實性」。佛陀證悟的真正的真實性是不可能，也不能夠與凡夫的「錯覺」相關聯的。

第三，既然阿賴耶識是聖者能見，所以阿賴耶識不能空。前面講過，佛說的「空」，是空凡夫以為的凡夫境界；是空凡夫認為存在而聖者認為不存在。所以，聖者能見的「阿賴耶識」，不在空的範疇。

第四，阿賴耶識雖然不能空，但阿賴耶識畢竟是凡夫的錯誤認識所積澱的，因此空雖不能空，必須得轉——轉識成智。這是佛陀三時教法的特點，是三時教法的殊勝。

以上就是我總結的學習阿賴耶識的「四個要點」。

下面，我們回到《楞伽經》的經文。

「離諸雜染」就是不再熏習雜染種子。為什麼？因為「證唯自心，住無分別」。「證唯自心」就是證凡夫境界不過是自心所現；是生了翳病的眼睛顯現的影，只是「影」，沒有眼睛之外的毛。「住無分別」，「分別」就是凡夫的能所分離的認知模式。就是眼睛之外有毛，而又被眼睛看見了，這就是「分別」。既然已經「證唯自心」——證得只是影，根本沒有毛，這就從凡夫的「分別」轉為「無分別」。住無分別，「無分別」就是不再熏習雜染種子；「無分別」

熏習的就是清淨種子，這就是「轉染成淨」。

總結這段經文，有兩個要點要強調：

第一，要想「見道」，必須先要深度地、徹底地認同，領受凡夫境界不過是自心所現的分別境界。通俗地說，也就是只是「影」，沒有「毛」。因此，這是「資糧位」修行的核心內容。資糧位的修行就是「觀察自心所現」。

第二，見道登初地之後，才是眞正開始「轉染成淨」。就是經文這裡說的「離諸雜染，證唯自心，住無分別」。注意，這十二個字的修行是指從初地到七地的修行內容，爲什麼會是這樣呢？我們下面做個解讀。

前面我們曾經講過，從凡夫到成佛，要經歷「五個階段」的修行，就是資糧位、加行位、見道位、修道位和證道位。前面我們還講了「五位的二分法」，就是把這五位分成兩段，以「見道位」爲分水嶺。見道位之前的資糧位、加行位爲「凡夫位」；見道位之後的修道位和證道位爲「聖者位」。五位的「二分法」，它的最重要的作用就是區分「凡夫」與「聖者」。凡夫與聖者的重要差別就是：凡夫「分別」；聖者「無分別」。羅婆那王開悟之後住「無分別」了，就說明羅婆那王見道登地成聖者了。

但是，在《楞伽經》當中，爲了細緻表達修行的不同階段的不同特徵，用的最多的是「五位的三分法」，就是把整個修行過程分成三個階段。哪三段是怎麼劃分的呢？就是在見道位作爲第一個分水嶺之外，再在修道位的七地到八地之間劃一道分界線。大家要知道，從凡夫到成佛的整個修行階段有兩個轉折點，前面講了第一個轉折點就是「見道位」，那第二個轉折點就是修道位的從「七地菩薩位」升入「八地菩薩位」。注意：「七地」入「八地」是關鍵點，是轉折點！

《楞伽經》中，之所以要做「三分法」的劃分，一定是這三個階段的修行有著重要的不同的特徵，所以才做這樣的劃分。這三個修行階段的特徵，可以從不同的角度來描述，也就是有各種不同的三個階段的修行特徵。

今天只講第一個特徵，我們還是用「眼翳執毛模型」爲例：

第一個階段，見道之前，作爲凡夫。阿賴耶識雜染種子現行，顯現出了似毛的影，這個「影」，我們前面講過，是似眼外有毛的影。因此，我們把它起個名字叫「似相」，梵文就是ābhāsa。重要的是，作爲凡夫，當顯現似毛之影的時候，他起了分別，把似毛的影誤以爲是眼外的毛。這個「毛」，凡夫也誤以爲它有相，前面講了，這個毛的相就叫「外相」，梵文詞是nimitta。

見道位之前的第一階段的凡夫位的特徵就是，既有ābhāsa（似相）的顯現，又有nimitta（外相）的分別。凡夫位的修行要對治的就是這個nimitta（外相），要領受「境界自心現」；要領受只有ābhāsa（似相），沒有nimitta（外相）。等到徹底領悟了沒有nimitta（外相），就要見道登地做菩薩了。

第二個階段，見道之後到登八地之前，也就是「初地到七地」這個階段的修行。這個階段有什麼特徵呢？就是只有阿賴耶識雜染種子顯現出似毛的影，而這個階段的菩薩知道那只是影，因此不再對這個似毛的影起分別了。這個階段的菩薩就是「證唯自心，住無分別」了；也就是只有ābhāsa（似相）的顯現，沒有nimitta（外相）的分別。

「沒有nimitta」就是「無外相」。「無外相」，有很多翻譯家都把它譯作「無相」，所以人們常說見道登地「證無相」。注意，這裡證的「無相」，是「無外相」、「無nimitta」。

既然，在這個階段的菩薩，對ābhāsa（似相）不起分別了，也就不熏習雜染種子了；無分別了，就只熏習清淨種子了。「清淨種子」逐步地替代「雜染種子」，這個過程就是「離諸雜染」；就是「轉變所依」，就是「轉染成淨」。所以，這個階段的修行的對象就是ābhāsa（似相），就是堅決不對ābhāsa（似相）起分別，等到所有「雜染種子」都被「清淨種子」替換，就要由「七地」登「八地」了。

第三個階段，從八地到成佛。通過初地到七地的修行，不再有

雜染種子了，也就不再有似毛的影的顯現了，也就是沒有ābhāsa（似相）了。連ābhāsa（似相）都沒有了，就完全沒有可能再起分別了，就是沒有nimitta（外相）了。這個階段不僅沒有nimitta（外相）也沒有ābhāsa（似相），就是也「無似相」。實叉難陀譯作「無影相」，但很多翻譯家把這個「無似相」也譯作「無相」。所以，人們常說登「八地」證「無相」，這裡的「無相」是「無似相」。

注意，佛教說「無相」是兩重無相——無外相和無似相（就是「無nimitta（外相）」和「無ābhāsa（似相）」）。「無外相」而見道登初地；「無似相」而由七地登八地；登八地之後，既無nimitta（外相），也無ābhāsa（似相）。這就是完全徹底地掃清了親證佛陀證悟的真正的真實性的障礙。「佛陀證悟的真正的真實性」，注意，這裡是「真實性」，不是「真實」。這個「真實性」，就起名叫「真如」。因此，八地以上的菩薩的修行就是「親證真如」，《楞伽經》裡叫「攀緣真如」。

總結一下：

第一階段，見道前，既有ābhāsa（似相）的顯現又有nimitta（外相）的分別，修行就是「了境心現，證無外相」而見道登初地；

第二階段，見道後的初地到七地，只有ābhāsa的顯現，沒有nimitta的分別，修行就是「轉染成淨，證無似相」而登八地；

第三階段，登八地到成佛，既無nimitta（外相）也無ābhāsa（似相），修行就是「攀緣真如」而成佛。

講到這裡，大家就清楚了，《楞伽經》中的這段經文「離諸雜染，證唯自心，住無分別」，是見道之後登初地到七地的修行。

《楞伽經》導讀024

1-03-11輪迴如夢 醒即解脫

　　我們繼續往下讀經文，「**往昔所種善根力故，於一切法得如實見**」。

　　「往昔」就是指如夢如幻的凡夫，在過去的生生世世的相似相續的生命的過程。在這樣一個漫長的過程裡面，羅婆那王種了善根。這善根怎麼種？那就是「聽聞佛法，如理思維」。我們此時此刻就是正在種善根。「力」就是力量。就是往昔種下的善根，這個時候發動起來了，善根發動起來的時候，就形成了「力量」。「故」就是原因。由於羅婆那王在過去生生世世聽聞佛法、如理思維而種下了善根，這個善根現在發動起來了，形成了一股力量，由於這股力量的「緣故」，「於一切法得如實見」。「法」這個字，在這裡對應的梵文是śāstra，這個詞通常我們翻譯過來是「經典」、「典籍」、「著作」；這個śāstra，這個「典籍」，既包括佛法的經典，也包括非佛法的經典。所以，在這裡，「一切法」就是指凡夫所不能充分理解的各種各樣的學術思想與觀點。「得如實見」就是羅婆那王對這些不同的學術觀點，此時能夠如實地理解了。也就是羅婆那王具有能如實理解各種各樣思想觀點的智慧了。

　　那對比一下，我們具有這種智慧嗎？我們對於各種不同的思想能如實理解嗎？其實，很多人、很多佛教徒沒有這個智慧，不能如實理解。最典型的例子就是「三教合一，五教一統」。就是我們很多人認為儒家、道家和佛教講的是同一個道理。甚至，認為佛教與基督教、伊斯蘭教沒有什麼區別。這種不尊重文化的差異性，不能理解佛陀教

法的不共，把不同思想理論混說，混講，這就是「不如實見」。這種「三教合一，五教一統」，在當今的這個世界上非常普遍，而且講這樣話的人還自以爲高明。

我們繼續往下看經文，「**不隨他悟，能以自智善巧觀察**」。

「不隨他悟」就是不依靠別人的教誨。「能以自智善巧觀察」就是只憑著自己的善巧的覺知觀察。那麼，「不隨他悟，能以自智善巧觀察」具有了這樣的能力，能做到什麼呢？能做到下面兩件事：

看經文，第一，「**永離一切臆度邪解**」。

「臆度」梵文是tarka，這個詞有時候翻譯成「思量」，有時候翻譯成「計度」。通俗地講，「臆度」就是凡夫以凡夫的覺知心去想的這種狀態。「邪解」對應著梵文是dṛṣṭi，這個詞有時候也譯作「執見」，就是「執著的見解」。比如說，執著心外有物的見解，這就是很嚴重的執見。羅婆那王不隨他悟，能以自智善巧觀察，因此，就永遠脫離了這一切的「臆度」和「邪解」。

「不隨他悟，能以自知善巧觀察」之後，能做到的第二件事，看下句經文，「**住大修行，爲修行師**」。

什麼是「住大修行」？這就是見道之後，安住於修道位上的修行。見道之前還僅僅是積累資糧，爲眞實的修行做準備工作，所以見道之前叫「資糧位、加行位」，資糧位、加行位就不是「住大修行」。那麼，「爲修行師」就是見道之後羅婆那王成爲了眞正的修行者。

繼續往下看經文，「**現種種身，善達方便**」。

「現種種身」就是從登初地的菩薩這個時候開始就要乘願再來，就要在眾生中示現種種的身。示現種種身幹什麼？善達方便。就是以通達各種方便善巧來度化眾生。菩薩的使命就是度化眾生。

繼續往下看經文，「**巧知諸地上增進相**」。

就是這個時候的羅婆那王，已經能夠很好地知道：從初地到二地三地以至七地等等，每個地的獨特的狀態。雖然羅婆那王剛登初地，並未證到二地以上的境界，但是已經知道了各地的不同狀態，就是

「巧知」。注意，「知」與「證」是有很大區別的。這裡，僅僅是「知」，不是「證」。

繼續看下面的經文，**「常樂遠離心、意、意識」**。

先說什麼是「心、意、意識」。大家注意，「心、意、意識」是《楞伽經》中的高頻詞語，後面會反反復復地出現這個「心、意、意識」這樣的表達。那什麼是「心、意、意識」？前面我們講過，三時教法講「唯識」，而且，強調這個「識」只有一個──阿賴耶識，也譯作「藏識」。

前面還講過，為了表達這個「識」的種種「功能」，可以把這一個識分成幾個識來表達。比如前面講了，把這個識分成八份就叫「識的八分法」。分了哪八份？就是眼識、耳識、鼻識、舌識、身識、意識、末那識、阿賴耶識。「末那識」在這個「八分法」裡被叫做「第七識」；「阿賴耶識」在「八分法」裡被叫做「第八識」。

這裡出現的「心、意、意識」，其實就是這個識的「三分法」，就是把這個「識」分成了三份，分別叫做「心」，叫做「意」，叫做「意識」。那麼，這裡的「心」，梵文就是citta。我們前面講過了，在《楞伽經》中，心（citta）是聖者能見的「聖者心」和「凡夫心」。但是，在這裡，在「心、意、意識」的這個地方，這個「心」只表示「聖者能見的凡夫心」，不包括「聖者心」。「意」梵文就是manas，就是「末那識」。「意識」梵文就是manovijñāna。這就是把這個「識」分成了三份。

把這個識的「三分法」與「八分法」做個對比：三分法裡的「心」對應的就是八分法裡的「阿賴耶識」；三分法裡的「意」對應的就是八分法裡的「末那識」；三分法裡的「意識」對應的就是八分法裡面的「前六個識」。講到這裡，大家就知道了，「心、意、意識」是唯一的「阿賴耶識」的「三分法」的表達。也就是三時教法講的「唯識」，只是唯「一個識」。只不過在這裡，把這個「識」表達為三份，就是「心、意、意識」。

「常樂遠離心、意、意識」，「常樂」就是「總是樂於」、「特

別喜歡」。遠離這個「心、意、意識」，就是遠離「阿賴耶識」。為什麼要遠離阿賴耶識？因為，阿賴耶識是凡夫的「錯誤認識」所熏習的。所以，「遠離心、意、意識」就是「離諸雜染」，就是「轉染成淨」，這就是初地到七地菩薩修行的主要內容。

繼續看經文，「**斷三相續見**」。

什麼是三相續？

第一，凡夫以為的凡夫生死輪迴的「時間」上的三相續。那就是過去、現在、未來。

第二，凡夫以為的凡夫生死輪迴的「空間」上的三相續。那就是欲界、色界、無色界。

那麼，「斷三相續見」是什麼？就是斷除「凡夫在凡夫以為的心外的真實世界裡，做真實的生死輪迴」這樣的見解。

注意，我再重複一遍，就是斷除「凡夫在凡夫以為的心外的真實世界裡，做真實的生死輪迴」這種見解！

有人一聽，疑問就來了：「哦，難道相信生生死死的這個六道輪迴的見解要斷除它？難道講「六道輪迴」不是佛法嗎？」講六道輪迴真的不是佛法！因為佛陀降生以前，印度人都相信六道輪迴，根本不需要佛陀來講六道輪迴。作為凡夫相信六道輪迴，只是信仰佛教的前提，但不是佛法本身。

那有人問，什麼是佛法？其實，只用一句話、八個字就可以把佛法的最重要的內容概括無遺，這八個字就是「輪迴如夢，醒即解脫」。所以，講「輪迴」不是佛法，講「輪迴如夢」才是佛法！

現在社會上有千千萬萬的佛教徒，他們之所以自認為自己是佛教徒，就是因為他們認為，他們相信了六道輪迴，相信了有一個不變的精神主體——我，在這個真實的世界裡，在欲界、色界、無色界裡，死了再來——死了再來——死了再來……的不斷輪迴。把「六道輪迴」當佛法學習，這是當今中國比比皆是的現象。可是，大家要知道，相信六道輪迴的「三世說生命觀」，只是信仰佛教的思想前提，不是佛法本身，還在佛門之外。如果不知進取，止步於此，那就是徹

頭徹尾的外道見。

　　小乘佛法就告訴我們「輪迴無我」，就是輪迴裡沒有貫徹始終的永恆不變的精神主體。那麼，大乘佛法進一步告訴我們「輪迴如夢」，輪迴本來就是一場「錯覺」。「錯覺」轉「正覺」，「夢醒」就解脫！

　　各位，學佛最難之處在哪裡？最難之處，就難在凡夫們不會認同、不敢認同、不願認同眼前的整個人生就是「一場夢」，就是一場不折不扣的「虛妄分別」！其實，能認同了這一點之後，佛法後面的內容都是很好理解的，一點都不難。

《楞伽經》導讀025

1-03-12如來藏不生萬法

我們繼續往下讀經文，「**離外道執著**」。

從實叉難陀翻譯的這個譯文來講，很好理解，就是「遠離了外道的執著」。可以進一步理解爲：羅婆那王見道了，他獲得了遠離外道執著的智慧。但是，對照梵文原本，在這裡實叉難陀少譯了一個詞，這個詞是kāraṇa，kāraṇa在這裡，可以翻譯爲「因」。如果加上這個詞，這裡外道的執著就不是泛泛而談，它是有所指的，指的就是外道對世間萬法有「產生的因」的執著。這就是我們前面幾講中講的「世俗因果」問題。

其實，只要認爲凡夫境界的世間萬法有「產生的因」；世間萬法之間有「因果關係的存在」，這就是「外道見」。這就是外道對「因」的執著，這是判別是「佛法」還是「外道」的一個標準。因爲，佛法認爲世間萬法 —— 桌椅板凳、山河大地 —— 如同把生翳病的眼睛顯現的似毛的影，誤執爲眞外的毛，這個毛、這個世間萬法，其實是根本不存在的。本來就是不存在，哪裡還會有產生的因？！爲「毛」找原因，在佛陀看來是「戲論」。要遠離這種戲論，這就是這裡的「遠離外道執著」。

多說幾句，在聖者看來凡夫境界的世間萬法根本不存在。根本不存在就是無生；就是沒有產生；就是壓根兒就沒有產生過。在《解構凡夫的「眞實」世界 ——〈金剛經〉導讀》，從講「四重二諦」的第三重二諦開始，就反反復復強調：凡夫境界、世間萬法，其實「無生」！

「無生」這是進入大乘佛法的門檻，不能理解領受「無生」，就永遠在大乘佛法門外徘徊！

在《楞伽經導讀》課程裡，又以「眼翳執毛模型」為比喻，依然強調的還是凡夫境界、世間萬法，其實「無生」。站在聖者的角度回看凡夫境界就是「虛妄分別」。就是凡夫以為存在的世間萬法，根本就沒有產生，而凡夫非誤以為凡夫境界的世間萬法產生了的這個「錯覺」，除了這個「錯覺」，除了這個「虛妄分別」，就什麼都沒有了——一切法無生！

為什麼要如此地強調「無生」呢？因為，只有證得凡夫境界的一切法無生，才能見道登地做聖位菩薩。

繼續看經文，「**內自覺悟**」。

這個很好理解，因為，羅婆那王已經見道——證唯自心，也就是知道了根本沒有心外的存在。當然也就進入了「內自覺悟」的聖位菩薩的境界。

看下一句，「**入如來藏**」。

各位，「如來藏」這又是個大問題。這在過去千百年來的佛教界，是一個爭論不休的話題。不管是在漢傳佛教，還是在藏傳佛教，就「如來藏」這個問題，辯論得相當激烈，甚至有人將「如來藏」斥為外道見。下面，我們討論一下如來藏。

首先，看「如來藏」這個詞的表面的詞義。「如來藏」的梵文是tathāgatagarbha，這是一個複合詞，由兩個片語組成。第一個詞tathāgata，這個詞就是「如來」。那什麼是如來？「如來」是佛的另外一種稱呼。我們可以說釋迦牟尼佛，也可以說釋迦牟尼如來；我們說阿彌陀佛，也可以說阿彌陀如來。「如來」是對佛的另外一種稱呼。這個詞的第二個詞是garbha，garbha通常被譯成「胎藏」。其實用現代漢語來翻譯，就是「子宮」。那麼，tathāgata-garbha合起來，這個詞是什麼意思呢？就是能孕育如來的子宮；就是指佛是在這裡孕育降生的。這就是「如來藏」的字面意思。

怎麼樣深入地理解如來藏呢？

在《楞伽經》後面的第六品《剎那品》中，佛陀說：「我爲勝鬘夫人及餘深妙淨智菩薩說如來藏。」這裡面出現了一個人物——勝鬘夫人。勝鬘夫人是誰？是與佛陀同時代的一位傑出的女居士。

大家要知道，把「佛弟子」簡單劃分可以分爲四類，叫「四眾弟子」。哪四類？

第一，男性出家弟子，是bhikṣu，譯作「比丘」；

第二，女性出家弟子，bhikṣuṇī，譯作「比丘尼」；

第三，男性在家弟子，upāsaka，譯作「優婆塞」，也可以譯作「男居士」；

第四，女性在家弟子，upāsikā，譯作「優婆夷」，也可以譯作「女居士」

這就是佛陀的「四眾弟子」。其中，男居士當中，最優秀的代表是「維摩詰居士」；女居士中，最優秀的代表是這位「勝鬘夫人」。記述維摩詰居士的佛經是《維摩詰經》；記述勝鬘夫人的佛經是《勝鬘經》。

既然佛陀在《楞伽經》中說，佛陀將「如來藏」的這個法義傳法給了勝鬘夫人，我們就看《勝鬘經》中有沒有關於「如來藏」的內容，有沒有對我們理解「如來藏」有啓發的內容。

《勝鬘經》有求那跋陀羅譯本和菩提流支譯本。《勝鬘經》求那跋陀羅譯本的第七章就有關於「如來藏」的論述，「如來藏者，是如來境界」——這一點很重要——非思量境界」。「思量」前面我們討論過了，什麼是思量？就是凡夫以凡夫當下的「凡夫的覺知心」去想，這就叫「思量」。其實，我們作爲凡夫，每時每刻、此時此刻我們就是在思量。那麼在《勝鬘經》中說，如來藏非思量境界，就是「不是凡夫境界」。《勝鬘經》中還說如來藏「是智者所知」。這裡的「智者」，就是我們說的聖者、登地以上的菩薩。

那麼，通過《勝鬘經》我們就知道：「如來藏」肯定不是凡夫境界，只能是聖者境界。這一點應該很好理解，佛陀根本不承認凡夫境界的存在，那佛怎麼可能孕育在這個佛陀認爲根本不存在的凡夫境界

呢？所以「如來藏」只可能是聖者境界，這是《勝鬘經》對我們理解「如來藏」的第一點啓示。

《勝鬘經》對我們理解如來藏的第二點啓示，在《勝鬘經》的第九章，把「如來藏」分爲了「兩種如來藏」，分別起名叫「空如來藏」和「不空如來藏」。注意，只此兩種，沒有第三種！

那什麼是「空如來藏」呢？不是說「如來藏」是空，而是佛陀安立「如來藏」是爲了空。爲了空什麼而安立的「如來藏」，我們叫「空如來藏」？那「不空如來藏」呢，是佛陀安立「如來藏」是爲了想表達什麼不空？

首先，我們看「空如來藏」。佛法說「空」，空什麼？前面我們已經討論過了，空凡夫以爲存在而聖者認爲不存在。回想一下，我們前面已經學習過的佛陀三時教法的內容，佛陀在三時教法裡是以什麼樣的方式、什麼樣的方法來空凡夫以爲的存在呢？

在三時教法裡，佛陀立足於聖者境界安立了「阿賴耶識」，也譯作「藏識」。佛陀安立阿賴耶識的目的是什麼？目的就是要告訴我們這些凡夫：在凡夫感知世界裡如此眞實的存在（比如：桌椅板凳，山河大地），不過是阿賴耶識雜染種子現行的「虛妄分別」。是把生翳病的眼睛顯現的「似毛的影」誤執爲「心外的毛」，這個毛——這個桌椅板凳、山河大地——是根本不存在的。所以，佛陀安立「阿賴耶識」就是在空「凡夫以爲存在而聖者認爲不存在」的凡夫境界。

所以，爲「空凡夫境界」而佛陀安立的「空如來藏」，其實就是「阿賴耶識」。在《楞伽經》後面的經文中，這個「空如來藏」明確地表達爲「如來藏」「藏識」。「空如來藏」就是藏識，就是阿賴耶識。

下面說「不空如來藏」。「不空如來藏」就是佛陀安立「如來藏」是爲了表達「什麼不空」。前面我們已經學習過了，在佛陀的三時教法中什麼不空？佛陀證悟的眞正的眞實性不空！這個佛陀證悟的眞正的眞實性就是「眞如」。所以什麼是「不空如來藏」？「不空如來藏」就是「眞如」。這在《楞伽經》後面的經文中就表述爲

「謂離名相、事相一切分別，自證聖智所行眞如」，這個就叫「如來藏心」。注意：它後面加了一個「心」字。對照梵文本，這裡的「心」，梵文是hṛdaya，不是citta。所以，「如來藏心」指的就是「如來藏的核心法義」，就是「不空如來藏」。「不空如來藏」是如來藏的核心法義，就是遠離了凡夫的分別的聖者的自證所行的眞如。

下面總結一下，什麼是如來藏？

如來藏分「空如來藏」和「不空如來藏」，這是依據《勝鬘經》的分類。「空如來藏」就是「阿賴耶識」；在《楞伽經》中，就叫「如來藏」、「藏識」。「不空如來藏」就是「眞如」；在《楞伽經》中，就叫「如來藏心」。

這裡，表示「阿賴耶識」的如來藏、藏識和表示「眞如」的如來藏心，都是「聖者才能見，能證」。因此，是聖者境界，不是凡夫思量境界。這就符合《勝鬘經》對「如來藏」的要求。

以上是對「如來藏」的解釋。

下面，是一個非常重要的話題。當我們說「空如來藏」就是「阿賴耶識」的時候，大家知道，阿賴耶識雜染種子的現行，並不是現行出了桌椅板凳、山河大地這些凡夫世界，而是現行出了沒有心外的桌椅板凳、山河大地，可是無明凡夫非誤以爲心外有桌椅板凳、山河大地的「錯覺」。現行的是「虛妄分別」。所以，我們前面反復強調：是「現行」，不是「現物」！這是學習佛陀三時教法的重點中的重點！

恰恰就是這一點，千百年來講唯識學的人誤解最爲嚴重。時至今日，一些佛學大師，頂級的佛學大師還在講：「整個世界的產生就是源於阿賴耶識這個因緣。阿賴耶識是整個凡夫世界存在的基礎。」各位，這樣講阿賴耶識，簡直就是南轅北轍，就是徹底地把佛陀的教誨搞顛倒了！

佛陀安立「阿賴耶識」，不是給凡夫以爲存在的凡夫世界找存在的理由。恰恰相反，佛陀安立「阿賴耶識」，是爲徹底解構凡夫以爲的心外存在。佛陀安立「阿賴耶識」，是爲了要告訴我們這些凡夫：

凡夫世界是不存在的，因此不存在的凡夫世界就不需要生——無生。進而，我們就可以明確無誤的得出了一個結論：阿賴耶識不生萬法。這裡的「萬法」，就是指凡夫以爲的凡夫世界。因此，也就是「空如來藏」不生萬法！

再看，「不空如來藏」就是「如來藏心」，就是「眞如」。「眞如」是聖者能見、能證的眞實性。登初地菩薩能見眞如，登八地菩薩能證眞如。

登初地見眞如的前提是什麼？是經過資糧位和加行位的修行，證得無外相。就是證得凡夫境界其實只是影，根本沒有毛；就是證得只是ābhāsa（似相），沒有nimitta（外相）。

登八地證眞如的前提是什麼？就是經過從初地到七地的修行——轉染成淨，對ābhāsa（似相）的顯現堅決不做分別，以「清淨種子」完全替代了「雜染種子」，以至於連ābhāsa（似相）的顯現都沒有了。證得「無似相」，這就徹底清除了證眞如的障礙。因此，登八地證眞如。

前面這段話，我們就可以簡單地概括爲：「見眞如，證眞如」的前提是徹底領受凡夫境界根本不存在。因此，眞如生萬法嗎？萬法根本不存在，何須用個眞如來生！眞如不僅不生萬法，而且知「萬法本來無生，萬法根本不存在」，這恰恰是見眞如，證眞如的前提。那麼，我們就得出結論：眞如不生萬法，也就是「不空如來藏」不生萬法！

那麼，我們做個總結。「如來藏」只分「空如來藏」和「不空如來藏」兩種。從前面的討論可以知道：空如來藏（阿賴耶識）不生萬法；不空如來藏（眞如）也不生萬法。因此，可以得出結論：「如來藏」不生萬法！

《楞伽經》導讀026

1-03-13如來藏光明

上一講，我們講了「如來藏」。大家不要把如來藏問題想得太複雜，太玄妙。

其實，佛陀在三時教法裡安立「如來藏」，無非就是要講兩件事情：

第一件事情就是「破增益」。安立「空如來藏」——阿賴耶識，目的就是解構凡夫境界，就是讓凡夫知道，凡夫以爲的心外存在，不過就如同把生了翳病的眼睛顯現的似毛的影誤執爲心外的毛，毛根本不存在。

第二件事情就是「補損減」。安立「不空如來藏」——眞如，就是佛陀想告訴凡夫，佛陀是有證悟的眞實性的，只不過凡夫誤執心外的凡夫境界的存在，就使得凡夫無法見到，無法證得這個佛陀證悟的眞實性了。

如 來 藏	
空如來藏	不空如來藏
以「空」說如來藏 （目的：空凡夫誤以爲存在而聖者認爲根本不存在的遍計所執自性）	以「不空」說如來藏 （目的：聖者親見、親證的真實性不能空）
別名：阿賴耶識、藏識	別名：如來藏心、真如
破增益	補損減
立足點：立足於聖者境界向凡夫說法	
如來藏不生萬法	

前面我們講過，「如來藏」就是孕育如來的子宮。那什麼是這個子宮呢？「破增益」和「補損減」這兩件事情，就是孕育如來的子宮。沒有第三件事情！

「如來藏」是大乘佛法中，佛陀三時教法裡的法義，不是二時教法裡的內容。爲什麼？第一個理由，先說「空如來藏」——阿賴耶識。

大家注意，二時教法裡沒有直陳「阿賴耶識」。爲什麼？大家都應該知道，這是「立足點」問題。佛陀二時教法立足於「凡夫境界」而說法。因此，在二時教法裡是用始於凡夫實有見的「四重二諦」來對治「凡夫二邊」，進而泯滅「二邊」而證「空性」。以這樣的原理和方法來破增益。

注意，什麼是空性？「空性」就是凡夫以爲的凡夫境界，其實從來、壓根兒就是以根本不存在爲其基本特徵的。「不存在」爲什麼凡夫感知到了呢？那是因爲凡夫無明、凡夫糊塗、凡夫傻。因此，在二時教法裡，安立「空性」是破增益，是解構凡夫境界。

在佛陀三時教法裡，他是立足於「聖者境界」而說法。因此，在三時教法裡，安立了聖者才能見的「阿賴耶識」，引導凡夫證「唯識性」，以這樣的原理和方法來破增益。

「唯識性」就是凡夫以爲心外的存在聖者認爲根本不存在，存在的只是「虛妄分別」。因此，在三時教法裡，安立「唯識性」，是破增益，是解構凡夫境界。

大家注意，就「破增益」而言，二時教法講「空性」；三時教法講「唯識性」。不要混！「空性」和「唯識性」是兩套相對獨立的學修體系，不能混講！

我們說，「如來藏」是大乘佛法中佛陀三時教法裡的法義，不是二時教法裡的內容的第二個理由，就是說「不空如來藏」——眞如。

雖然，在二時教法裡的經典，有「眞如」這個名言出現，但是沒有表詮解讀。「表詮」就是直接陳述，就是正面肯定的解釋。與表詮相對的是「遮詮」，「遮詮」就是間接陳述，就是不以肯定形式，而

是以否定地形式做解釋。比如大家都非常熟悉的《心經》裡的一段經文「不生不滅，不垢不淨，不增不減」，這就是遮詮。

二時教法裡，其實也講佛陀證悟的真實性，但限於二時教法是立足於凡夫境界說法，對聖者證悟的真實性不能直陳和表詮，只能遮詮。在二時教法裡，表達聖者證悟的「真實性」，用的最多的名言是「實相」。那二時教法裡，對「實相」的解讀就只能是遮詮。你非要追問「實相」什麼樣？在二時教法裡，充其量的回答是「實相」與「空性」——不一不異。還是遮詮。

但是，在佛陀三時教法裡就不一樣了，由於三時教法是立足於聖者境界而說法，因此對於聖者證悟的真實性就直陳，就表詮，就直截了當地說：「聖者佛陀就是有證悟的真正的真實性。」還要安立名言，叫「真如」，叫「如來藏心」，叫「不空如來藏」。

我們這些凡夫，其實心中有一個很好奇的問題，就是這個佛陀證悟的真實性（真如、如來藏心）到底長什麼樣？我們總想問，「證真如」是什麼感受？當然，聖者證悟的真實性，是不能完全準確地用凡夫分別境界的語言來描述的，但是在三時教法裡，既然是立足於聖者境界而說法，所以不能精確描述，也要勉強近似地描述。

「證真如」是怎樣的境界？在《楞伽經》後面的經文裡，就有一些對「證真如境界」的描述。比如prabhāvam adhigacchati，實叉難陀就譯為「逮自在威光」，如果用現代漢語翻譯就是「證得自在的有威力的大光明」。注意，在三時教法裡，就是用凡夫可以理解的這個光明，來近似地詮表「證真如的境界」。因此，我們經常在經典中看到「如來藏光明」這樣的表述。在聖者境界「證真如的智慧」與「智慧證得的真如」，這兩者不是分離的，而是不二的。「如來藏光明」不是心外的光明，其實是「自心的光明」。

從上面的表述大家可以看出，在佛陀三時教法裡，不僅安立了「真如」、「如來藏心」、「不空如來藏」這些名言，更對證得真如的境界，盡其所能地直陳描述。這是三時教法的特點，這是三時教法立足於「聖者境界」而說法的這個「立足點」決定的。這樣的描述在

二時教法中沒有。所以，我們說「如來藏」是大乘佛法中，三時教法裡的法義，不是二時教法裡的內容。

下面，還有一個話題，剛才我們講「如來藏屬於三時教法」。但是，在有的佛教教派當中，他們認爲「如來藏」應該不屬於三時教法，當然也不屬於二時教法，而是在「二時」和「三時」之外再安立一個「大乘教法體系」，就是「如來藏體系」。

「如來藏體系」是二時教法和三時教法之外的第三個「大乘佛教體系」。這種觀點在漢傳佛教、在藏傳佛教、在佛教學術界都有流傳。而且，這種觀點還有越來越強的趨勢。但是，我不贊同這種觀點！

首先，《解深密經》只有三時判教，大乘佛法只有「二時教法」和「三時教法」兩個體系。如果再判出一個四時教法，這在佛經中沒有依據！

再者，《勝鬘經》中明確將「如來藏」分爲「空如來藏」和「不空如來藏」；在《楞伽經》中就是「如來藏」、「藏識」和「如來藏心」。雖然，有些經典只講「不空如來藏」的一面，也就是只講真實性——真如，但是，其實這樣的經典也是默認「空如來藏」的一面的。因爲，「證唯識性」、「解構凡夫心外境界」這是證真如的前提。只有通過「唯識」，解構凡夫的心外境界，證得的「如來藏光明」才會是心上的光明，而不落入凡夫分別見。也只有證「唯識無境」，講「如來藏」才不會落入所謂的「如來藏生萬法」的外道見。

注意，歷史上有些佛教大德懼怕「如來藏」，有意迴避，遠離有如來藏法義的經典。他們爲什麼會害怕如來藏呢？就是擔心一講「如來藏」，就墮入「如來藏生萬法」的見解。

在印度有一個「永恆的真實本體，能生凡夫境界的萬事萬物」這樣的見解。這是徹頭徹尾的「非佛教」見解。在漢傳佛教，受道家的「道生一，一生二，二生三，三生萬物」這樣的「道生萬物」思想的影響，就總是有佛教徒喜歡摻揉道家思想，將「如來藏」、將「真如」比附爲道家的「道」。因此，「如來藏生萬法」就大行其道了。

這也是有人將「如來藏」斥為外道見的原因。殊不知，佛法與外道的最大的不共之一，就是佛陀根本不承認世間萬法的存在。萬法根本就不需要生！

總而言之，大家要記住，「如來藏不生萬法」這是佛法的見解！

《楞伽經》導讀027

1-03-14兩重無生

在前面幾講中，特別強調了「無生」這個法義的重要性。其實，在《解構凡夫的「眞實」世界——〈金剛經〉導讀》中，講「無生法義」就是重點，而且還是重點中的重點。甚至可以說，是否理解「無生」，是判斷一個人是否眞實領受佛陀大乘教法的判據；是否理解「無生」，是判斷一個人是否邁過大乘佛法門檻的判據。不理解「無生」，就只能在大乘佛法門外徘徊。在今天這樣一個佛法的末法時代，怎麼強調「無生法義」，都不爲過！

在《楞伽經》後面的第三品《無常品》中，第九十一頌裡有一句話，梵文就是anutpāde prasādhyante mama netrī na naśyati。這句話實叉難陀就翻譯爲「無生義若存，法眼恒不滅」；求那跋陀羅翻譯爲「申暢無生者，法流永不斷」；菩提流支翻譯爲「能成無生者，我法不滅壞」。大家看這三位翻譯家對這句話的翻譯，基本上思想是一致的，沒有分歧。用現代漢語來解讀這句頌子就是，只要在「無生」這個法義上，能夠闡揚出來，佛說，我的法眼——佛陀的正法，在世間就不會壞滅。那換個角度來理解這句話就是，「如果無生法義隱沒了，那佛陀正法在世間也就等於消失了」。所以，護持大乘佛法，就是護持佛陀的無生法義。

這句偈頌非常重要，我要求我的學生把這句偈頌背誦下來。這是我要求學生必須背誦的最重要的偈頌之一，五十歲以下的學生要背誦梵文原文，五十歲以上要背誦這句偈頌的漢譯中文。背誦下來之後，要時常在心中默念，警醒自己。

重要的是怎麼理解「無生」？其實，準確的理解「無生」，要從兩個層次上理解：

第一個層次，就是凡夫境界壓根兒無生。在《解構凡夫的「真實」世界——〈金剛經〉導讀》裡，講到「四重二諦」的第三重二諦的時候，用了「汽車製造廠組裝車間」的例子，就是講「緣生就是無生」。在《楞伽經導讀》的課程裡，又用了「眼翳執毛模型」講：凡夫境界就如同把生翳病的眼睛自身顯現的似毛的影誤執為心外的毛，「毛」根本無生。這重無生，其實就是「破增益」。能夠徹底領受這重無生的法義，就可以見道登初地做聖位菩薩，所以說「登初地證無生」。

第二個層次，就是佛陀證悟的真實性（真如），其實也是無生。為什麼？因為，真如本然如此——無生無滅，壓根兒就不需要生，這也是「無生」。能夠證得這重無生法義，就是「補損減」。能夠徹底證悟這重無生，就是登八地攀緣真如，而成不退轉聖位菩薩，所以說登八地證無生。

注意：登初地「證的無生」和登八地「證的無生」是不一樣的。佛法講「無生」，是講「兩重無生」：

第一重無生，是凡夫執著的境界無生，是凡夫境界「從來無，何需生？」

第二重無生，是佛陀親證的真如無生，是佛證真如「本來有，不需生！」

學佛修行，從大乘佛法來講，就是證這「兩重無生」。

我們回顧一下，在《解構凡夫的「真實」世界——〈金剛經〉導讀》裡，曾經講過兩種無常。哪兩種無常？就是「生滅無常」和「無生無常」。注意：無生！

生滅無常，包括「生住異滅的無常」和「當生即滅的無常」，這就是「生滅無常」。在佛陀二時教法裡，「生滅無常」只是無常的方便說。無常的究竟說是「無生無常」。注意，是以「無生法義」講「無常」。無常的究竟法義就是「無生」，這叫「常無，故無常」。

這才是「甚深般若波羅蜜」法門。如果這一點你還不清楚，就請回顧學習《解構凡夫的「真實」世界——〈金剛經〉導讀》相關內容。

我們再回顧一下，在現在這個《楞伽經導讀》課程前面，我們講過了「兩重無相」：

第一重是「無外相」，就是無nimitta。

第二重是「無似相」，就是無ābhāsa。

做個形象的比喻，我們現在很多人的家裡的窗簾都是兩層，裡面是一層厚厚的遮擋陽光的窗簾，在這一層窗簾的外面還有一層薄薄的紗窗簾。我們可以把這個「厚窗簾」，比喻成nimitta（外相）；把外面的那層「紗簾」比喻成ābhāsa（似相）。學佛修行就可以比喻為「打開窗簾」。

第一，當兩層窗簾都關上的時候，屋裡一片漆黑，這就比喻凡夫的無明狀態。

第二，資糧位、加行位的修行者，就是在努力打開第一層厚窗簾。打開了厚窗簾見到了陽光，這就是證「無外相」，證「無nimitta」，但是還隔著紗簾，隔著ābhāsa（似相），這就是見道登初地的境界。

第三，從初地到七地的修行，就是繼續努力打開第二層薄紗簾。打開了紗簾融化在飽滿的陽光之中，這就是證「無似相」，證「無ābhāsa」；這就是登八地親證「如來藏光明」。

這就是「證『兩重無相』」，這就是修行次第。當然，這只是個比喻，親證「如來藏光明」，不像太陽那樣光明來自於外面，而是自身的光明。

《解構凡夫的「真實」世界——〈金剛經〉導讀》裡，講了「兩種無常」；《楞伽經導讀》前面講了「兩重無相」；這裡又講了「兩重無生」。請大家要對這「兩種無常」、「兩重無相」和「兩重無生」給予格外的重視。因為，這「兩種無常」、「兩重無相」和「兩重無生」是打開大乘佛法寶庫的三把鑰匙。

打開大乘佛法寶庫的三把鑰匙			
兩重無常	生滅無常	生住異滅的無常	無常的方便說
		當生即滅的無常	
	無生無常	常無故無常	無常的究竟說

兩重無相	無外相(animitta)	證無外相，登初地
	無似相(nirābhāsa)	證無似相，登八地

兩重無生	凡夫境界從來無，何需生？ （遍計所執自性）	證此無生，登初地	破增益
	佛證真如本來有，不需生！ （圓成實自性）	證此無生，登八地	補損減

下面，我們回到經文。

前面，經文讀到了「入如來藏」，講到這裡，這句經文就很好理解了。就是羅婆那王見道了，就進入了聖者境界。在這裡就是「入如來藏」。

下一句，「**趣於佛地**」。

就是見道了，羅婆那王就進入了修道位。下面要經過修行一步步地走向佛陀的境界。

《楞伽經》導讀028

1-03-15常見與斷見

我們繼續往下學習經文，「**聞虛空中及宮殿內咸出聲言**」。

前面佛陀以神通力，將楞伽城變成了無數個楞伽城，又將無數楞伽城變沒了，不僅楞伽城沒了，城裡的眾生也沒了，只剩下羅婆那王獨自一身站在宮殿之中。這時候，宮殿的空中發出了聲音。什麼聲音呢？

看經文，「**善哉，大王！**」

「善哉」的意思就是 very good。就是這個聲音表揚羅婆那王很好、很棒。

看下一句經文，「**如汝所學，諸修行者應如是學**」。

這是繼續讚揚羅婆那王，說修行者就應該像你這樣修習。

看下一句經文，「**應如是見一切如來**」。

修行者就應該像你這樣來看待如來。羅婆那王是怎麼看待如來的？這要從兩個方面來講：

第一，「不起分別，是則能見如來」，就是要領受凡夫心外世界本來無生——唯識無境，因此不起分別。這是能見如來的前提，這是破增益。

第二，如來就是「真如」。聖者是有真正的真實性可見、可證的。這是補損減。

羅婆那王就是從這兩個方面來看待如來的。

看下一句經文，「**應如是見一切諸法**」。

就是修行者也應該像你一樣，來看待一切的法。怎麼看待一切的

法？也要從兩個方面來講：

第一，凡夫境界上的一切的法根本無生，這是破增益。

第二，聖者親證的真實的法——真如，本來如此也不需要生，這是補損減。

這是羅婆那王看待一切的法。

看下一句經文，「**若異見者，則是斷見**」。

「異」是不同的意思。如果，不像羅婆那王這樣來看待如來和一切的法，那就是落入了「斷見」。

大家知道，與「斷見」相待的是「常見」。「常見」與「斷見」是一對「二邊見」。佛陀認為：「常見」和「斷見」都不是佛法的正見。佛陀主張「不常不斷」。問題是怎麼理解不常不斷？大乘佛法的「二時教法」和「三時教法」，對「不常不斷」的理解是不一樣的。

我們先說在二時教法中是怎麼表述「不常不斷」的。按照龍樹論師在《中論頌》中的定義，什麼是「常見」？《中論》第十五品第十頌中說：「定有則著常。」就是只要認為凡夫境界有事物存在，這就是「常見」。因為只要存在，就一定有自性。沒有「無自性」的存在。這裡的「自性」，指的就是「常一不變性」和「獨立存在性」。

龍樹論師在《中論頌》中，是怎樣定義「斷見」的呢？《中論》第十五品第十一頌中說：「先有而今無，是則為斷滅。」就是認為：凡夫境界原先有事物存在，後來這個存在變為了不存在。從「有」變「無」了這就是「斷見」。

所以，依照龍樹對「常見」與「斷見」的定義，只要認為凡夫境界有事物產生就落「常見」。這個產生的事物永遠不滅，那更是「常見」。而這個產生的事物，後來因為某種原因它滅了，不存在了，這就是「斷見」。因此，想要不落「常見」，也不落「斷見」，唯一選擇就是凡夫境界從來、壓根兒就無生。這就是上一講強調的「無生無常」。

「因不生故不滅」、「因不常故不斷」這是佛陀的見解；這是佛陀二時教法「究竟中觀」中「不常不斷」的見解：這就是在破增益。

這樣理解「不常不斷」，在《解構凡夫的「真實」世界——〈金剛經〉導讀》中，有詳細地討論。

到了佛陀三時教法，對二時教法的這種「不常不斷」依然認同。就是生了翳病的眼睛，顯現了似毛的影，把這個「影」誤執為心外的「毛」，只要認為毛存在，這就是「常見」。誤以為存在過的毛，如果後來又認為它不存在了，這就是「斷見」。因此，既然羅婆那王已經領受了世間萬事萬物「為夢所作」、「為幻所成」。那麼，他就不落「常見」，當然也就不落「斷見」。如果，不能像羅婆那王那樣證「唯自心」，住「無分別」。那麼，就既落「常見」，也會落「斷見」。

以上就是二時教法對「不常不斷」的理解。

下面討論，在佛陀三時教法中，是怎麼理解「不常不斷」的。大家知道，佛陀三時教法是立足於「聖者境界」而說法。他要表詮、直陳聖者證悟的真實性（真如）。因此在三時教法裡，認為凡夫心外有事物存在，這是「常見」；不承認聖者有證悟的真實性，這是「斷見」。

注意，這與龍樹對「常見」與「斷見」的定義是不同的。換句話說，在三時教法當中，「增益」就是常見，「損減」就是斷見。既能領受凡夫境界根本無生，又能親見聖者證悟的「真如」真實不虛，這就是「不增益、不損減」。這是三時教法的「不常不斷」。注意：三時教法的「不常不斷」，它既破增益，又補損減！

羅婆那王既然已經入「如來藏」，趣於佛地了。當然羅婆那王不落「斷見」，不落佛陀「三時教法的斷見」。因此，這句經文「若異見者，則是斷見」，這裡的「斷見」，其實指的是佛陀三時教法的「斷見」。就是不承認聖者有真正的真實性可見、可證，這樣的「斷見」。

	常見	斷見	不常不斷
二時教法	有 （存在）	先有後無 （原來存在，現在不存在）	中觀 （因不常 故不斷）
三時教法	增益 （誤以為心外有境）	損減 （不承認聖者證悟的真實性）	中道 （不增益 不損減）

此「心」：聖者能見的凡夫心，即「阿賴耶識」

此「境」：遍計所執自性──凡夫以為存在而聖者認為不存在

　　繼續往下看經文，「**汝應永離心、意、意識，應勤觀察一切諸法**」。

　　「心、意、意識」，前面已經講了。三時教法講「唯識」，唯的唯一的識（藏識）的「三分法」。因此，「心、意、意識」指的就是雜然種子熏習而成的阿賴耶識。「永離心、意、意識」就是用清淨種子替換雜染種子，就是「轉染成淨」。這句經文的意思就是，你應該以轉染成淨的修行來觀察、來覺知一切的法。當然，這個「法」，既包括凡夫誤以為的存在的法，也包括聖者證悟的真實性的法。

　　繼續往下看經文，「**應修內行，莫著外見**」。

　　就是應該於內心中修行，不執著於心外有物的見解。已經證「唯自心」的修道位菩薩的修行，肯定都是內行，肯定不著外見。

　　看下一句經文，「**莫墮二乘及以外道所修句義，所見境界，及所應得諸三昧法**」。

　　這裡的「二乘」，指的就是聲聞和緣覺。這個「句義」，就是「言辭的法義」；如果用現代的學術語言來表達就是「概念」。這裡的「三昧」就是「定」。那這句經文的意思就是，修道位修內行，不著外見的菩薩，不會墮入聲聞、緣覺和外道的法義，以及他們所見的境界；修道位修內行，不著外見的菩薩，不應該修習聲聞、緣覺和外道的定境。

《楞伽經》導讀029

1-03-16坦特羅、婆羅門、沙門

上一講，我們講了「常見」與「斷見」。注意，在佛陀二時教法和三時教法中，對「常見」與「斷見」的定義是不一樣的。也就是龍樹在《中論》中對「常見」與「斷見」的定義，與屬於佛陀三時教法的經典《楞伽經》中對「常見」與「斷見」的定義是不一樣的。這就是凸顯出了判教的重要性。這也是爲什麼要反復強調「二時教法」與「三時教法」不能混講的原因。

我們下面繼續讀經文，「**汝不應樂戲論談笑**」。

這句話很好理解，就是你羅婆那王作爲一位修行者不應該樂於、不應該喜歡那些毫無意義的議論和談笑，那是浪費時光。

看下一句經文，「**汝不應起韋陀諸見**」。

「韋陀」對應的梵文是veda，「韋陀」是veda這個詞的音譯，這個詞在歷史上也音譯爲「吠陀」，意譯就是「明」或者「明論」。那什麼是veda呢？這是印度婆羅門宗教信仰的古老經典。據學者考證，在西元前一千五百年左右，也就是距今三千五百年前，從印度西北方來了一支彪悍的崇尙父系文化的遊牧民族——有學者認爲這支人馬是雅利安人——經過幾百年的征戰，最終他們成爲了印度這塊土地的主宰者，他們當時帶來的文化就是口耳相傳的這部veda（吠陀）。最古老的veda叫做Ṛg-veda（梨俱吠陀），後來從Ṛg-veda當中又衍生出了Sāma-veda（娑摩吠陀）和Yajur-veda（夜柔吠陀）。這三部經典被稱作「三吠陀」，也被漢譯爲「三明」，就是以這「三吠陀」爲理論基礎，形成了過去三千年來印度的主流宗教信仰——婆羅門教。

婆羅門教後來也被稱爲「印度教」。婆羅門教是有神論宗教，而且是多神論宗教。它的基本綱領是三條：

第一，「吠陀天啓」，就是認爲veda（吠陀）這部經典是神的啓示；

第二，「祭祀萬能」，就是通過對神的祭祀，可以達成人間的所有願望；

第三，「婆羅門至上」，這支雅利安人統治印度之後，建立了種姓制度，他們自稱婆羅門，並把自己放在了其他種姓之上，這就是婆羅門至上。

婆羅門種姓只從事宗教祭祀活動，不從事其他的社會生產勞動。婆羅門之下是「刹帝利」種姓，這個種姓就是軍政階層，釋迦牟尼的父親是一個小國國王，因此，釋迦牟尼的家族應該屬於刹帝利。再之下是「吠舍」種姓，就是工商階層。吠舍之下是「首陀羅」種姓，就是底層民眾。當然，還有地位更低的，進不了這四個種姓，那就是「賤民」。這個「種姓制度」，至今在印度也沒有消亡。

在婆羅門統治印度幾百年之後，也就是大約在西元前五、六世紀，在印度恒河流域出現了一批思想家，注意是一批，他們形成了一個強大的集團。他們公開地、共同地反對婆羅門信仰，堅決地否定婆羅門教的「三大綱領」，這個集團叫做śramaṇa，漢譯爲「沙門那」，簡稱「沙門」。所以，現在全世界的大學裡，通行的印度宗教史教科書，都把三千年來印度宗教歸爲「兩大系統」——婆羅門信仰和沙門信仰。

當然在這個問題上，我個人有不同的學術看法，我認爲在婆羅門和沙門之外，在印度這塊土地上，還有一個更古老的信仰系統叫tantra，古代漢譯「坦特羅」。坦特羅與沙門也許有某種思想淵源，而且，坦特羅也是婆羅門的反對者，只不過這種反對更隱蔽一些。所以，我認爲印度宗教系統不是兩個，而是三個——坦特羅、婆羅門和沙門。

有人會問，佛教是在哪個信仰系統裡呢？明確地回答，佛教屬於

沙門的信仰系統。釋迦牟尼就自稱自己是一個「大沙門」。所以，大家就清楚了，佛教在印度是婆羅門教的反對派，是veda（吠陀）思想的批判者。

所以，這句經文「汝不應起韋陀諸見」，這就很好理解了，就是說你羅婆那王，不應該持有婆羅門的吠陀的見解。比如說，不能夠信受婆羅門的三大綱領，大家注意，這一點很重要。其實這句經文是很有先見之明的，爲什麼？因爲，在後來的佛教傳承中，確實就有一些佛教的教派大量吸收了婆羅門教的祭祀儀軌，把佛教搞得越來越神秘化，嚴重地淡化、模糊，以至於消融了佛教的核心法義。把佛教搞得表面上看很興盛，而實際上萬千信眾對「佛法的正見」基本無知，追求的都是一些通過類似祭祀的方法，而獲得種種世間的利益。這是有悖於佛陀教誨的，這也是佛教界應該認眞反省的。

我們看下一句經文，「**亦不應著王位自在**」。

這句經文好理解，就是提醒羅婆那王不應該沉湎於自己的王位。其實，這句經文可以推而廣之，不僅不應該貪著政治上的權威，其他的種種名聞利養也都不應該迷戀。

看下一句經文，「**亦不應住六定等中**」。

這個「定」字，對應的梵文是dhyāna，dhyāna古譯「禪那」（顯然這是音譯）簡稱「禪」；dhyāna古代也譯作「禪定」（就是音譯加意譯）簡稱「定」，就是這裡的「定」；dhyāna這個詞，古代也譯作「靜慮」，就是「安靜的思慮」；也譯作「一心」，就是把念頭繫於一處，現代英語把它翻譯爲 meditation。

「六定」就是六種禪定。這裡的「六種禪定」，其實是泛指一切非佛教的外道禪定。既然是指一切非佛教的外道禪定，那爲什麼在這裡要用「六」做代表？因爲，在佛陀時代，當時最有影響力的勢力，最大的外道有六家，被稱爲「六師外道」。那麼，這句經文的意思就是，你羅婆那王不應該修習像「六師外道」的那樣的禪定。從這句經文就可以看出，「修習禪定」是佛法與外道的共法。就是佛法和外道都修習禪定，大乘佛法修習的六度之一就有禪定。

但是，佛法與外道修習的禪定的區別在哪裡呢？區別就在於是否經歷過佛陀正法的聞思；是否在佛陀正見指引下修行。不經過佛陀正法的熏習，不領受佛陀的正見，基本上修習的禪定都是「外道禪定」，與佛法無關！這種現象，在今天這個佛法的末法時期非常普遍。為什麼？因為，當今大量佛教徒拒絕聽經聞法，聲稱佛法是修的，不是說的。很多佛教徒壓根兒就不知道佛說過些什麼，或者只知道一點佛說的方便法，就以為盤上腿、閉上眼什麼都不想，或者觀想一件事，或者口中念個什麼咒，等等這些就是修行。其實，這都是外道禪定，甚至連禪定都算不上。

　　大家要知道，佛陀在經中說的法，才是修習佛法禪定的指南。《楞伽經》中，在後面的經文裡，就有禪定修習的指導。《楞伽經》把佛法的禪法分為了四種，叫做「愚夫所行禪」、「觀察義相禪」、「攀緣眞如禪」和「如來清淨禪」。其中，「愚夫所行禪」是聲聞緣覺的禪法；「觀察義相禪」和「攀緣眞如禪」就是基於佛陀三時教法的教理而建立的菩薩修行的禪法。所以，「聽經聞法」對於佛法的修行者來說，不是可有可無，而是必須要經歷的修行階段。對於資糧位的修行者來說，聽聞正法，如理思維就是修行，而且是最重要的修行！

《楞伽經》導讀030

1-03-17 samādhi和samāpatti

我們繼續往下學習經文，「**若能如是，即是如實修行者行**」。

這段經文的意思就是，如果能做到上面那幾點，這就是大修行者的如實的修行。

看下一句經文，「**能摧他論，能破惡見，能舍一切我見執著**」。

就是能夠做到上面那幾點，就能夠摧毀外道的論點（「他論」就是外道的論點），能夠破除惡見（「惡見」是指佛陀認為不正確的見解），就能善於斷除我見。

看下一句經文，「**能以妙慧轉所依識，能修菩薩大乘之道**」。

這裡的「轉所依識」的「識」，就是「阿賴耶識」。因為，阿賴耶識雜染種子是凡夫錯誤的認識所熏習的，所以要轉——轉染成淨，這就是這裡的「轉所依識」。那這句經文的意思就是，就能善於以微妙的智慧轉變凡夫所依的識，能夠修行菩薩的大乘所行。

看下一句經文，「**能入如來自證之地**」。

意思就是，你羅婆那王應該這樣修行，得以證入如來自證之地。「如來自證之地」就是如來的內自證悟的真實性；就是登八地及以上的境界；就是「攀緣真如」。

看下一句經文，「**汝應如是勤加修學，令所得法轉更清淨，善修三昧三摩缽底**」。

羅婆那王，你就應該這樣地努力修行，使所攝受的法一步一步地轉變得更清淨。通過前面的學習，大家就可以理解這個「轉變的更清淨」，其實就是初地到七地的菩薩的修行，就是清淨的種子不斷地替

代雜染的種子，這就是「轉更清淨」。

那麼，「更清淨」是以什麼方法而獲得的呢？就是以「善修三昧三摩缽底」這樣的方法，而獲得一步步地更清淨的。這裡面有兩個詞：一個叫「三昧」；一個叫「三摩缽底」。先說這個「三昧」，它的梵文是samādhi，這個詞是三個音節。「三昧」顯然就是samādhi的前兩個音節samā的音譯。那麼，這個詞是三個音節，如果三個音節都音譯，這個在佛教譯得最多的就是「三摩地」，samādhi音譯為「三摩地」，那意譯就是「定」。

上一講，講過「六定」。那麼，「六定」的「定」不是samādhi。上一講，我們講了是另外一個梵文詞叫dhyāna。dhyāna這個詞我們音譯為「禪那」，簡稱「禪」，所以dhyāna這個詞更多的時候不是譯作「定」，而是譯作「禪」。samādhi更多的時候是譯作「定」。在《楞伽經》後面的經文當中，就有dhyānasamādhi這樣的複合詞，就把它譯作「禪和定」。

注意，「禪」和「定」的修行，是外道、小乘和大乘的共法。就是外道、小乘和大乘都修「禪」和「定」，只是指導見地不同，因此所得結果也不同。

下面，我們只從禪和定作為修行的方法和手段，這個最基本的意義上來解釋一下什麼是「禪」和「定」。「禪」和「定」都是指心念的專注的修行，以及修行所得到的那種不散亂的狀態。有的朋友就聽說過「四禪八定」，「四禪」就是色界的四禪。那麼，「八定」呢？就是「色界的四禪」再加上比色界四禪高的「無色界的四定」合稱「八定」。因此大家注意，「四禪八定」不是在「四禪」之外還有「八定」，而是「八定」涵蓋「四禪」。

那麼，講到這兒，dhyāna（禪）和samādhi（定）有什麼區別？

第一，dhyāna比samādhi覆蓋的範圍要小。

第二，dhyāna是samādhi的低層次。

這就解釋了dhyāna和samādhi的區別。

下面講「三摩缽底」。「三摩缽底」是梵文詞samāpatti的音譯，

這個詞的意譯也是「定」。那麼，samādhi的「定」與samāpatti的「定」有什麼區別？剛才講了「色界的四禪」，就是「色界的定」與「無色界的定」都可以用samādhi來表示。但是，如果只表示「無色界的定」就可以用samāpatti。還有，外道的「無想定」和小乘的「滅盡定」，可以用samādhi，但更多的時候用的是samāpatti。samādhi依然是涵蓋最廣的定，而samādhi的高層次就是samāpatti，「無色界的定」、「無想定」、「滅盡定」就可以用samāpatti來表示。

把「三昧」和「三摩鉢底」解釋了之後，那麼這句經文就好理解了。怎麼樣才能一步步地轉變得更清淨呢？就是要很好地利用定的修行，就是很好的修samādhi（三昧）和samāpatti（三摩鉢底），以這樣的方法為重要的手段，使得能夠一步步地轉變為更清淨。這一段講的是「定」，大家要知道從加行位開始，「修定」就是非常重要的修行內容。

我們繼續往下看經文，「**莫著二乘、外道境界以為勝樂，如凡修者之所分別**」。

就是不要落入聲聞、緣覺和外道的喜樂境界，就像愚夫和外道修行者所分別的那樣。注意，聲聞、緣覺和外道的修行會帶來喜樂，修大乘法的人不應該貪著。而這裡「如凡修者」這個「凡」，在梵文裡對應的是兩個詞——愚夫和外道。「愚夫」梵文就是bāla，指的就是「小乘」，就是「二乘」。二乘與外道，就落入了他們修行的境界之中。小乘的「滅盡定」和外道的「無想定」，都會給修行者帶來非常清淨的感受——沒有煩惱，沒有痛苦，好像是解脫了。但是從大乘佛法來說，那些不是真解脫。那為什麼呢？

繼續看下面的經文，「**外道執我見有我相，及實求那而生取著**」。

為什麼說外道不是真解脫呢？因為，外道還執著著「我」。「我」梵文是ātman，就是那個常一不變的獨立存在性。比如認為「生死輪迴中，那個永恆不變的輪迴的主體」就是「我」。外道還執著著「所見相」，這裡的「我相」對應的梵文是「所見之相」，就是

見心外事物的相，它的梵文是lakṣaṇa。這個lakṣaṇa的近義詞，就是我們前面反復講的nimitta，這兩個詞都表示：凡夫所見到的心外的事物的相。因此，外道還是執著著心外有事物的相。

「求那」是梵文guṇa的音譯，意譯就是「功德」。「實求那」就是以功德爲眞實有。所以，爲什麼外道不是眞解脫？因爲，外道還執著著眞實的功德利益。

看下一句經文，「二乘見有無明緣行，於性空中亂想分別」。

小乘（二乘）爲什麼不是眞解脫呢？因爲，二乘執著著虛妄的「無明緣行」的十二緣起。小乘佛教講「十二緣起」，也叫「十二因緣」，就是無明緣行、行緣識、識緣名色、名色緣六處、六處緣觸、觸緣受、受緣愛、愛緣取、取緣有、有緣生、生緣老死。

「十二緣起」講了兩個重要的道理：

第一，生死輪迴起源於無明。因爲，十二緣起是以「無明」打頭。

第二，生死輪迴只是緣起過程，中間沒有貫穿於「生死輪迴」始終的那個常一不變的、獨立存在的精神主體。在初始教法當中，就叫做「人無我」。

關於「十二緣起」的詳細解讀，在我講述的《心經》課程中，當講到「無無明，亦無無明盡，乃至無老死，亦無老死盡」這段經文的時候，對「十二緣起」做了非常詳細地解讀。

小乘佛教講「十二緣起」，而大乘佛教認爲十二緣起也是虛妄。這就是這句經文所說，小乘執著於虛妄的「無明緣行」的十二緣起，於性空中亂想分別。大家注意，這個「性空」，我們看梵文原本，它是śūnyatā，實際上是「空性」，不是「性空」。那麼，在漢傳佛教和藏傳佛教，這個「性空」與「空性」的用法是混亂的。很多學者分不清「性空」與「空性」的區別。在《解構凡夫的「眞實」世界──〈金剛經〉導讀》當中有一講，就是專門講「性空」與「空性」的區別，大家可以回顧。

什麼是「空性」呢？凡夫境界是以「從來、壓根兒就沒有存在

過」爲其基本特徵。比如，生了翳病的眼睛顯現了似毛的影，可凡夫非把這「影」誤執爲「心外的毛」，這個「毛」其實從來、壓根兒就沒有存在過。這個「毛」的基本特徵就是「空性」。這在佛陀的二時教法當中就叫做「法無我」。

這句經文，就好理解了，就是小乘他不能生起「空性」的見解。因爲，他只能證「人無我」，還沒有證「法無我」。小乘還執著於「分別」，就是「能所分離」，就是認爲「心外的毛」還是存在的。小乘認爲雖然輪迴中沒有精神主體的我，但輪迴以及輪迴的世界還是存在的，因而小乘還是落入了「能相」與「所相」的「二邊見」。

因此，我們就可以做總結了，正因爲上面討論的外道和小乘的種種見解，所以外道和小乘的修行境界不是眞解脫。修行大乘佛法的眾生是不能夠貪著的。

《楞伽經》導讀031

1-03-18 三自性

我們繼續往下讀經文。

楞伽王！此法殊勝，是大乘道，能令成就自證聖智。

楞伽王啊，這是成就殊勝的道法；是修行大乘法；是能夠覺知，證入自證境界的法。

看下一句經文，「**于諸有中受上妙生**」。

「諸有」的「有」，梵文是bhāva，基本含義就是「存在」。那麼，在這裡這個詞表示的是「生死輪迴」。佛法的究竟意義上講「輪迴如夢，夢醒解脫」。但從方便來說，未醒之前，如夢的生死輪迴對凡夫而言，還是感受真切的。「上妙」就是「很好的」。那麼，在六道輪迴當中，「天、阿修羅、人」被稱爲「三善道」，就是很好的——上妙。而「畜生、餓鬼、地獄」被稱爲「三惡道」，當然就不好，就不妙。

這句經文什麼意思呢？就是修行這個大乘法，就可以在未來的如夢如幻的六道輪迴中，能夠獲得三善道的受生；就是修這個大乘法，雖還未徹底解脫，但是已經可以不受生三惡道了。當然，除了你發願受生惡道去度化眾生這種情形。有很多菩薩發願：「我就要下地獄，我就要到餓鬼道中去度化眾生。」除了這種發願的菩薩之外，修行了大乘法就不會再受生三惡道了。所以，這個法是非常殊勝的法。

看下一句經文，「**楞伽王！此大乘行破無明翳，滅識波浪，不墮外道諸邪行中**」。

就是說，楞伽王啊，這個大乘的修行能除「翳病」，能滅「識

浪」，不墮入外道修行的所依。這個「除翳病」，就是清淨種子不斷地替換雜染種子，逐漸地沒有了ābhāsa（似相）的顯現，這就是「除翳病」。

那什麼是「識浪」？這個「識」，按照「識的八分法」就是指「前六識」，按照「識的三分法」就是指「意識」。我們在前面課程裡已經講了，阿賴耶識雜染種子現行是「顯現」與「分別」。「分別」就是把生翳病的眼睛顯現的似毛的影誤以為心外的毛的這個「誤以為」、這個「錯誤認識」。「意識」就是這個分別的「功能」。

《楞伽經》中，把「阿賴耶識」比喻成「大海」，把「意識」比喻成「海浪」。那所謂「滅識浪」，就是堅決地對ābhāsa（似相）的顯現不起分別，以至於最後沒有ābhāsa（似相）的顯現了，就更不可能生起分別了，這就是「滅識浪」。「除翳病」「滅識浪」這就是初地到七地的菩薩的修行，能做這樣的修行，就不可能再墮入外道修行的所依了。

外道修行的所依是什麼？看下一句經文：

「楞伽王！外道行者執著于我，作諸異論」。

外道的修行者執著於「我」，生出了與佛陀不同的觀點。所以說，外道修行的「所依」就是這個「我」；這個「我執」。「我執」包括「人我執」和「法我執」兩種。佛法講的是「無我」——人無我和法無我，這叫做「二無我」。

看下一句經文，**「不能演說離執著見識性二義」。**

說外道執著於「我」，因此，外道就不能夠演說出「遠離我執」的見解的「識」和「自性」這兩個法義。這裡的「識」，就是三時教法講「唯識」的這個「識」；就是阿賴耶識；按照「識的八分法」，我們也叫它「八識」。這裡的「性」梵文是svabhāva，一般翻譯為「自性」，這裡講「自性」就是佛陀三時教法的「三自性」。

前面課程裡已經講過了，佛陀三時教法是由四個主要的道理支撐起來的，就是「五法、三自性、八識、二無我」。從這段經文就可以理解，外道之所以講不出「八識」和「三自性」這樣的法義，就是因

爲他們有「我執」——人我執和法我執。佛陀之所以能夠講出「八識」和「三自性」這樣的法義，就是因爲佛教的聖者沒有「我執」，證了「人無我」和「法無我」。進一步地講，佛法講「八識」和「三自性」這樣的法義，其實目的就是讓凡夫遠離「我執」，證「二無我」。

前面的課程主要講了「八識」，這裡開始講「三自性」。哪三個自性呢？第一個自性parikalpita-svabhāva，實叉難陀譯爲「妄計自性」；玄奘法師譯爲「遍計所執自性」。第二個自性paratantra-svabhāva，實叉難陀譯爲「緣起自性」；玄奘法師譯爲「依他起自性」。第三個自性pariniṣpanna-svabhāva，實叉難陀譯作「圓成自性」；玄奘法師譯爲「圓成實自性」。在後來的漢傳佛教的歷史傳承中，逐漸的大家都普遍接受了玄奘法師的翻譯，所以我們佛教一講「三自性」，哪三自性啊？就是遍計所執自性、依他起自性和圓成實自性，建議大家先把這三個自性的名字背誦下來。

在佛教裡，這個「自性」（svabhāva）就等同於「存在」。「存在」就是有自性；「不存在」就是無自性。不存在「無自性的存在」！這一點非常重要。佛陀二時教法立足於「凡夫境界」而說法，重點在於「破增益」，對於「補損減」，對於佛陀證悟的「眞實性」，只是遮詮表達，並不直陳。所以，在二時教法裡的標誌性的表達是「無自性」，梵文是niḥsvabhāva。二時教法講「無自性」，就是講凡夫境界的一切法，從物質到精神都是無自性，就是都是不存在，這就是「破增益」。

目前，我們在學習佛陀三時教法時，在前面的課程裡，已經反復地強調過「二時教法」與「三時教法」不能混講！

那到了三時教法，由於是立足於「聖者境界」而說法，因此，在三時教法裡講「三個自性」就是「三種存在」。

首先，「遍計所執自性」就是遍計所執的存在。這是什麼存在？這是凡夫誤以爲的「心外的存在」。就是生了翳病的眼睛顯現了「似毛的影」，而無明凡夫非執爲「心外的毛」。這個「毛」，就是「遍

計所執自性」。

那有人會問了，前面課程反復講「這個毛是根本不存在的」，在這裡怎麼又說「是遍計所執的存在」了呢？這就要理解什麼是「遍計所執」。「遍計所執」的這個「計」，對應的梵文就是kalpita，這個詞的意思其實就是「分別」。那什麼是分別？就是凡夫的「能所分離的認知模式」。kalpita的就是「所執」，就是把心內的影誤執為「心外的毛」，「執為心外」就叫「所執」。

「遍計所執」的梵文是parikalpita，有個前綴詞pari，pari就是普遍的意思，玄奘法師就譯為「遍」，就是這個分別、這個所執是普遍的。那誰的分別是普遍的？是「意識」。這個阿賴耶識雜染種子現行時，表現出來的分別的功能的這個意識的分別是普遍的。所以「遍計所執自性」，說「遍計所執」是存在，只是凡夫固執地認為它存在；說它不存在，是聖者認為它不存在。因此，「遍計所執自性」是凡夫認為的存在，而聖者認為不存在。僅僅從凡夫認為它存在，姑且把它叫做「自性」。

下面講「圓成實自性」。

「圓成實自性」就是聖者證悟的真實性——真如。佛陀證悟的真實性，在立足於「聖者境界」而說法的三時教法中，表詮、直陳給它起名叫「真如」、「如來藏心」，還有「圓成實自性」。這是聖者認為的真實存在，但凡夫見不到。大家注意，這是在「事」上定義圓成實自性。

在某些經典裡，是在「理」上定義圓成實自性。什麼是圓成實自性啊？就是「遍計所執自性根本不存在」這個道理，是「圓成實自性」。這是對「圓成實自性」的一種「遮詮」定義。

大家注意：在「理」上的定義是「方便說」；「事」上的定義才是「究竟說」！

| 圓成實自性 | 「理」上定義
（遮詮） | 「遍計所執自性根本不存在」這個道理
（破增益） | 方便說 | 無為法 |
| | 「事」上定義
（表詮） | 離分別後，自證聖智之行真如
（補損減） | 究竟說 | |

　　《楞伽經》對「圓成實自性」的表述，是「事」上的，不是「理」上的。《楞伽經》後面的經文對「圓成實自性」的定義是，聖者的自證聖智所行真如。這個「真如」，是「圓成實自性」，又名「如來藏心」。

　　講到這裡，大家就可以理解了，「遍計所執自性」和「圓成實自性」正好相反：「遍計所執自性」是凡夫認為存在，而聖者認為不存在；「圓成實自性」是聖者認為的真實存在，而凡夫見不到。遍計所執自性就是那個「毛」；圓成實自性就是「真如」。所以，「遍計所執自性」和「圓成實自性」其實是很好理解的，而「三自性」中最難講的是「依他起自性」。然而，佛陀三時教法，這個立足於「聖者境界」而說法的教理體系，最殊勝的地方也就在於安立了這個「依他起自性」。

《楞伽經》導讀032

1-03-19阿賴耶識不是輪迴主體

　　佛陀三時教法的「三自性」中的「依他起自性」的安立，是要解決兩個問題：第一，聖者認為根本不存在的遍計所執自性，為什麼在凡夫的感知世界裡卻存在的這麼真實？第二，凡夫如何才能證到佛陀證悟的圓成實自性？對於這兩個問題的回答，就形成了依他起自性「雜染」與「清淨」的兩個部分。

　　先講依他起自性的「雜染部分」。依他起自性的「雜染部分」，其實就是阿賴耶識的「熏習」與「現行」。就是前面課程中講的「種子熏現模型」和「眼翳執毛模型」。

　　在「種子熏現模型」中，種子現行「kr」，「kr」熏習種子。種子依「kr」而起，「kr」依種子而起，種子與「kr」都是依對方而起，故名「依他起」，這就是「勝義因果」。原本只是生了翳病的眼睛，顯現了「似毛的影」，無明凡夫非誤執為「心外的毛」，「毛」根本不存在。但是，誤執為心外有毛的這個「錯誤認識」，這個虛妄分別的「kr」，在阿賴耶識熏習下雜染種子，而這個雜染種子再現行新的「kr」，新的「kr」再熏習新的雜染種子……就在這個循環往復的「熏習」與「現行」的過程中，誤執為心外有毛的虛妄分別，不斷地被強化、被堅固，以至於這個根本不存在的毛，在凡夫的感知世界裡的「存在感」就堅不可摧了。這就是為什麼聖者認為根本不存在的遍計所執自性，會在凡夫的感知世界裡的存在感如此真切的原因。

　　「種子熏現模型」和「眼翳執毛模型」告訴我們，立足於聖者境界回看凡夫境界，只是一場「虛妄分別」。就是沒有毛卻誤執為心外

有毛的「錯誤認識」，除此之外，什麼都沒有！

講到這裡，大家就可以理解了，「阿賴耶識」（或者叫「八識」）就是依他起自性的「雜染部分」。而佛陀安立「依他起自性的雜染部分」，安立「阿賴耶識」的目的，就是解構凡夫境界，就是破增益。

回到經文就好理解了，爲什麼執著於「我」的外道，不能演說「八識」、「三自性」這樣的法義？就是因爲「八識」、「三自性」是解構「我執」的。執著於「我」的外道，不可能講解構「我執」的法。但是，千百年來，對於「阿賴耶識」最大的誤讀，恰恰就在這裡！明明是「解構凡夫境界」的法，明明是「破我執」的法，卻被解讀成，爲「凡夫境界的存在」，爲「我執的存在」找存在依據的法。主要表現爲下面兩個方面：

第一，認爲「阿賴耶識的種子」現行出了「凡夫心外世界」。認爲桌椅板凳、山河大地是阿賴耶識種子現行出來的。明明佛陀安立「阿賴耶識」，是要解構凡夫心外世界；明明是要告訴凡夫心外世界不存在，存在的只是凡夫心外世界不存在卻非要誤以爲心外世界存在的「錯覺」。可是，千百年來無數的唯識學人，不僅沒有按照佛陀的教誨解構凡夫心外世界，反而給凡夫心外世界的存在，找到了存在的依據。凡夫心外世界哪來的？阿賴耶識種子現行出來的。各位，這就南轅北轍了！

第二，認爲「阿賴耶識」是眾生生死輪迴的「精神主體」。誰輪迴？「阿賴耶識」輪迴。

大家要知道，在學習佛陀初始教法時，就學習了「十二緣起」。十二緣起就是在解構輪迴「主體」，就是告訴凡夫輪迴「無我」。由於眾生心中的「我執」堅固，很難接受輪迴「無我」，要麼不承認有輪迴，只要一承認有輪迴，就得有輪迴「主體」。我經常被問的一個問題就是，「無我」誰輪迴？我總是得耐心地解答：「『輪迴』就不能是一個相似相續的過程？非得有個『我』在輪迴嗎！」

等到學習佛陀二時教法，經過四重二諦的「緣生緣起」的解構，

就不僅僅是輪迴「無我」了，結論是「輪迴如夢」——如夢如幻般地輪迴，哪裡還有真實的輪迴「主體」可言呢？可是，「我執」堅固的眾生難以接受，還是不斷地問：「『無我』誰輪迴？」我只能耐心地回答：「你是想輪迴還是不想輪迴？輪迴如夢，醒即解脫！多麼簡單，多麼美妙啊！你怎麼非要給輪迴找到一個真實的輪迴「主體」！你這是打算永遠輪迴下去嗎？！」

大家要知道，多少人費了很大的努力，才勉強接受了十二緣起的「輪迴無我」；多少人用了好大的力氣，才勉強接受了「如夢輪迴」是「無我」的。可是，當學到三時教法時，居然老師說，阿賴耶識是輪迴主體。天哪，終於給輪迴找到我了！早知道這樣，就應該不學初時教法和二時教法，只學三時教法。輪迴有主體，輪迴有我。誰輪迴？阿賴耶識輪迴呀！又是一個南轅北轍。

佛陀安立「阿賴耶識」，是解構凡夫境界；是解構凡夫自以為輪迴所在的世界。佛陀安立「阿賴耶識」，是想告訴眾生，輪迴只是一場「錯覺」，轉「錯覺」為「正覺」就解脫！

可是，我們把用來解構輪迴的「阿賴耶識」，當作輪迴「主體」，來堅固輪迴。可悲可歎吶！佛陀在《解深密經》裡說阿賴耶識這個法義：「我於凡愚不開演，恐彼分別執為我。」就是佛說阿賴耶識的法義，我不對傻子說，怕傻子聽了以後，把「阿賴耶識」執著為輪迴的「我」。佛陀這樣苦口婆心地教誨，可是我們依然心甘情願地當了傻子，把執著於「我」的外道不能說的離執著的法，活生生地講成了執著於「我」的外道法。這也是千百年來「唯識」總是遭人詬病的原因之一。

上面講了依他起自性的「雜染部分」，下面講依他起自性的「清淨部分」。

凡夫經過資糧位、加行位的修行，證「無外相」而見道登初地。但「似相」依然顯現，還要經歷從初地到七地的修行，用清淨種子不斷替換雜染種子，直到雜染種子完全被清淨種子替代，這就是「轉染成淨」了。只有清淨種子了，也就沒有似相（ābhāsa）的顯現了。只

有清淨種子了，一般也就不能再稱爲「識」了，而要改稱爲「智」了，就是「轉識成智」。這個「智」也叫「正智」，這個「正智」就是依他起自性的「清淨部分」。「正智」緣眞如，證「圓成實自性」。

總結一下，依他起自性分「雜染」和「清淨」兩部分：雜染部分是「藏識」；清淨部分是「正智」。「依他起自性」被安立的第一個目的，就是指導凡夫於資糧位、加行位修行，解構凡夫心外境界，證「唯識無境」而見道登初地。「依他起自性」被安立的第二個目的，就是指導登初地到七地的菩薩修行，「轉識成智」而登八地「攀緣眞如」。講到這裡大家就可以理解，佛陀三時教法的「三自性」中的核心，就是這個「依他起自性」。

好，「三自性」講到這裡。

下面，我們繼續讀經文：

「善哉，楞伽王！汝先見佛，思惟此義」。

好啊，楞伽王啊，就像你先前見佛時，所思維的法義。楞伽王先前思維什麼法義了？就是佛陀以神通力，把一個楞伽城變成無數個楞伽城，又把無數個楞伽城變沒了；就是把一個佛變成了無數的佛，而後佛又沒了。這時楞伽王就思維了。思維什麼？「見佛聞法皆是分別，不起分別是則能見」，這就是楞伽王先前的思維。

看下一句經文，**「如是思惟，乃是見佛」**。

意思就是，這樣地思維就對了，這才是見佛。就是不起分別，才能見佛陀證悟的眞實性，不起分別才是眞正見佛！

好的，上面用了這麼多講，講了這麼一大段經文。這段經文就是虛空中發出的聲音對羅婆那王進行了一番教誨。當然，這也是對我們的教誨。講到這裡，第一品的第三段，學習圓滿了。

《楞伽經》導讀033

1-04-01如來普入一切眾生心中

從這一講開始，我們學習《楞伽經》第一品的第四段經文。

下面，看經文，「**爾時羅婆那王復作是念：願我更得奉見如來**」。

這時，羅婆那王又想，我還是願意再次見到如來。因為，前面羅婆那王已經領悟了「不起分別是則能見」，就是真見如來，要不起分別。但是，羅婆那王還是想在分別狀態下，再次見到如來。為什麼？

看下面的經文：「**如來世尊于觀自在，離外道法，能說自證聖智境界**」。

這裡的「觀」，就是「觀行」，就是「修行」。羅婆那王說，佛陀於一切修行都是自在的，而且遠離了外道的修行法，能夠講說「自證聖智境界」。

看下一句經文，「**超諸應化所應作事，住如來定，入三昧樂**」。

這裡的「應化」，就是指佛陀的「應化身」，也叫「化身」，這是佛陀示現在凡夫的夢中度化眾生的身。大乘佛教認為，釋迦牟尼這一生，就是在我們娑婆世界的一次應化。現在，羅婆那王還想見佛，他想見的就是佛的應化身。既然，應化身是佛陀應化在凡夫境界的身，那在凡夫看來就有「能應化」和「所應化」的「能所二邊」的分別。然而，羅婆那王想，雖然眾生有分別，而如來本身是超越「能應化」和「所應化」的分別的，如來即便應化於凡夫夢中，但如來本身依然安住於現證的真實境界的三昧之中。

看下一句經文，「**是故說名大觀行師，亦復名為大哀憫者**」。

「哀愍」就是同情。因此，稱佛陀爲「大觀行師」，也稱爲「大哀愍者」。稱佛陀「大觀行師」，這是表佛陀內證的智慧；稱佛陀「大哀愍者」，這是表佛陀度眾生的慈悲：佛陀是「悲智雙運」的。

看下面經文，「**能燒煩惱分別薪盡**」。

「煩惱」它的梵文是kleśa，這個詞其實就是「雜染」，就是「阿賴耶識雜染種子」的那個「雜染」。前面的課程講了，是分別造成的雜染，在這裡就把這個「雜染分別」比喻成「薪」（就是柴火）。佛陀以他的大悲心，可以把眾生心中的這個雜染分別——這堆柴火——都燒盡。就是滅凡夫的「分別」，得菩薩的「無分別」。

看下一句經文，「**諸佛子眾所共圍繞**」。

「佛子」指的就是菩薩。眾菩薩圍繞著佛陀。

「**普入一切眾生心中**」。

佛陀融入一切眾生的心中。

下一句經文，「**遍一切處，具一切智**」。

佛陀「遍一切處」，就是佛陀無所不在。佛陀「具一切智」，那就是佛陀能夠知一切的法。爲什麼佛陀能夠融入一切眾生的心中無所不在，能知一切法呢？

看下一句經文，「**永離一切分別事相**」。

因爲，佛陀遠離了一切的分別的「事」和「相」。這裡的「事」，梵文就是kriyā，它的詞根就是我們前面講的√kṛ，虛妄分別的「kṛ」。所以，這裡的「事」，就是把似毛的影誤執爲心外的毛的那個「誤執爲」。這裡的「相」，梵文是lakṣaṇa，這個就是「外相」，它的近義詞就是nimitta，就是由於分別而誤以爲心外有事物的相。正是因爲佛陀遠離了這一切的分別的「事」和「相」，所以佛陀無處不在，佛陀具一切智，佛陀能夠融入一切眾生的心中。其實遠離分別才是見佛，但羅婆那王還是想在凡夫的分別見中見到凡夫分別的佛陀化身。

看下一句經文，「**我今願得重見如來大神通力**」。

羅婆那王說，我現在還是希求，再次見到佛陀的神通示現。什麼

是佛陀的神通示現呢？就是前面的佛陀把一個楞伽城，變成了無數的楞伽城，每一個城裡都有佛陀和無量的菩薩。

看下句經文，「**以得見故，未得者得，已得不退**」。

就是以得見佛陀神通示現的緣故，讓未得者獲得，讓已得者不退轉。這裡「未得」、「已得」指的是得什麼呢？

看下一句經文，「**離諸分別，住三昧樂，增長滿足如來智地**」。

得什麼？得「無分別所行」，得住於samādhi（三昧）和samāpatti（三摩缽底）的妙樂定中，得成就長養，走向如來的階梯。「增長滿足如來之地」，這個「地」，梵文是bhūmi，就是臺階、階梯的意思。其實，得的就是從初地到七地的菩薩的修行的境界。羅婆那王為什麼要努力祈請再見佛陀呢？就是以得見佛陀的神通示現，讓未見道的凡夫能見道登初地，讓已經登地的菩薩保持住持續地走向成佛的修行而不退轉。因此，大家要知道，羅婆那王渴望見佛化身，不是為了自己，而是為了利益眾生。

繼續看下面的經文，「**爾時世尊知楞伽王即當證悟無生法忍**」。

這裡的「即當」，我們依據梵本要理解為「已經」。這時世尊知道，楞伽王已經證悟了，並安住於一切法的無生了。這裡的「無生」，是前面講過的「兩重無生」的第一重無生——凡夫境界根本無生！領受，證悟這重無生，就能見道登初地。「無生法忍」這個「忍」字，梵文是kṣānti，就是忍受、忍耐的意思。「六波羅蜜」裡就有一個「忍波羅蜜」。為什麼要忍？因為，無生法義是給予了凡夫對世界認知的徹底性地顛覆，所以見道登初地（歡喜地）之前，凡夫是要經歷無生法義的痛苦的解構過程，這就要忍，所以就叫做「無生法忍」。

看下一句經文，「**為哀憫故，便現其身，令所化事還復如本**」。

佛陀為了哀憫楞伽王，當然也是哀憫一切眾生，包括今天的我們。佛陀又在凡夫的分別境界裡，示現出了化身，而且恢復了先前以神通力變現無量楞伽城的景象。

看下一句經文，「**時十頭王見所曾睹，無量山城悉寶莊嚴，一一**

城中皆有如來、應、正等覺，三十二相以嚴其身」。

「十頭王」就是羅婆那王。這時羅婆那王，又見到了先前見到的景象，無數的楞伽城都是眾寶裝飾，每個城中都有佛陀，每位佛陀都具三十二相的莊嚴身相。

看下一句經文，「**自見其身遍諸佛前，悉有大慧、夜叉圍繞，說自證智所行之法**」。

羅婆那王也看見了無數的自己在每一尊佛前，每尊佛前也都有大慧菩薩，而且每尊佛陀都由夜叉圍繞著，佛陀說著如來自證境界的法。

看下一句經文，「**亦見十方諸佛國土，如是等事悉無有別**」。

羅婆那王不僅看見了無數的楞伽城，同時也看見了十方佛國淨土，每個淨土中都有如來。

《楞伽經》導讀034

1-04-02隨言取義而生迷惑

我們繼續往下學習經文。

「爾時世尊普觀眾會，以慧眼觀，非肉眼觀」。

這時佛陀用智慧而不是用肉眼，觀照一切到會的眾生。大家注意，「智慧觀照」與「肉眼觀看」有什麼區別？智慧觀照是「無分別」，肉眼觀看是「有分別」。

繼續看經文，**「如師子王奮迅回盼，欣然大笑」**。

「奮迅」這個詞的梵文是vijṛmbha，這個詞很難譯，它是表示的一種狀態，就是睡醒後非常振奮的張開大嘴的那個樣子。所以，這句經文就是，佛陀像獅子王一樣很振奮地爽朗地大笑。形容佛陀很威猛，佛經中也經常把佛陀說法比喻為「獅子吼」。

看下面的經文，**「于其眉間、髀脅、腰頸及以肩臂、德字之中，一一毛孔皆放無量妙色光明，如虹拖暈，如日舒光，亦如劫火猛焰熾然」**。

這裡的「德字」，梵文是śrīvatsa，就是胸前的那個「卍」字吉祥符。這段經文就是說，從佛陀的眉間白毫、肋部，腰腿部，還有胸前的「卍」字以及身體上一一毛孔，全都放射出光芒。這個光芒如明亮的彩虹，如初升太陽的光輝；這個光芒猶如燃燒的劫末之火。「劫末之火」，就是印度人認為我們這個世界最後是毀於大火，這個毀滅世界的大火就是「劫火」。

大家注意，這裡形容佛陀放射出的光芒是用兩種比喻：第一，「如虹拖暈、如日舒光」，實叉難陀譯的非常漂亮，那這樣的光芒很

美麗、很溫柔，這就是表「佛陀的慈悲」；第二，同時佛陀放出的光芒，亦如劫火猛焰熾然，這個火是很猛烈的，所以佛陀放射的光，它是能具有摧毀一切的能力的，這是表「佛陀的智慧」，佛的智惠能夠融化凡夫心中的一切的堅固的執著。

看下面的經文，「**時虛空中梵、釋、四天，遙見如來坐如須彌楞伽山頂欣然大笑**」。

這時空中的大梵天、帝釋天和四天王天，看到了佛陀坐在能與世界中心的須彌山相媲美的楞伽山頂，在那裡開懷大笑。

看下面的經文，「**爾時諸菩薩及諸天眾咸作是念**」。

這個時候菩薩們和天神們都在想……想什麼呢？

看下面的經文：「**如來世尊于法自在，何因緣故，欣然大笑，身放光明，默然不動，住自證境，入三昧樂**」。

說，佛陀已了然於一切法，隨心所願了。今天是什麼原因讓佛陀既默然不動住自證聖智境界的三昧樂中，但同時又暢然大笑身放光明呢？

看下面的經文，「**如師子王周迴顧視，觀羅婆那念如實法？**」

佛陀又如獅子王那般環視四周，難道是觀照到了羅婆那王修行所行的境界的緣故？這是菩薩們和天神們的疑問。

繼續看經文，「**爾時大慧菩薩摩訶薩先受羅婆那王請，復知菩薩眾會之心，及觀未來一切眾生，皆悉樂著語言文字，隨言取義而生迷惑，執取二乘、外道之行**」。

大慧菩薩先前受到羅婆那王的祈請——在前面的經文當中講到羅婆那王勸請大慧菩薩代表大家向佛提問——這時大慧菩薩出於對於羅婆那王的哀憫，並且大慧菩薩也知曉各位菩薩心中的想法，再觀未來一切眾生都樂於執著語言文字而造成思想的混亂，一切眾生隨依音聲而執實義，就會執著聲聞、緣覺和外道的修行。

凡夫執著能詮的名言，而取名言所指的實義。這是個大問題，在《解構凡夫的「真實」世界——〈金剛經〉導讀》中，我們曾經總結了，修習佛陀二時教法「破增益」的四句修法口訣，我們叫它「佛陀

二時教法的『四有四無無障礙觀』」，四句話：

只有相互依存，沒有獨立存在；

只有相似相續，沒有常一不變；

只有能詮名言，沒有所詮實義；

只有「離言空性」，沒有絲毫法生。

注意這其中的第三句，「只有能詮名言，沒有所詮實義」。現在我們學習《楞伽經》，學習佛陀的三時教法，這個「名言」與「名言所指的實義」依然是很重要的問題。這個在後面的《楞伽經》的學習中，我們要做重點的討論，今天先把這個問題暫時擱置。

繼續看下面的經文，「**或作是念：『世尊已離諸識境界，何因緣故欣然大笑？』為斷彼疑而問于佛**」。

大慧菩薩為了斷除會上的菩薩們的疑問，當然這也是未來一切眾生，也包括今天的我們的疑問。大慧菩薩就向佛陀提問了，說：「既然，如來已經遠離了凡夫識的顯現的境界，何因何緣讓您今天開懷大笑啊？」這句話的潛臺詞就是，您佛陀今天肯定不是因為凡夫境界的因緣而大笑，一定有很深地密意。

繼續看經文：「**佛即告言：『善哉，大慧！善哉，大慧！汝觀世間，潛諸眾生於三世中惡見所纏，欲令開悟而問於我。諸智慧人為利自他，能作是問**」。

佛陀對大慧說：「好啊！好啊！大慧啊，你看到了世間眾生，過去、現在、未來三世之心都落入了邪見，為了讓眾生覺悟，你向我提出問題，智者就應該這樣，為自己和他人而提問。」

注意，大慧為什麼而提問呢？是他看到了眾生落入了邪見，為了令一切眾生，包括今天的我們，能夠獲得覺悟而向佛陀提問。菩薩是自利利他的，是自覺覺他的。這部《楞伽經》，雖然是由十地菩薩大慧提問，但是不能認為這部《楞伽經》只是對十地菩薩的開示，因為大慧是代表一切眾生而提問的。

有人說這部《楞伽經》是對十地菩薩所講的，我們各位其實不是這本經典所對的根器，我們現在學習這部《楞伽經》，只是先結個法

緣而已。言外之意，就是我們作爲凡夫是聽不懂，學不了《楞伽經》的，我們現在學習《楞伽經》，只不過是混個臉熟。這是根本沒有讀懂《楞伽經》的人，大錯特錯的謬論。看看這部《楞伽經》中大慧的提問，哪個問題不是替我們眾生而問呢？！難道十地菩薩還不知道「唯識無境」！難道十地菩薩還不知道「無相無生」！

我們繼續往下看經文：「『大慧！此楞伽王曾問過去一切如來、應、正等覺二種之義，今亦欲問，未來亦爾」。

這個「二種之義」，梵文是praśnadvaya，用現在的語言表達就是「兩種法」。也就是佛陀接著對大慧菩薩說：「大慧啊，羅婆那王曾經向過去的佛問過有關兩種「法」的問題，今天他也要向我問這個問題，未來佛面前他還會問這個問題。」

兩種「法」指的是哪兩種法？這個要看下面的經文：

「『此二種義差別之相，一切二乘及諸外道皆不能測。』」

這兩種「法」的差別之相，是一切的聲聞、緣覺和外道所不能知道的。那麼，顯然這兩種「法」是有差別的。

以上是佛陀對大慧菩薩講的話，下面佛陀要對楞伽王講話了。

我們往下看經文，「爾時如來知楞伽王欲問此義，而告之曰：楞伽王，汝欲問我，宜應速問，我當爲汝分別解釋，滿汝所願，令汝歡喜」。

這時，佛陀知道羅婆那王想問關於兩種「法」的問題，就對他說：「你馬上提問吧，不要耽擱，我會爲你一一解答，讓你滿意，讓你歡喜。」注意，這裡的「分別」的解釋，這個「分別」，不是指「能所分離的認知模式」，在這裡只能理解爲「詳細地解釋」、「一一的解釋」。佛陀爲羅婆那王認真解答這個問題。要達到什麼目的呢？

繼續看經文，「能以智慧思惟觀察，離諸分別，善知諸地、修習對治，證真實義，入三昧樂」。

佛陀爲羅婆那王回答這個問題，目的就是能用智慧做到「三件事」，這「三件事」實叉難陀用了二十四個字：第一件事，思維觀

察，離諸分別；第二件事，善知諸地，修習對治；第三件事，證真實義，入三昧樂。

通過我們前面課程的學習，你能發現這「三件事」講的是什麼嗎？

第一件事，「思維觀察，離諸分別」，這講的是凡夫在資糧位和加行位的修行；

第二件事，「善知諸地，修習對治」，這是講的見道後從初地到七地的修行；

第三件事，「證真實義，入三昧樂」，這是講的登八地之後的修行。

實叉難陀譯得非常好，從「凡夫到成佛」，整個的修行用了這二十四個字概括了。建議大家把這二十四個字先背誦下來。

《楞伽經》導讀035

1-04-03為諸如來之所攝受

佛陀說，如果回答你楞伽王關於兩種「法」的問題，就能令你以智慧：

第一，「思維觀察，離諸分別」，這是凡夫資糧位和加行位的修行。思維觀察什麼？思維觀察nimitta（外相）——思維觀察心外一切法——如夢如幻、唯心所現，從而遠離「分別」。

第二，「善知諸地，修習對治」，這是見道後從初地到七地的菩薩修行。這裡「諸地」的「地」，梵文是bhūmi，就是「階梯」、「次第」。這裡指的就是初地、二地、三地、四地、五地、六地、七地。「善知諸地」，就是很好地通曉各地的境界和修行。「修習對治」，就是指每一地都有每一地的具體的對治。但是，從初地到七地整個的修習，對治的是什麼？是ābhāsa（似相）。

第三，「證真實義，入三昧樂」，這是登八地以上的修行。這裡的「真實」指的就是「真如」。「真如」的梵文就是tathatā。「證真實義」，就是以「正智」攀緣「真如」，住於佛陀的自證法的定境至樂中。

我們總結一下：資糧位、加行位的修行，是觀察nimitta（外相）而離分別；初地到七地的修行，是對治ābhāsa（似相）而知諸地；八地以上的修行是親證tathatā（真如）而入佛地。

繼續往下讀經文，「**為諸如來之所攝受**」。

這句經文的意思就是從初發心開始，菩薩們的整個修行過程，都是始終受到佛陀的攝受的。這裡的「攝受」，這個詞梵文是parigrhīta，這個詞來源於動詞詞根√grah，√grah動詞的基本含義就是「抓住」，《梵英詞典》的解釋是to grasp。那麼，由動詞詞根衍生出的這個名詞parigṛhīta，實叉難陀就譯作「攝受」；有的翻譯家譯作「護持」；有的翻譯家譯作「攝持」。那麼，這句經文的意思就是，佛陀對菩薩們的修行始終都是護持著的。比如，我們現在學習《楞伽經》，此時此刻，就一定正在受到佛陀的保護和加持。那聽到這句經文的時候，你有沒有覺得有一種熟悉的感覺呀？

我們在學習《金剛經》的時候，《金剛經》一開始，須菩提在向佛陀正式提問之前，須菩提先讚歎佛陀，他說：「如來善護念諸菩薩，善付囑諸菩薩。」大家還記得吧？那這個翻譯是鳩摩羅什的翻譯，他翻譯的「善護念諸菩薩」的「護念」，它的梵文其實就是這個parigṛhīta。玄奘法師在《金剛經》當中，把這個詞也翻譯成「攝受」，與實叉難陀在《楞伽經》這裡翻譯是一樣的，就是「攝受諸菩薩」。因此，大家可以理解《金剛經》的「如來善護念諸菩薩」這句經文和《楞伽經》這裡的「爲諸如來之所攝受」，這兩句經文的法義是完全一樣的，就是佛陀很好護持著菩薩們的修行。那鳩摩羅什譯作「護念」，那麼我們對「護念」的理解就只能是「護持」、「加持」、「攝持」。如果用現代漢語表達那就是「保護」、「保衛」。

但是，現在有人在用鳩摩羅什的《金剛經》譯本講《金剛經》的時候，居然把「善護念」的「護念」這個詞給拆開來解讀，把它解釋成「護持念頭」。把「善護念」解釋爲：很好地護持住、照應好自己的念頭。有人繪聲繪色的說，《金剛經》中的「善護念」三個字，鳩摩羅什不曉得用了多少智慧翻譯的，他當時翻譯的「善護念」這三個字眞了不起！不管儒家、佛家、道家以及其他一切宗教，人類一切的修養方法都是這三個字「善護念」，就是好好照應你的心念，起心動念都要好好照應你自己的思想。念「南無阿彌陀佛」到達一心不亂，也不過是善護念的一個法門；我們打坐照顧自己，不要胡思亂想，也是善護念。一切宗教的修養方法都是這三個字。《金剛經》重點在哪裡？就是善護念。

各位，什麼是佛法的末法時期？這就是表現。這種匪夷所思地胡解亂講，現在還風靡於世了。今天講《金剛經》不把「善護念」講成「好好照應住自己的念頭」，似乎就不懂《金剛經》似的。居然，《金剛經》這部講授「甚深般若波羅蜜」的法門的經典的重點，成了「照顧好自己的念頭」。這眞的是啼笑皆非。鳩摩羅什譯的「善護念」，這個「護念」，對應的梵文詞parigṛhīta，這個梵文詞一丁點的念頭、心念的意思都沒有。「善護念」與「管好思想、念頭」沒有半毛錢的關係。因此，大家一定要警惕這種對佛經的故弄玄虛的過度詮釋。解讀出一些讓大家意想不到的貌似深刻神奇的思想，讓很多無知信眾頂禮膜拜。哇——大師啊——大師！各位，這是江湖術士慣用的手法，不是正解、正信的佛教。

我們看下一句經文，「**住奢摩他樂**」。

「奢摩他」是梵文 śamatha的音譯。前面，我們已經講過了關於「禪定」的三個近義詞dhyāna（禪那）、samādhi（三昧）和samāpatti（三摩鉢底）。那麼，這裡出現了第四個關於「禪定」的近義詞，就是這個śamatha，這個詞也可以翻譯成「定」，但更多的時候這個詞譯作「止」。可能有人知道，對禪定的修法的一種分類就是把禪定功夫分爲兩類：一類叫止；一類叫觀。所以，修「禪定」也叫修「止觀」。這個śamatha，就是「止觀」的「止」，因此，這個詞有時候也譯作「寂靜」、「寂滅」。那麼，這句經文的意思就是，在佛陀護持下，經過前面的觀察nimitta（外相），對治ābhāsa（似相），而後親證了tathatā（眞如）——登上八地安住於聖者的寂靜之樂中。

看下一句經文，「**遠離二乘三昧過失**」。

這個登八地的śamatha，這個「寂靜之定」是不同於、是超越於聲聞和緣覺的定境的。爲什麼？下面就有答案。

看下一句經文，「**住于不動、善慧、法雲菩薩之地**」。

這裡的「不動」，指的就是菩薩的「第八地」。八地叫「不動地」，那「善慧」就是第九地，「法雲」就是第十地。這句經文的意

思就是，通過前面的修行，就可以安住於八地、九地、十地的菩薩境界。

看下一句經文，**「能如實知諸法無我」**。

就是能夠如實地通達「法無我」。前面我們講過，佛陀三時教法的教理體系，有四個基本道理就是「五法、三自性、八識、二無我」。這「二無我」，就是「人無我」和「法無我」。這「二無我」，在後面的《楞伽經》經文中有詳細地闡述。前面講登八地的定境超越聲聞、緣覺的定境。為什麼？就在於菩薩證了「法無我」，而聲聞、緣覺未證「法無我」。所以，獲得的定境就迥然不同。

看下一句經文，**「當於大寶蓮花宮中，以三昧水而灌其頂」**。

就是你羅婆那王到了那個時候，就會在大寶蓮花宮中，有如來以三昧水為你灌頂。前面我們講過了，後面經文裡還會詳細地講，佛陀用三昧水灌頂，這是誰的待遇？這是法雲地（十地）菩薩的待遇。

看下一句經文，**「復現無量蓮花圍繞，無數菩薩于中止住，與諸眾會遞相瞻視，如是境界不可思議」**。

你還會有無數的蓮花圍繞，蓮花中都有菩薩，你與這眾多的菩薩相互仰慕地觀看著這不可思議的境界。

前面這一大段經文，就是佛陀借題發揮，把從凡夫到成佛的過程簡述了一遍。下面，就是對羅婆那王的鼓勵。

看經文，**「楞伽王！汝起一方便行住修行地，復起無量諸方便行，汝定當得如上所說不思議事，處如來位，隨形應物」**。

佛陀說，羅婆那啊，你以善巧方便入了修道位，你依然會以種種的善巧修行進入剛剛講到的那種不可思議的境界，最終達到如來地就可以化現種種形象度化眾生。

看下一句經文，**「汝所當得一切二乘及諸外道、梵、釋、天等所未曾見」**。

就是你羅婆那王最終將達到的境界是聲聞、緣覺、外道和梵天、帝釋天等天神都前所未見的。

《楞伽經》導讀036

1-04-04楞伽王再次供養佛陀

繼續往下讀經文,「**爾時楞伽王蒙佛許已**」。

大家知道,應楞伽王之請,整個一部《楞伽經》後面都是大慧菩薩提問。那麼,大慧菩薩是這部經的「當機菩薩」,但是作為這次法會的東道主——羅婆那王,也應該得到一次提問的機會。所以,這句經文的意思就是,這時,羅婆那王得到了佛陀給予提問的機會。

看下面的經文,「**即于清靜光明如大蓮華寶山頂上,從座而起**」。

這個時候,羅婆那王就從如同大蓮花清淨光明般的寶石山頂的座位上站了起來。

看下面經文,「**諸婇女眾之所圍繞**」。

羅婆那王是有眾多的天女圍繞著。

下一句經文,「**化作無量種種色花,種種色香、末香、塗香、幢幡、幰蓋,冠珮,瓔珞,及餘世間未曾見聞種種勝妙莊嚴之具**」。

羅婆那王還化現出各種各樣的花鬘,各種各樣的末香、塗香等等香料,還化現出旗子、華蓋、頭冠、項鍊等等,以及世間從未見過的種種的勝妙美麗的裝飾物。

看下一句經文,「**又復化作欲界所有種種無量諸音樂器,過諸天、龍、乾闥婆等一切世間之所有者**」。

羅婆那王還化現出欲界的各種樂器,這些樂器勝過天龍八部的那些樂器。

下一句經文,「**又復化作十方佛土昔所曾見諸音樂器**」。

羅婆那王還化現出十方清淨的佛土才有的樂器。

看下一句經文，「**又復化作大寶羅網，遍覆一切佛菩薩上**」。

羅婆那王還化現出巨大的寶石網蓋，覆蓋於佛陀和與會的菩薩們之上。

下一句經文，「**復現種種上妙衣服，建立幢幡**」。

羅婆那王還化現出美麗的衣服和高高的幢幡。

看下一句經文，「**以為供養**」。

前面講，羅婆那王化現出了又是花，又是香，又是頭冠、項鍊，還有世間和佛土的最好的樂器，還有大寶羅網、上妙衣服，建立幢幡。各位，羅婆那王做這些事情的目的是什麼？以為供養（就是供養佛陀）。也就是羅婆那王在提問之前，先再次的供佛，這是對佛法的尊重。

看下一句經文，「**作是事已，即生虛空，高七多羅樹**」。

做完了前面的供養，羅婆那王又飄起來了，升到七棵多羅樹的高度。

下一句經文，「**于虛空中，復雨種種諸供養雲，作諸音樂**」。

羅婆那王為什麼要升空呢？他在空中降下了吉祥的雲雨供養佛陀，還奏響了各種樂器。

下一句經文，「**從空而下。即作第二日、電光明如大蓮花寶山頂上**」。

然後，羅婆那王伴隨著猶如太陽般閃電的光明從空而降，又坐在了如大蓮花般的寶石山頂。

下一句經文，「**歡喜恭敬，而作是言**」。

羅婆那王非常歡喜，恭敬的向佛陀提問。

看下一句經文，「**我今欲問如來二義**」。

我羅婆那王，現在要向佛陀問有關兩種「法」的問題。

下句經文，「**如是二義，我已曾問過去如來、應、正等覺，彼佛世尊已為我說。我今亦欲問於是義，唯願如來為我宣說**」。

關於這兩種「法」的問題，我羅婆那王曾經向過去的佛陀提問

過，他們都給我做了解答。我現在也向您再次提出這個問題，希望佛陀您也給我講解這有關兩種「法」的問題。

可能有人聽了這段經文以後，就感到奇怪。說這羅婆那王怎麼就那麼笨呢，過去的那麼多佛都給你講過了這個問題，怎麼你還沒有聽懂，今天又要問？其實不是羅婆那王沒聽懂，而是羅婆那王向佛陀提問，不是為自己而問，而是代眾生而問。是要經由他的提問的機緣，佛陀回答問題，而令無量的眾生而得解悟。前面的經文中，佛陀說過，等到未來的佛出現於世的時候，羅婆那王還將向未來佛提出同樣的這個問題。可想而知，羅婆那王這是為廣大眾生——包括我們在向佛陀提問。

我們再進一步思考一下，前面的經文講，羅婆那王請佛說「自證法」，盛情邀請佛陀來到楞伽城，然後向佛做了大供養。而後佛陀示現了神通力，把一個楞伽城變成了無數的楞伽城，又把無數的楞伽城變沒了，因此讓楞伽王獲得了啟發，感悟到世間的如夢如幻，進而證無生，見道登初地。

大家注意，其實，這個過程是羅婆那王配合佛陀，給我們這些凡夫演的一場戲，是以這樣的生動的形式在給我們講法。羅婆那王其實早已是聖者了，現在不過是在表演，是在示現。有人會問，你說羅婆那王早已是聖者，有根據嗎？當然有，前面的經文就有暗示。《楞伽經》一開始，佛陀七日龍宮說法完畢之後，從大海出，觀見楞伽城，然後說：我要為羅婆那王開示「自所得聖智證法」。注意，這時楞伽王在佛的神力加持下，遙知此事，而且楞伽王觀其眾會，藏識大海，境界風動，轉識浪起。我想這句經文大家都是記得的。我們前面的課程中反復強調：這個藏識——阿賴耶識，是聖者才能見。而前面的這段經文說，羅婆那王見了「藏識大海」，雖然說，是在佛陀神力的加持下，但依然這段經文是在暗示我們：羅婆那王其實已經是聖者，夜叉王身只是他示現的度化眾生的方便而已。

我們看下一句經文，羅婆那王繼續說：「**世尊，變化如來說此二義，非根本佛。根本佛說三昧樂境，不說虛妄分別所行**」。

「變化如來」就是化身佛;「根本佛」就是法身佛。那這段經文的意思就是,只有化身佛講有關這兩種「法」的問題,法身佛不講,法身佛只是彰顯如來入定之樂的境界,不顯現凡夫的虛妄分別的境界。這也就在說明,羅婆那王問的有關這兩種「法」的問題,是凡夫的虛妄分別境界的事,所以,只有化現在凡夫夢中度化凡夫的化身佛,才解答這個問題。

看下一句經文,「**善哉!世尊于法自在,唯願哀憫,說此二義,一切佛子心皆樂聞**」。

羅婆那王說,哎呀,太好了!佛陀,您對於一切法已經無礙了。為了哀憫眾生,就請您講說這兩種「法」的法義,我和眾菩薩們都快樂著聆聽呢。

《楞伽經》導讀037

1-04-05法與非法 自相與共相

我們繼續往下學習經文。

「爾時世尊告彼王言：『汝應問我，當為汝說。』」

這時佛陀說，那就請你說說這兩種法，我為你解答。

看下句經文，**「時夜叉王更著種種寶冠瓔珞，諸莊嚴具以嚴其身，而作是言」**。

這時楞伽王更在身上佩戴寶冠、項鍊等莊嚴的飾品，然後向佛陀說道：**「如來常說，法尚應舍，何況非法？云何得舍此二種法？何者是法？何者非法？」** 佛陀您經常說，法要捨，非法也要捨。也就是「法尚應捨，何況非法」。注意，這句經文大家眼熟嗎？應該耳熟，《金剛經》中有完全相同的這句話。但是，《金剛經》中的這句話當中的「法」指的是「佛法」。這裡不是，不要混！

楞伽王說，為什麼又要捨棄這兩種「法」？關於兩種「法」的問題，到這裡才明朗了。楞伽王要講的這兩種「法」指的就是「法」和「非法」，梵文是dharma和adharma。楞伽王問，為何要捨「法」與「非法」這兩種法？那什麼是「法」，什麼是「非法」呢？

看下一句經文：**「法若應舍，云何有二？」**

說，捨法為什麼會有這兩種？

看下一句經文，**「有二即墮分別相中」**。

只要「二」就墮入分別相。我們前面討論過了，「二」和「分別」是凡夫的兩大基本特徵。二時教法用「二諦」解構凡夫的「二」，得聖者的「不二」；三時教法用「唯識」解構凡夫的「分

別」，得聖者的「無分別」。

看下一句經文，**「有體無體，是實非實」**。

「法與非法」就是「二」。羅婆那王爲什麼要問這個法與非法的問題？因爲，「法與非法」這對「二」，是描述凡夫虛妄分別所行境界差別的一對範疇。也就是凡夫分別相都可以用「法」與「非法」這對「二」來表達。

什麼是法，什麼是非法呢？這句經文就是，「有體無體，是實非實」。就很好地劃分出了「法」與「非法」的區別：法是「有體」，非法是「無體」；法是「實」，非法是「非實」。

法是「有體」，這個「體」梵文是svabhāva，通常翻譯爲「自性」。前面講過，「有自性」就是存在。「法」就是「有體性的」、「有自性的」。因此「法」表示凡夫虛妄分別的存在。

非法是「無體」，「無體」梵文是abhāva，就是「不存在」，「無體性」。

法是「實」，這個「實」的梵文是bhautika，就是由地、水、火、風四大元素所成的實實在在的存在，在這裡就譯作這個「實」。

非法是「非實」，「非實」梵文就是 abhautika，就是沒有實在的存在性。

法是「有體」，是「實」。「法」是凡夫現量感知到的實在的事物。什麼是現量？簡單地講，就是凡夫依靠感覺器官，對於具體事物的直接感知。比如說，看見了這張桌子，摸到了這把椅子，這就是「現量」。

非法是「無體」，是「非實」。「非法」就是凡夫比量推理的觀念。那什麼是比量？就是基於現量而比度、推理而得到的結果。比如說，看見遠處有煙，就推測那裡有火，這個有火的結論就是「比量」。

爲了便於大家理解什麼是「法」，什麼是「非法」？我下面舉兩個「法」與「非法」的例子。第一個例子比較簡明，第二個例子，有點理論深度。

第一個例子，「兔」與「兔角」這一對就是「法」與「非法」。「兔」是法，「兔角」是非法。

兔子是我們這些凡夫虛妄分別的現量感知到的，我們都看見過兔子。因此，兔子在凡夫境界中是「有體」，是「實」，所以「兔」是法。兔角就是兔子的犄角。這只是我們凡夫現量感知到了兔子，又感知到了牛這樣有犄角的動物之後，凡夫就比度、觀待有犄角的牛，而推測兔子似乎也可以有犄角。為何兔子沒有犄角？如果兔子有犄角，這兔子的犄角會長成什麼樣？雖然至今還沒有人見過兔子的犄角，可我們安立了一個名言——兔角。

因此，「兔角」只是個名言；「兔角」在凡夫境界無體、非實，所以「兔角」是非法。因此，「兔」與「兔角」這是凡夫現量感知到的具體事物與凡夫比度、觀待的推理名言，這兩者落入「法」與「非法」的差別範疇。這個例子很簡單、很清晰、很好理解。

第二個例子，是一個有點深度的例子，就是「自相」與「共相」這一對「法」與「非法」。自相是「法」，共相是「非法」。

什麼是自相？「自相」就是具有自己的獨特特徵的相。比如說，老李有老李自己很獨特的形象，它區別於老王。也就是老李有老李的自相，老王有老王的自相。正是老李與老王都有差異性的這個自相，就使得我們在感知世界裡，能夠清晰地區分出老李和老王。也就是說，老李和老王的自相是可以通過凡夫的現量直接感知到的。自相是「有體」，是「實」，所以老李和老王的自相就是「法」。老李和老王的自相還有一個特點就是「變化」，三十年前的老李——當然那時也許應該叫小李——與今天的老李和三十年後的李老是不同的，是肯定發生了變化的。

上面討論的是自相。那什麼是共相呢？「共相」就是對於不同的事物我們推理抽象出的共同的特徵，也就是凡夫比量的結果。比如說，老李和老王都是人，這個「人」就是老李和老王的共相。雖然老李和老王都有自相，但是老李和老王都長著兩個眼睛、一個鼻子，都直立行走，而且身上的毛都不太多，我們就把老李和老王的這些統一

性抽象出來，並安立了一個名言——人。這個「人」，是比量抽象出來的，並不存在著一個可以現量的人。我們只能現量感知自相的老李、老王、老劉、老趙，而現量感知不到脫離開自相的那個比量的抽象出來的共相的人。就是誰也沒有在大街上，看到一個既不是老李、老王，也不是老劉、老趙這樣的具體的人的那個抽象出來的共相的人。有人開玩笑說：「我看到過。鬼！」如果你真看到了鬼，那也是看到了這個鬼的自相，也沒有看到鬼的共相。「人」這個共相無體、非實，所以這個共相的人就是「非法」。共相還有一個特點，就是「不變」。三十年前的小李是人，今天的老李也是人，三十年後的李老還是人，這個共相的「人」不變。

再進一步推演，如果把「所有的人」這個集合當做一個自相，這個自相就是「法」，而人的自相區別於所有的貓的自相，區別於狗的自相，區別於牛、馬、虎、豹的自相。這時，這些人、牛、馬、虎、豹、貓、狗就是「法」。我們這時又可以從這些自相中，比量抽象出一個共相，起名叫「動物」。凡夫只現量感知到人、牛、馬、豬、狗等自相，卻都無法感知具體的人、牛、馬、豬、狗、虎、豹之外的動物這個抽象的共相，這個共相——動物就是「非法」。

當然，「自相」與「共相」還可以繼續的被推演下去，以至於有人會問：「最終整個宇宙有沒有一個共相？會不會這個共相就是宇宙的真相？」提出這個問題並試圖尋找到這個宇宙真相的就是古希臘一些哲學家，這就是古希臘自然哲學的誕生的思想源頭。「自相」與「共相」，這是凡夫現量的事物自相與凡夫比量的抽象共相，這兩者落入「法」與「非法」的差別範疇。

我們可以總結一下：

第一，「法」與「非法」是一對相待的名言。也就是沒有「兔」就不可能有「兔角的名言」。沒有自相，就不可能有共相的安立。因此，羅婆那王說，這「法與非法」是「二」。

第二，「法」固然是凡夫的虛妄分別所知，而問題是「非法」比較於「法」是更接近於真實，還是更遠離於真實？這是問題的要害。

古希臘哲學家認為，正是變化的差異性，也就說明自相是不真實的。他們把這個「變化的差異性的存在」起名叫「現象」。他們認為：現象是「假像」，這是多數古希臘哲學家的共識。但是，多數古希臘哲學家又認為隱藏在現象之中，或隱藏在現象之外的這個抽象出來的不變的同一性，也說明這個「共相」是真實的。他們給這個「不變的同一性的存在」起了個名字——本質，而且，他們認為本質就是「真相」。

從古希臘開始，經歷兩千六百多年延續至今的哲學傳統，把尋求「對世界的不變性與同一性」的理解，當作了自己的使命，這是哲學的基本特徵，也是從自然哲學派生出來的「科學」這門學問的基本特徵。至於經過兩千六百多年的努力，對於這個「使命」，哲學家們和科學家們完成的如何？我會在日後的哲學課程中討論，此處暫且不論。

回到佛教，既然佛陀認為「法」是遍計所執自性，「法」是把生了翳病的眼睛顯現的「似毛的影」誤執為的「心外的毛」，這個「毛」是根本不存在的，認為有「法」存在只是「錯覺」。至於在「錯覺」裡，這個根本不存在的「毛」可以顯現為長的、短的、直的、彎的，種種具有自己獨特特徵的差異性的自相，這個「自相」，是「錯覺」裡的自相。那麼，從「錯覺」裡的「自相」——也就是從根本不存在的毛的「錯覺」的「長短、直彎」——抽象出的所謂的矛盾統一性的「共相」，這個「非法」依然還是「錯覺」。

因此，佛陀的觀點是「共相」與「真相」無關。不僅，共相與真相無關，「錯覺」裡的自相——這個「法」，畢竟凡夫還可以現量感知，無明凡夫比量的共相——這個「非法」，其實是「錯覺」裡的凡夫的虛妄分別上的再一次虛妄分別，是虛妄分別的「平方」。兔角這個「非法」比兔子這個「法」更荒謬，這是顯而易見的。但是，「共相」比「自相」更虛妄，就有很多人就理解不了了。

把從虛妄分別的「法」中通過無明凡夫抽象出來的「非法」，當作從凡夫境界趨向聖者境界的階梯，就是很多人以為「非法」比

「法」更接近於聖者親證的眞實性。在過去的一千五百多年的佛教傳承中，把「非法」當「眞實」比比皆是，這是對佛陀教法的最大的誤解之一！

羅婆那王有先見之明。只給這位法會東道主提一個問題的機會，他就提出了這個「法與非法」的問題，很了不起！佛法認爲，自相的「法」不眞實；共相的「非法」更不眞實，更遠離眞實。「共相的非法」是增益上的增益，虛妄中的虛妄！

佛陀親證的眞實性，既不在自相的法裡，也不在共相的非法裡。佛陀證悟的眞實性，是徹底地遠離「自相」與「共相」二邊；徹底地泯滅「法」與「非法」二邊而顯現的。所以，「法尙應捨，何況非法」。所以，「捨法」是要捨「法」與捨「非法」，捨這兩種「法」，這是佛教的關鍵所在，這也是佛法區別於哲學的最重要的特徵之一！

《楞伽經》導讀038

1-04-06法與非法差別之相

我們繼續往下學習經文，「**如是一切皆是分別，不能了知阿賴耶識無差別相，如毛輪住非淨智境。**」

「法與非法」、「有體、無體」、「是實、非實」這一切都是分別的結果。「兔與兔角」、「自相與共相」都以心外境界是真實存在，這個虛妄分別為前提。安立「法」與「非法」，是不知道阿賴耶識顯現之相是無差別。為什麼「相」無差別？因為阿賴耶識種子現行，並未真實現行出心外之相，「心外之相」是不存在的，是「無相」，「無相」就無差別。因為，「相」都不存在，哪裡還會有「相」的差別！安立「法」與「非法」，是住於「毛輪自性」的喪失智慧的不淨境界。什麼是毛輪？就是生了翳病的眼睛顯現的似毛的影誤執為的那個心外的毛。住於「毛輪自性」，就是認為「心外的毛」真實存在。因此，是凡夫的識的境界，不是聖者智的境界。

看下面經文，「**法性如是，云何可舍**」？

如果是這樣，「法」與「非法」怎麼捨？

上面就是羅婆那王的提問，下面是佛陀對羅婆那王的回答。

看經文，「**爾時佛告楞伽王言：**」

這時佛陀就對楞伽王說。

看經文：「**楞伽王！汝豈不見瓶等無常敗壞之法，凡夫於中妄生分別**」？

這裡的「瓶」，指的就是古代的瓦罐。你難道沒有看到瓦罐等易碎性事物的毀壞嗎？這都是凡夫分別境界的差別之相。這裡的「凡夫

分別境界的差別之相」，是什麼？

　　第一，瓦罐先前在凡夫境界中存在，就表達爲「有」；

　　第二，後來瓦罐破碎了，在凡夫境界中從存在變爲了不存在，表達爲「非有」，漢譯通常譯作「無」。

　　那麼，「差別之相」的「差別」，就是「先有後無」的「有」與「無」的差別。

　　看下一句經文：「**汝今何故不如是知法與非法差別之相**」？

　　你現在爲什麼還不知道「法」與「非法」的差別之相呢？這裡佛陀說的法與非法是什麼？「法」就是先前在凡夫境界中存在的瓦罐，就是「有」；「非法」就是在凡夫境界先前存在，後來變爲不存在的瓦罐，就是「無」。「有」是法，「無」是非法。這就是在凡夫境界「存在著的事物」與「消亡了的事物」這兩者落於「法」與「非法」的差別範疇。

　　看下一句經文，「**此是凡夫之所分別，非證智見**」。

　　這都是凡夫的虛妄分別所生起的見解，不是以聖者智慧境界見到的。爲什麼？凡夫以爲先前存在過瓦罐，而聖者認爲瓦罐根本就沒有存在過，存在過的只是沒有瓦罐、無明凡夫非要誤以爲心外有瓦罐存在的「錯覺」。所以，「先前存在過瓦罐」，這個「有」、這個「法」，就是凡夫的虛妄分別，聖者是絕不會這樣認爲的。更重要的是，在聖者看來根本就沒有存在過的瓦罐，凡夫居然認爲它後來碎了，它後來壞滅了。壓根兒就沒有存在過的東西，怎麼會壞滅呢！這是「錯覺」上的「錯覺」。因此，「曾經存在的瓦罐，後來變爲不存在」，這個「無」，這個「非法」，更是凡夫的虛妄分別。大家要知道，佛陀、聖者要否定的就是凡夫認爲瓦罐曾經存在過的這個「錯覺」前提。

　　看下一句經文，「**凡夫墮在種種相中，非諸證者**」。

　　這裡的「相」，梵文是lakṣaṇa，這個詞和nimitta是近義詞，表示的都是「外相」，就是以爲心外有事物存在的相。上面，認爲「有」是法，「無」是非法，這是凡夫墮在外相之中的結果，聖者不這樣

看。

上面，是佛陀對羅婆那王提出的關於「法」與「非法」問題的第一段回答，下面是第二段。

看經文，「**楞伽王！如燒宮殿園林，見種種焰，火性是一，所出光焰由薪力故，長短大小各各差別。汝今云何不如是知法與非法差別之相**」？

佛陀繼續說，楞伽王啊，你看宮殿花園著火，由於材料不同，火焰表現出了長短、大小的不同。但是，不管火焰多麼不同，都是「火」的這個性質卻完全相同。這一點，大家應該可以理解了。上一講，講了「自相與共相」，這裡的「火焰」就是「自相」，就是「法」；這裡的「火性」就是「共相」，就是「非法」。佛陀說，你看到差異的「火焰」與「同一的火性」，你現在難道還不知道「法」與「非法」的差別之相嗎？

下面是佛陀的第三段回答。

看經文，「**楞伽王！如一種子，生芽、莖、枝、葉及以花、果，無量差別**」。

佛陀說，楞伽王啊，你看凡夫感知到的芽、莖、枝、葉、花、果，這些紛繁差異性，凡夫認為，是由同一性的種子產生的。而這種子能產生孕育出繁茂植物的力量，凡夫又是看不到的。這差異性的芽、莖、枝、葉、花、果是「法」；同一性的種子是「非法」。

看下一句經文，「**外法如是，內法亦然**」。

凡夫心外事物是這樣，心內也是這樣。

下面佛陀舉了兩個類似的例子：

第一個例子，看經文，「**謂無明為緣，生蘊、界、處一切諸法，於三界中受諸趣生，有苦樂、好醜、語默、行止各各差別**」。

凡夫心中一念無明，生出五蘊、十八界、十二處的一切事物。凡夫還認為在欲界、色界和無色界中輪迴受生，其中有苦樂、好醜、言語、沉默、行動、停止等等種種差別。這裡，凡夫認為的差別的一切事物是「法」，引生這一切事物的凡夫心中的無明是「非法」。

第二個例子，看經文，「**又如諸識，相雖是一，隨於境界有上中下、染淨、善惡種種差別**」。

由同一相的「識」執取外境，凡夫就看到了生起的上、中、下的生命狀態；生起了的染淨、善惡的行為活動。這裡種種差別的生命狀態、行為活動是「法」；同一相的識是「非法」。

大家可以理解嗎？前面這些例子，佛陀要告訴我們，凡夫見到心外的差異性的世界，總是要尋找到一個同一性的東西作為差異性世界產生的原因。這是凡夫心中根深蒂固地心結，以至於整個世界是由一個神創造的。這樣的理論，千百年來在人類文明體系中都佔據著相當顯赫的位置。這就是對佛陀這段教法的明證。以上，是佛陀回答羅婆那王的第三段。

第四段，看經文，「**楞伽王！非但如上法有差別，諸修行者修觀行時，自智所行亦復見有差別之相。況法與非法，而無種種差別分別**」？

佛陀說：「楞伽王！不僅像上面講的這些凡夫境界的事物有差別，比如：火焰有長短、大小的差別；植物有芽、莖、枝、葉、花、果的差別；蘊界處的一切法的差別；凡夫所見上、中、下生命狀態和行為活動的差別等等……」

佛陀說，不僅凡夫境界有這些種種差別，即使是見道後的修行位的修行者，在觀行時他的「自智所證境界」也還有差別。這是在說初地到七地的修行，初地到七地的「地」與「地」之間是有差別的。因為，往昔作為凡夫熏習的雜染種子還在，「轉染成淨」之後，從七地登八地的重要特徵就是「徹底泯滅差別」。佛陀說，初地到七地都難免差別，更何況凡夫境界的「法」與「非法」怎麼會沒有分別的差異性呢？肯定有差異。

《楞伽經》導讀039

1-04-07瓶等諸物 本無有體

我們繼續讀經文，下面是佛陀對楞伽王關於「法與非法」問題的第五段回答。

看經文，「**楞伽王！法與非法差別相者，當知悉是相分別故**」。

佛陀說，楞伽王啊，你要知道，就是由於凡夫分別有心外事物的相，所以才有「法」與「非法」的差別。

看下一句經文，「**楞伽王！何者是法？所謂二乘及諸外道，虛妄分別說有實等為諸法因**」。

這句經文，對照梵文本可以分為三段來解釋：

第一段，佛陀說，楞伽王啊，什麼是法？「法」就是外道、聲聞、緣覺和凡夫的「所分別」。什麼是所分別？就是把生了翳病的眼睛顯現的似毛的影誤執為心外的毛，這個「毛」就是「所分別」；就是遍計所執自性；就是無明凡夫以為存在而聖者認為根本不存在。

第二段，而且，外道、聲聞、緣覺和凡夫還認為這個「所分別的法」有產生的「因」。注意，這就是「世俗因果」。在聖者看來這個「世俗因果」——給老王夢中的老虎找媽——是戲論；給這個「毛」找產生的原因就是戲論。因為，毛根本不存在，不存在怎麼會有產生的原因！找原因也只能是為心外沒有毛，可無明凡夫非要誤以為心外有毛的「錯覺」找原因；為虛妄分別找原因：這就是「勝義因果」。

第三段，而且，外道、聲聞、緣覺和凡夫還說：這所分別的法原本就是真實存在，並且還有作用。

看下一段經文，「**如是等法應捨應離，不應於中分別取相**」。

佛陀說，這樣的所分別的法應該捨離。不應該執著所分別的法的相。這裡的「相」，梵文是lakṣaṇa，就是「外相」。

看下一句經文，「**見自心法性，則無執著**」。

怎麼才能做到不執著所分別的法的相呢？那就是知道所分別的法的根本特徵是「自心的顯現」，就不會再執著了。注意：是「顯現」，不是「產生」！

看下一句經文，「**瓶等諸物，凡愚所取，本無有體**」。

佛說瓦罐之類的心外之物，是凡夫的「遍計所執」，其存在性根本沒有。這個「本無有體」，梵文是alabdha-śarīra，如果直譯就是「身體無所得」；就是「根本沒有身體」；我們翻譯得高雅一點，就是「存在性根本沒有」。

看下一句經文，「**諸觀行人，以毗缽舍那如實觀察，名舍諸法**」。

這裡面出現了一個詞「毗缽舍那」，它在《楞伽經》當中，此時對應的梵文是vidarśanayā，這個詞它的通常的表達就是vipaśyanā。這個「毗缽舍那」，就是對這個通常地表達為vipaśyanā的音譯。那vipaśyanā是什麼意思呢？我們前面的課程已經講過了四個與禪定相關的詞：dhyāna（禪那）、samādhi（三昧）、samāpatti（三摩缽底）、śamatha（奢摩他）。這個vipaśyanā，就是在《楞伽經》當中出現的第五個表示「禪定」的詞。前面講過修禪定也可以叫做修「止觀」，就是修「止」和修「觀」。前面也講過，這個「止」梵文是śamatha，那麼這裡出現的vipaśyanā就是「觀」。vipaśyanā音譯為「毗缽舍那」；意譯為「觀」；有的翻譯家翻譯成「智觀」、「妙觀」、「內觀」。

這裡的「諸觀行人」，指的是登初地到七地的修行者，修行者以智如實觀察諸法。什麼叫如實觀察諸法呀？就是上一句經文「瓶等諸物，凡愚所取，本無有體」中的這個「本無有體」，也就是只有ābhāsa（似相），沒有nimitta（外相）。這樣的「如實觀察」，就是「捨法」。觀諸法本來「無生」、「無相」，就是「捨離諸法」，這

就是「離分別」。

下面是佛陀回答的第六段。

看經文，「**楞伽王！何者是非法？所謂諸法無性無相，永離分別。如實見者，若有若無如是境界彼皆不起，是名舍非法**」。

什麼是非法呢？「非法」無實體；「非法」沒有分別的具體形象；「非法」沒有產生的原因。不以「從有到無」或者「從無到有」的「有、無」相待來觀察非法，就是「捨離非法」。

看下一句經文，「**復有非法，所謂兔角、石女兒等，皆無性相，不可分別，但隨世俗說有名字，非如瓶等而可取著**」。

還有，無實體的法，就是「非法」，如：兔角、石女兒。「兔角」就是兔子的犄角；「石女兒」就是沒有生育功能的女人的兒子：表示根本不存在。它們沒有實體，沒有分別的相，只有世間上的名字而已。不像瓦罐等等，凡夫可以執取。

看下一句經文：「**以彼非是識之所取，如是分別亦應舍離**」。

這是「非法」，不能以識執取。也就是凡夫現量都感知不到。這樣的名言分別的「非法」，更應該捨棄。

這第六段回答結束了。

看下一句經文，「**是名舍法及舍非法。楞伽王！汝先所問，我已說竟**」。

佛陀對上面講的六段話做了總結。佛陀說，這就是「捨法」和「捨非法」。楞伽王啊，你提出的關於「法與非法」的問題，我回答完了。

那下面的經文，就是佛陀回答完了羅婆那的問題之後，佛陀的自由發揮。

看下一句經文，「**楞伽王！汝言『我于過去諸如來所已問是義，彼諸如來已為我說。』**」

佛陀說，楞伽王啊，你剛才說：「我羅婆那王曾經在過去的佛陀那裡，已經問過關於「法與非法」的問題，過去的佛陀也都給我做了解答。」這確實是在前面經文講過的，看佛陀是怎麼評論羅婆那王這

句話的。

看下一句經文：「**楞伽王！汝言過去，但是分別，未來亦然**」。

佛陀說，楞伽王啊，你說「過去」，這是分別，說「未來」，說「現在」，也是分別。大家注意，佛陀在這裡說，「過去、現在、未來」這個時間是凡夫虛妄分別的產物，也就是時間其實是假的。

佛陀為什麼在回答完羅婆那王，關於「法與非法」的問題之後，再自由發揮的時候，首先就提出「時間是虛妄分別」這件事呢？大家要知道，佛陀解構凡夫境界，不僅要解構凡夫誤以為心外存在的事物，也要解構凡夫心外事物賴以存在的「時間」與「空間」的架構。凡夫心外事物在哪裡存在著？在「時間」和「空間」中存在著。

大家注意，如果說凡夫心外的事物是「法」，那承載凡夫心外事物的時間和空間的這個架構，就是「非法」。「法尚應捨，何況非法」，所以佛陀講了「法與非法」之後，馬上就講「時間的虛妄」。這是適時的、恰當的。

佛陀在很多經中說，成佛要經歷三大阿僧祇劫，也就是修行成佛是個漫長艱辛的過程。佛陀為什麼這樣說呢？這是佛陀讓凡夫不要把成佛想的那麼簡單輕鬆，成佛要發起真實菩提心，要經歷無數磨難才能成就。而有的佛教傳承告訴信眾，我們的法能讓凡夫「即生成佛」，就是只通過現在這一輩子的修行就可以成佛，這就極大地滿足了凡夫們急功近利的欲望，令眾生趨之若鶩，當然這也不失為是吸引度化眾生的一種方便。還有佛教傳承說「當下見性就成佛」，連一輩子的修行都不用了。面對這些不同的說法，「三大阿僧祇劫成佛」、「即生成佛」、「見性成佛」凡此種種讓眾生糾結，更引起不同教派之間比較誰高誰低的爭論。其實，這些爭論都是戲論，都是沒有意義的。

從究竟處說，只有能夠領受時間是虛妄的，能夠領受「三大阿僧祇劫」與「一剎那」其實根本就是不一不異的，這才有可能成佛。所以要理解佛法的「方便說」與「究竟說」的區別，不要執佛陀的方便說而起紛爭。

看下一句經文：「**我亦同彼**」。

佛陀說：「過去佛、未來佛與我沒有差異。」

《楞伽經》導讀040

1-04-08世間眾生無業無報

我們繼續往下學習經文，「**楞伽王！彼諸佛法皆離分別，已出一切分別戲論，非如色相**」。

佛陀前面講，凡夫執著的過去、現在、未來這個時間是虛妄分別。佛陀繼續說，楞伽王啊，如來無分別，如來滅除了一切分別戲論，不會對色法、自性那些加以分別。

看下一句經文，「**唯智能證，為令眾生得安樂故而演說法**」。

如來住於無分別的智。只有在為了眾生得安樂之時，才分別說法。為什麼說法是分別呢？因為只要說，就有「能說」與「所說」。

看下面經文，「**以無相智說名如來，是故如來以智為體。智為身故，不可分別，不可以所分別**」。

什麼是如來呢？如來以「不分別的智」行於無相（這裡的「相」是nimitta，就是「無外相」）；如來以「不分別的智」為本性；如來以「不分別的智」為身體。如來沒有「能分別」，沒有「所分別」。

看下一句經文，「**不可以我、人、眾生相分別**」。

如來不分別，如來就不思量「我、人、眾生」的相。

看下一句經文，「**何故不能分別？以意識因境界起，取色形相，是故離能分別，亦離所分別**」。

為什麼如來無分別？因為，分別是以意識所緣色相、形貌等等外境為「因」，而生起。「意識」是凡夫阿賴耶識雜染種子現行時，所表現出來的「分別的功能」。佛陀早已轉染成淨，沒有意識。佛陀更沒有所緣外境，因為早已證得「自心顯現，心外無境」。因此，從究

竟處講，佛陀超越「分別」與「無分別」。

看下一句經文，「**楞伽王！譬如壁上彩畫眾生無有覺知，世間眾生悉亦如是，無業無報**」。

佛說，楞伽王啊，眾生所行如同牆壁上的畫像，是沒有真實造作的，世間眾生是無造業、無果報的。「無業無報」，梵文是karmakriyārahita，就是沒有「業」，沒有「報」。

各位，「世間眾生無業無報」，這句經文能夠顛覆當今99.99%以上的佛教徒對佛法的理解——善有善報，惡有惡報，不是不報時候沒到，時候一到一切全報。講「善惡」、「因果」、「報應」，這不就是佛法嗎？「造業受報」這難道不是佛法嗎，怎麼會眾生「無業無報」了呢？請大家認真回顧一下，前面講過的「世俗因果」和「勝義因果」。

三時教法，佛陀立足於聖者境界而向凡夫說法，以聖者角度看世間眾生就如同凡夫看夢境。老王夢裡的燒殺搶掠的強盜造業了嗎？老王夢裡的強盜會有果報嗎？老王夢裡的強盜當然不造業、沒果報，因為老王夢醒之後就會發現，夢中燒殺搶掠的強盜根本就沒有存在過。夢中強盜沒有造業，與牆上壁畫中的強盜沒有區別。問題的要害就是，你承認不承認眼前是場夢，認同不認同凡夫境界只是一場「錯覺」。從聖者角度看，凡夫境界只是虛妄分別，除此之外什麼都沒有。

看下一句經文，「**諸法亦然，無聞無說**」。

何只是眾生啊，凡夫境界的一切法，也是無能聞亦無所聞的。

看下一句經文，「**楞伽王！世間眾生猶如變化，凡夫外道不能了達**」。

這裡的「變化」，梵文是nirmita，這個詞更準確地翻譯是「幻化」。佛說，楞伽王啊，世間眾生如同幻化師幻化出來的，就是看著有，實際根本沒有。記得前面經文中，羅婆那王感歎：「為夢所作？為幻所成？」這裡就是「為幻所成」，幻化出的眾生能造業嗎？幻化出的眾生會有果報嗎？當然是無業、無報。佛說，世間凡夫「為幻所

成」、「無業無報」這件事外道和愚癡的人是不知道的。

看下一句經文，「**楞伽王！能如是見，名為正見。若他見者，名分別見**」。

佛陀說，楞伽王啊，世間萬法如夢如幻，世間眾生無業無報，這是佛法的正見。其他的見解，都是落入了凡夫的分別見。請大家以此標準測算一下，當今聲稱自己是佛教徒的人，有多大比例是具有佛法的正見的？如今舉目一望，自稱是佛教徒的人，不具正見，盲修瞎練者多如牛毛；具佛陀正見，如理聞思者鳳毛麟角。這就叫「末法時期」。我們今天的一切努力要轉「末法」為「正法」。

看下一句經文，「**由分別故，取著於二**」。

因為分別，就執取「二」。首先就是「能取」與「所取」之「二」，進而一切皆「二」。前面講過「二」和「分別」是凡夫的兩大基本特徵，從這句經文大家要體會，「二」和「分別」哪個更基本？是因為「二」，所以分別，還是因為分別，所以「二」？

這句經文告訴我們：因為分別，所以「二」。就是「分別」比「二」更基本。從這個意義上講，我們凡夫其實只有一個特徵就是「分別」。

看下一句經文，「**楞伽王！譬如有人，于水鏡中自見其像，於燈月中自見其影，於山谷中自聞其響，便生分別而起取著**」。

佛說，楞伽王啊，譬如有人見水中和鏡中的自己的影像，見燈光和月光下的自己的身影，以及山谷中聽到自己的回音。從而對影像、身影和回音，生起分別而執著。

看下一句經文，「**此亦如是，法與非法唯是分別。由分別故，不能捨離，但更增長一切虛妄，不得寂滅**」。

佛陀繼續說，同樣地，「法」與「非法」也是分別。由於執著分別，就不能捨離「法」與「非法」，不僅不能捨離，還會更加增長虛妄分別。前面討論過了，通常「非法」比「法」更虛妄，而且可以一步步地虛妄下去。虛妄是有層次的，可以是虛妄的平方，虛妄的三次方，以至虛妄的N次方。正是虛妄的不斷增長，就不可能獲得寂滅。

什麼是寂滅呢？看下一句經文，**「寂滅者，所謂一緣」**。

寂滅就是「一緣」。那什麼是一緣？「一緣」的梵文是ekāgra，這個詞什麼意思？各位，這是《楞伽經》中出現的第六個表示禪定的詞，ekāgra，有的翻譯家譯為「一心」；譯為「專心」；譯為「專一」；譯為「一境」，就是把心念安於一個境界；實叉難陀譯為「一緣」。

看下一句經文，**「一緣者是最勝三昧」**。

佛說，這個「一緣」就是最殊勝的三昧；這個「一緣」就是最殊勝的定境。大家看，一緣就是「定」，而且是「最殊勝的定」。這個「一緣」的梵文ekāgra是一個複合詞，是由eka和agra兩個片語成。eka意思是數字「一」，agra的意思就是「最勝」、「最上」、「最高」、「第一」，總而言之就是「最棒」。那麼「一緣」的「緣」，是「最高」「最殊勝」。那「緣」什麼才是最高、最殊勝的呢？

看下一句經文，**「從此能生自證聖智，以如來藏而為境界」**。

佛陀說，從這個「一緣」中，這個最殊勝的定境當中，能夠出生聖者的智慧。這個「智慧」是以如來藏為境界的，顯然這裡的如來藏是「不空如來藏」，是「真如」，以真如為境界，以正智攀緣真如。為什麼這個「一緣」最殊勝？因為，它緣的是佛陀證悟的真正的真實性——真如，這是八地菩薩才有的境界啊。

各位，到此《楞伽經》的第一品《羅婆那王勸請品》，我們學習圓滿了。這一品是《楞伽經》的序分，也就是序言。從下一講開始，我們就要學習《楞伽經》的正宗分，也就是《楞伽經》的核心部分。

《楞伽經》導讀041

2-01-01世間沒有生和滅

從這一講開始，我們學習《楞伽經》的第二品，這一品的名字實叉難陀譯為《集一切法品》。《楞伽經》從第二品到第七品的這六品是《楞伽經》的正宗分，也就是《楞伽經》的主體部分。雖然《楞伽經》的正宗分有六品，但是這第二品就占正宗分六品篇幅的50%，所以這第二品是整部《楞伽經》的重中之重。

下面開始學習第二品第一段經文。

看經文，「**爾時大慧菩薩摩訶薩與摩帝菩薩具遊一切諸佛國土，承佛神力，從座而起，偏袒右肩，右膝著地，向佛合掌，曲躬恭敬而說頌言**」。

這裡的「大慧菩薩摩訶薩」，是這次楞伽法會的上首菩薩、當機菩薩，是受東道主——羅婆那王邀請，代表眾生向佛陀提問的菩薩。問題是「摩帝菩薩」是誰？「摩帝」梵文是mati。大慧菩薩的「大慧」，梵文就是mahāmati，mahā就是大，mati就是智慧，實叉難陀譯為「慧」。「摩帝」這個mati，就是大慧菩薩的mahāmati的mati，所以摩帝菩薩就是「慧菩薩」。那誰是這位慧菩薩呢？其實，這裡的「摩帝菩薩」，就是大慧菩薩。

上一品講過，佛陀示現神通力，把一個楞伽城變成了無數的楞伽城，每個楞伽城裡都有佛陀，都有羅婆那王和他的眷屬，每個楞伽城裡也都有大慧菩薩向佛提問，而後佛陀又把這無數楞伽城變沒了。因此，羅婆那王受到啟發，感知到世間萬法如夢如幻，而證無生法忍。但是為了度眾生，羅婆那王祈請佛陀再次現身。佛陀哀憫楞伽王，也

是哀憫我們一切眾生，佛陀又現出了應化身。注意，這次佛陀又現身的時候，是示現出了一個楞伽城呢，還是示現出了無數個楞伽城呢？

那麼，經中說的是示現出了無數個楞伽城。前面的經文說：「時十頭王見所曾睹，無量山城悉寶莊嚴，一一城中皆有如來、應、正等覺，三十二相以嚴其身。自見其身遍諸佛前，悉有大慧、夜叉圍繞，說自證智所行之法。」看到了吧，無量的楞伽城的佛前，每尊佛前都有一位大慧菩薩。大家注意，承接上一品到了這第二品，此時的場景依然還是無量楞伽城，所以，這裡的「摩帝菩薩」，指的是無量楞伽城中的佛前的一切的大慧菩薩。菩提流支就把這句經文翻譯為「爾時聖者大慧菩薩與諸一切大慧菩薩」，菩提流支的這個翻譯就好理解了。

因此，這段經文的意思，就是無量楞伽城裡的一切的大慧菩薩，遊遍一切佛土，在佛陀威力加持下，都從座位上起身，恭敬的偏袒右肩，右膝著地，向佛陀合掌行禮，唱誦出下面的偈頌，讚美佛陀。

看第一頌，「**世間離生滅，譬如虛空花，智不得有無，而興大悲心**」。

先看第一句「世間離生滅，譬如虛空花」，這句經文的梵文是三個片語成的：

第一個詞utpādabhaṅgarahita，這是一個複合詞。這個複合詞是由三個片語成，第一個詞utpāda，就是「生」；第二個詞bhaṅga，就是「滅」；第三個詞rahita，就是「離」。所以，三個片語合起來utpādabhaṅgarahita，就是「遠離生和滅」。這裡的 rahita是遠離的意思，其實更通俗的翻譯，rahita就是「沒有」。上一講，講到「無業無報」，當時就講了這個詞的梵文是karmakriyārahita，注意，這個複合詞的第三個詞就是這個rahita。在那裡，實叉難陀就譯作「無業無報」，就是「沒有業和報」，他就是把rahita譯為「沒有」的意思；菩提流支譯為「無業無行」，也是把rahita譯為「沒有」的意思。因此，在我們現在學習的「離生滅」，也可以更通俗的翻譯為「沒有生和滅」，這是這句經文的第一個詞。

第二個詞是loka，就是「世間」、「世界」；就是指「凡夫境界」。

第三個詞khapuṣpasaṃnibha，這也是一個複合詞，第一個詞khapuṣpa，就是「虛空花」。什麼是虛空花呢？我們都有這樣的經驗，蹲久了猛然站起來，兩眼冒金花，這就是「虛空花」。第二個詞saṃnibha，是「譬如」、「猶如」、「等同」、「如同」。所以，這個複合詞khapuṣpasaṃnibha翻譯過來就是「如同虛空花」；就是「猶如兩眼冒金星的虛空中所現的花一樣」。

大家注意，梵語是詞法極其發達的語言，梵文名詞有著嚴格的變格，通過變格使得這個詞在這句話中的地位，以及詞與詞之間的關係都有了非常明確的界定，很難出現歧義。那這句經文中的這三個詞的變格，就決定了它們的關係。依據這三個詞的變格，求那跋陀羅把這句話譯作「世間離生滅，猶如虛空華」；菩提流支翻譯爲「世間離生滅，猶如虛空花」；實叉難陀把這句話翻譯爲「世間離生滅，譬如虛空花」。大家看到了，這三位翻譯家對這句經文的翻譯沒有分歧。那麼，這句經文用現代漢語來翻譯就是：世間沒有生和滅，世界如同虛空花。前面我爲什麼要這麼細緻地分析這句經文的梵文呢？因爲依據漢譯解釋這句經文的歧義太大，甚至有人把這句經文，讀到這句經文的意思的反面。

如果認眞學習了前面《楞伽經導讀》第一品的課程，那麼對於理解這句經文應該沒有什麼問題。世間，也就是凡夫境界，如同把生翳病眼睛顯現的似毛的影，誤執爲心外的毛，這個「毛」根本不存在，這個「毛」根本就沒有存在過。因此，這個「毛」沒有生和滅，與兩眼冒金星的「虛空花」是一樣的——感覺有，實際根本沒有。這就是佛法對世間壓根兒就沒有生和滅的理解。大家注意，這個理解與凡夫對凡夫世間的理解正好相反。凡夫每時每刻感受到的都是世間的變化，都是世間的生生滅滅。但是，佛陀認爲，這恰恰是凡夫的「錯覺」。凡夫境界如夢如幻，沒有眞實的事物產生過。沒有產生，當然也就不會有壞滅——世間無生無滅。末法時期的無明凡夫剛強難度，

因為末法凡夫固執地堅守著「凡夫見」，而且要以自己的「凡夫見」解釋「佛見」。說好學佛經要依法，不依人，可是全都在依己，不依法！不把佛法解讀成凡夫見，誓不甘休！

我下面舉幾個曲解這段經文的例子：

第一個例子，「世間離生滅，猶如虛空華」這句經文什麼意思？有位先生是這樣解釋的：「這是說萬有世間的一切諸法都是生滅、滅生的不停輪轉，猶如虛空中的幻花相似。」

大家看一看，明明大慧菩薩說：「世間離生滅」（世間沒有生和滅）。可這位先生，居然把最重要的「離」字，就是「沒有」的這個意思丟掉了。公然把「世間沒有生和滅」的佛見，解釋成「世間生滅、滅生」的凡夫「生滅見」。當然，這是一種最沒有學術含金量的低水準的曲解。

第二個例子，有人認為「世間離生滅」，這句話是倒裝句，應該按「離世間生滅」來解釋。他的解釋是：「佛解脫了生死，超出了生滅、生死的世間。」

注意，這個解讀依然是「世間是生滅的」，只不過佛陀離開了、超越了這個世間的生滅。大家知道，佛陀證悟的「真實性」、「真如」、「實相」、「不空如來藏」是不生不滅的，本來如此的，不需要生──無生。這一點很多人都能接受。但是說凡夫世間是不生不滅的，世間萬法本來就沒有產生──無生。這是絕大多數人不能接受的。

當然，佛陀隨順眾生，有時候也說世間是生滅法。但是，這是「方便說」，是擔心眾生無法一下理解佛法的「無生究竟說」而安立的接引方便。不能執佛陀的「方便說」為「究竟說」，而認為世間是變化、生滅的。這是徹頭徹尾的凡夫見解。不信你到北京王府井大街或者上海南京路做個民意調查。你去問過往的行人，你眼前的這個世界是變化、生滅的，還是不變的，沒有生滅的？我想99.99%的人都會回答說，這世界當然是變化、生滅的了。如果，真有一個人回答說：「這世界是不變的，沒有生滅的。」這大概是你遇到了北京大學

或者復旦大學哲學系的教授了。

　　因此，「世間離生滅」，人們很習慣性的要把它理解為「離」世間生滅，而且大約會做出下面兩種解讀：第一就是佛陀超越了、遠離了世間的生滅；第二就是凡夫只有超越了、遠離了世間的生滅，才能成佛。比如，有人就把「世間離生滅，譬如虛空花」，解釋為：若能離了猶如虛空中的幻花的世間生滅法，即證入真如實相。但是各位，梵文原文這句話只能譯為「世間離生滅」，絕不能譯為「離世間生滅」。

　　第三個例子，有位老師把「世間離生滅」解讀為「世間離，生滅」。這位老師的解釋是，因為世間相離開了如來藏本身，所以世間顯示了有生生滅滅地變化。注意，最後的結論還是世間是生滅變化的。這也確實難為了這位老師，要通過句逗的方法來曲解「佛說」，也確實實屬不易啊。

　　通過上面的三個例子，大家看到了，凡夫講佛經就是想方設法地、煞費苦心地把「佛陀見解」解讀成「凡夫見解」，還口口聲聲說，「依法，不依人」。請大家回過頭去，把前面講過的「兩重無生」的法義好好的複習一下，特別是要複習一下引述的《楞伽經》第三品第九十一頌中的「無生義若存，法眼恒不滅」這句頌文。這句頌文是要求背誦下來的。

《楞伽經》導讀042

2-01-02世界如同虛空花

　　《楞伽經》第二品——正宗分一開始，十地的大慧菩薩說的第一句話，就是「世間沒有生和滅，世界如同虛空花」。這是一句極具震撼性的語言，這句話能夠顛覆當今末法時期99.99%以上自稱是佛教徒的人對佛法的理解。這裡的「世間」和「世界」，就是指三時教法中所表達的「聖者能見的凡夫心所行的境界」。我們把這個「聖者能見的凡夫心所行境界」，簡稱為「凡夫境界」。

　　「世間沒有生和滅，世界如同虛空花」，這句經文還是一個「尺規」，就是對這句經文的理解是否如法，是衡量一個人是不是真實領受大乘「了義佛法」的標準。如果把「世間離生滅」曲解成「世間有生滅」，就是相似佛法，甚至是外道見！

　　下面，學習這第一頌的第二句，「智不得有無，而興大悲心」。首先講一個關鍵問題，什麼是「有無」？簡單地說：「有」就是存在；「無」就是不存在。其實，這裡的「有」與「無」對應的梵文是「有」與「非有」。通常我們把「非有」就翻譯成「無」。但是，把「非有」翻譯成「無」是有流弊的。因為，在我們的漢語裡「有」和「無」這兩個字在字形和讀音上都有很大不同，看不出這兩個字的關聯性。

　　在梵文裡，沒有「有與無」的「無」字。什麼叫沒有「有與無」的「無」字呢？前面講過，梵文文法中有一個規則就是「名出於動」，就是所有的名詞都來源於動詞，表示存在的「有」這個名詞有它的來源的動詞詞根，而在梵文中，並沒有「有無」的這個「無」

字的動詞詞根，這就叫沒有「有與無」的「無」字。那麼，表示與「有」相待的這個「無」，在梵文裡就表達爲對「有」的否定——非有。而且，還可以把「有」表達爲對「非有」的否定，「有」可以表達爲「非非有」。

在梵文裡，凡夫境界的存在，表示爲「有」，不存在則表示爲「非有」。這樣的表達是非常重要的，這就是表示，此時要表達的「存在」與「不存在」是相關聯的。這個「不存在」（非有）是對「存在」（有）的否定，就表示這個「不存在」是從「存在」變爲「不存在」的——「有」變成「非有」；而這個「存在」（有）又是對「不存在」（非有）的否定，就表示這個「存在」是從「不存在」變爲「存在」的——「非有」變成「有」。這就是，只有在「有」與「非有」的相互轉化中，「有」與「非有」才有意義。注意，這句話非常重要，我再重複一遍：只有在「有」與「非有」的相互轉化中，「有」與「非有」才有意義！這就是說「有」與「非有」是相依相待的，也就是說「有」與「無」是相依相待的。

注意，更重要的是「有」轉化爲「無」，就是「滅」；「無」轉化爲「有」，就是「生」；「有無」的轉化就是「生滅」。因此，凡夫境界的「有無」與「生滅」又是相伴而存的。既然，偈頌的前一句說：「世間沒有生和滅。」那麼怎麼會在世間還能夠見到「有」與「無」呢？因此，「不得有無」。這裡的「得」，梵文是upalabdha，就是認知、執取的意思。「不得有無」，就是不可認同凡夫境界、世間具有「有無」，而執取世間「有無」。表達的更通俗一點，就是凡夫世間根本沒有「有與無」，有「有無」就是有「生滅」，沒有「生滅」就是沒有「有無」。

「智不得有無」的「智」，是指佛的智慧。大家不要忘了，大慧菩薩現在的唱頌是在贊佛。大慧菩薩是在說，佛陀以智慧觀到「世間沒有生和滅」；佛陀以智慧觀到「世界如同虛空花」；佛陀以智慧觀到「世間有無不可得」。

「而興大悲心」，就是同時佛陀還興起了大悲心；就是佛陀以他

的悲憫而度眾生，要把「離生滅」、「虛空花」、「不可得」這些極其重要的法義講授給我們這些凡夫；就是佛陀以悲心而向眾生說法。這也是大慧菩薩在向佛陀提問題之前，在祈請佛陀講法。

　　從這裡也可以看到，「佛陀的悲心」體現在哪裡？體現在「度眾生」。什麼是度眾生？說眾生沒飯吃，就給飯吃；眾生沒衣穿，就給衣穿；眾生沒錢上學、沒錢看病，就給錢讓他能上學、能看病。這些不能說不是悲心的體現，不能說不是度眾生，但是，佛教不是低下的濫情的信仰。佛教的悲心，並不只體現在看見乞丐就掉眼淚的同情心上。大乘佛法的大悲心，最應該體現在「令眾生徹底解脫生死」這個根本問題上，這才是「度眾生」。

　　怎麼才能讓眾生得到徹底的生死解脫呢？首先就是向眾生講說佛法。我總結了度眾生的「4+1佈施法」，一共做五件事。

　　第一件事，努力告訴眾生「佛說輪迴如夢」；

　　第二件事，告訴眾生，佛陀找到的從人生大夢中，醒來的方法；

　　第三件事，如果眾生一時半會醒不了，那告訴眾生，佛陀教誨我們怎麼做，就能導致做美夢，而不做惡夢；

　　第四件事，對那些正在做惡夢的眾生，告訴他，為什麼別人在做美夢而你卻在做惡夢；

　　第五件事，在做好前四件事的同時，做這第五件事——盡我們所能努力幫助正在做惡夢的眾生。

　　大家要注意，不做前四件事，只做第五件事，則與佛法無關！

　　前四件事是「法佈施」，法佈施為最。正如《金剛經》裡講的，為他人講說《金剛經》四句偈的功德，大於把鋪滿三千大千世界七寶全都捐獻的功德。也就是法佈施與財佈施、無畏佈施、身命佈施相比，是「質」上的區別，不是「量」上的差別。

　　好，回到經文。

　　有人會問：「世間沒有生和滅，佛陀證悟的真如不生不滅，那什麼有生滅呢？」這是個好問題，從佛陀三時教法來講，阿賴耶識有生滅。《楞伽經》後面的經文中，會講「藏識的兩種生滅」。大家注

意，世間沒有生和滅，而阿賴耶識有生滅，說明阿賴耶識不屬於世間。這就是我們前面反反復復強調的：阿賴耶識是聖者才能見，不屬於凡夫境界。這也是「佛陀三時教法是立足於聖者境界而向凡夫說法」，這個表達在經中的印證。

再講一個問題，表示凡夫境界的「有」與「非有」，也就是「有」與「無」，是相依相待的。表示「不存在」的「非有」，也就是「無」，是從存在變為不存在的。而這個不存在 ── 非有、無，也可以變為存在。那如果想表達的不是「從存在變為不存在」，想表達「壓根兒就不存在」；這個「不存在」也不可能變為存在；不與凡夫境界的存在相待的，徹底的不存在；從來就沒有存在過的這個「不存在」。在佛法裡用哪個詞表達？用śūnya，翻譯成漢語就是「空」。所以，大家一定要把表示凡夫境界的「有無」的「無」，與「空」區分開來。凡夫認為凡夫境界是有無生滅的，而佛陀認為凡夫心外世間根本無生無滅。根本沒有「有、無」，也就是說佛陀認為凡夫心外世界是「空」。

《楞伽經》導讀043

2-01-03一切法如幻

　　大慧菩薩贊佛第一頌中說，「不得有無」。就是凡夫境界沒有「有無」。因為，佛陀立足於聖者境界以佛陀的智慧觀照世間：凡夫境界就是把生翳病的眼睛顯現的似毛的影誤執成為了心外的毛，「毛」是根本不存在的。就是說世間沒有生和滅。當然，也就沒有「有與無」。法義就是這樣的簡潔、清晰、明了。可是，千百年來，漢傳佛教總是喜歡做玄學式地解讀，雲裡霧裡、不知所云。而聽眾也習慣了故弄玄虛地解讀，越玄越受歡迎。

　　有人解釋這句「不得有無」是這樣說的：倏有還無。這個「倏」字就是忽然的意思，就是忽然有了，馬上又沒了。因此，「不得有無」就是既不執著一切世間的絕對的有，也不執著於絕對的無。這種解釋就是，一會兒「有」，一會兒「無」；既是「有」，又是「無」；既不止於「有」，又不著於「無」。聽似高深玄妙，實則誤解誤導。

　　更有甚者，目前對於這個偈頌中的「不得有無」最普遍的解讀是：遍計所執自性非有，故不得有；圓成實自性不空，故不得無。這種解讀，首先就混淆了「有無」的「無」與「空」——佛教最基本的範疇。「無」和「空」是不一樣的。上一講講過了，後面的課程中還會更進一步的闡述。這種解讀的另一個問題是，這個偈頌是佛陀以智慧觀世間凡夫境界不得有無。這裡與聖者證悟的真實性、圓成實性一點關係都沒有。把「不得無」理解為圓成實自性的不空，這是完全的錯解，錯的離譜。

下面，學習大慧菩薩贊佛的第二頌：

「一切法如幻，遠離於心識，智不得有無，而興大悲心」。

這一頌的第二句與第一頌的第二句完全相同。看這一頌的第一句，前半句「一切法如幻」，這裡的「一切法」依然指的是凡夫境界。大慧菩薩把世間凡夫境界，比喻成幻術師幻化表演的幻相——看著有而實際根本不存在。後半句「遠離於心識」，這裡的「心」與「識」連用，因此這裡的「心識」就是「聖者能見的凡夫心」，就是「阿賴耶識」。凡夫境界的一切法，是遠離了阿賴耶識的。為什麼？因為阿賴耶識雜染種子現行，並未真的生出凡夫境界的這一切法，而只是現行出了沒有凡夫境界的這一切法，可非要誤以為有心外的這一切法的「錯覺」。而這「一切法」，壓根兒不存在。從這個意義上講，這一切法是遠離了阿賴耶識的。

總結一下，這一頌的意思就是，佛陀以智慧觀到凡夫境界一切法，如同幻術的幻相；佛陀以智慧觀到凡夫境界一切法，原本就是遠離了藏識的；佛陀以智慧觀到凡夫境界一切法，根本沒有「有」與「無」。同時，佛陀還興起了大悲心，要把「一切法如幻」、「一切法遠離心識」這些殊勝的法義，講授給我們這些如幻的凡夫。

下面，學習大慧菩薩贊佛的第三頌：

「世間恒如夢，遠離于斷常，智不得有無，而興大悲心」。

這一頌的第二句與第一頌的第二句也是完全相同的。看這一頌的第一句，前半句「世間恒如夢」，這裡大慧菩薩把凡夫境界比喻成夢境。夢中感覺很真實的事物，夢醒之後會發現，其實根本就沒有存在過。正是「夢裡明明有六趣，覺後空空無大千」。

看後半句，「遠離于斷常」，這裡的「斷常」指的就是凡夫的「斷見」和「常見」。前面的課程中，我們已經討論過了，就凡夫境界而言，只要認為有事物產生了就落「常見」；這個產生了的事物後來又滅了——先有而後無，這就是落「斷見」。既然，佛陀認為世間萬法沒有生和滅，「有、無」不可得，因此世間有生有滅的、有無相待的「常見」和「斷見」，就應該被放棄，被遠離。

總結一下，這一頌的意思就是，佛陀以智慧觀到世間永遠如同夢境一般；佛陀以智慧觀到世間「常見」與「斷見」應該被遠離；佛陀以智慧觀到凡夫境界一切法根本沒有「有」與「無」。同時，佛陀還興起了大悲心，要把「恒如夢」、「離斷常」這些甚深的法義，講授給我們這些夢中凡夫。

　　下面，學習大慧菩薩贊佛的第四頌：

　　「知人法無我，煩惱及爾焰，常清淨無相，而興大悲心」。

　　「人法無我」就是「人無我」和「法無我」。「爾焰」是梵文jñeya這個詞的音譯。大家注意，「爾焰」這個詞是音譯詞，與「煙火」、「火焰」無關。jñeya這個詞意譯是什麼呢？意譯就是「所知」。什麼是所知呢？「所知」就是所認知的境界；就是誤以為凡夫心外有的事物；就是那個「毛」；就是遍計所執自性。這裡的「煩惱及爾焰」指的就是「煩惱障和所知障」。凡夫誤以為有「人我」，就會生起「煩惱障」。比如說，就會生起貪嗔癡，「貪嗔癡」就是修行解脫的障礙，這就是煩惱障。凡夫誤以為有「法我」就會生起「所知障」；以為心外有事物，以為有這個所知就生起分別；分別就成為了修行解脫的最大障礙，這就是所知障。所知障就是「虛妄分別」。

　　大家注意，很多人把「所知障」的這個「所知」，理解為「所獲得的知識」。認為「所知障」是學習知識，包括學習佛法的知識成為修行、解脫的障礙。這樣理解「所知障」的後果就是「無知」成為了佛教徒的美德。相反有知識、有學問，在所謂的佛教修行者眼中就成了缺陷。當今佛教徒中，反智的傾向非常嚴重，佛教教內有人現在對我的評價就是：「于先生是位學者。」局外人聽了這個評價，一定會認為這是在讚揚我。「學者」這個詞在當今的公共話語系統當中，畢竟還算是個褒義詞吧。但是，在目前中國佛教界的語言系統裡恰好相反。佛教界說，「某某人，他是個學者」，都是帶著鄙夷的口氣，就是在貶低他。因為，認為有學問就一定意味著沒信仰、沒修行。這種觀點，在今天中國佛教界已經蔚然成風。「學者講經怎麼能聽！會梵文、巴利文的學者講經更不能聽！」這是多少佛教徒的共識啊。

佛教徒們似乎忘了，在歷史上龍樹、提婆、佛護、鳩摩羅什，彌勒、無著、世親、玄奘，在這些佛學大師那裡學問與信仰，學問與修行，何時對立過啊？！佛教徒們更把佛陀教誨資糧位眾生首要應該是精勤於佛法教理的聞思，這件極其重要的事拋到九霄雲外去了。各位，這就叫「末法時期」。

　　回到經文，什麼是清淨？清淨的反面就是「雜染」，在佛陀三時教法裡，「雜染」就是分別，「清淨」就是無分別。看下一個詞「無相」，這個詞的梵文就是animitta，是「無外相」，就是凡夫心外之相不存在。那總結一下，這一頌的意思是什麼？意思就是，佛陀以無相、清淨的智慧觀到人無我和法無我；佛陀以無相、清淨的智慧洞徹煩惱障和所知障。同時，佛陀還興起了大悲心，要把「二無我」這樣的清淨法義，講給我們這些雜染凡夫。

　　前面這四個偈頌是一組，是大慧菩薩在讚美佛陀的智慧與慈悲。

《楞伽經》導讀044

2-01-04領受無生是贊佛

我們開始學習大慧菩薩贊佛的第五頌。

看經文，「**佛不住涅槃，涅槃不住佛，遠離覺不覺，若有若非有**」。

這一頌是大慧菩薩在讚美佛陀的果德。先講第一句，「佛不住涅槃，涅槃不住佛」，從兩個方面理解這句經文：

第一個方面，在《解構凡夫的「真實」世界——〈金剛經〉導讀》當中曾經講過，人天乘佛法修行的果是「安住於生死」，小乘佛法修行的果是「安住於涅槃」，而大乘佛法修行的佛果是「智不住生死，悲不住涅槃」。佛陀以宏深悲願不入涅槃而永度眾生，這是大乘佛法的不共，這是大乘佛法的殊勝！

第二個方面，正是由於凡夫以為生死輪迴是很真實的，生死輪迴中的痛苦也是很真實的。因此，佛陀為度化眾生，對治凡夫執著的真實的生死輪迴，而方便安立了生死之外，與生死相待的清淨安樂的真實涅槃。其目的是引導眾生走向解脫，離開生死，證入涅槃。發小乘心的修行者就信以為真了，努力修持，最終獲得了住於涅槃的果位。而發大乘心的修行者終於有一天，領受了大乘佛法「輪迴如夢，醒即解脫」的法義；領受了生生死死原本就是一場「錯覺」，轉「錯覺」為正覺就是解脫的法義。生死都是假的，哪裡還需要用真涅槃對治這個假生死？生死都是假的，哪裡還有一個生死之外的，與生死相待的真涅槃可以安立？「生死」與「涅槃」不二。因此，大乘佛法成佛，其實並沒有什麼「真實涅槃」可入。這就是「佛不住涅槃，涅槃不住

佛」。

看這一頌的第二句,先看前半句,「遠離覺不覺」。這裡實叉難陀翻譯的「覺」和「不覺」,對應的範圍是buddha和boddhavya,更準確的翻譯是「覺者」和「所覺法」;求那跋陀羅譯為「覺」和「所覺」;菩提流支譯為「覺」和「所覺法」。這裡求那跋陀羅和菩提流支的翻譯,比實叉難陀的翻譯更好一些。「覺者」和「所覺法」,引申一步,覺者就是「能覺」;所覺法就是「覺的對象」,就是「所覺」。

那什麼是「能覺」和「所覺」呢?經過初地到七地轉染成淨的修行,實現了轉識成智。這個「智」,也叫「正智」,就是「能覺」。而「正智」攀緣「真如」,真如就是正智「覺的對象」,就是「所覺」。因此,對於八地以上菩薩的境界,以佛陀的方便說,正智就是「能覺」,真如就是「所覺」。而成佛,「正智」與「真如」就不一不異了,「能覺」與「所覺」就不一不異了。因此,「佛果」就是遠離了「能覺」與「所覺」的二邊。

看第二句的後半句,「若有若非有」。在這裡,實叉難陀譯「有」和「非有」,沒有像前面經文譯為「有」和「無」。前面我們討論過,凡夫境界的「有」與「非有」是相依相待的,這句經文的梵文原文就體現出了這一點。這句經文的梵文,就是在「有」與「非有」後邊加了一個詞pakṣa。pakṣa這個詞的基本意思是「鳥的兩個翅膀」;是射出去的箭的兩邊的羽毛,一般譯為「兩翼」。pakṣa的引申意思是「伴侶」(相依相伴的意思)。那麼,在思想性的著作裡,比如在《楞伽經》裡,就可以把pakṣa譯為「相待」。「有」與「非有」相待,這句經文的梵文是sadasatpakṣavarjitam,用現代漢語翻譯就是,遠離了凡夫境界的「有」與「非有」的相待。

總結一下,這第五頌的意思:佛陀悲願宏深不入涅槃,佛陀沒有了「能覺」和「所覺」的二邊,佛陀遠離了凡夫境界「有」與「非有」的相待。

下面,學習大慧菩薩贊佛的第六頌:

看經文，「**法身如幻夢，云何可稱讚？知無性無生，乃名稱讚佛**」。

從這一頌開始，下面三頌是講「怎樣才是真正的讚佛」。

「法身」指的是佛陀的法身。佛陀有「三身」——法身、報身和化身。那什麼是佛陀的法身呢？「法身」就是佛陀的真身。當然說它是「身」，只是方便說，其實無身。「法身」就是真實性，「法身」就是上一頌中的「能覺」與「所覺」的不二。因此，佛陀的「法身自性」，對於無明凡夫而言是莫測難知的，在這裡就比喻成「如幻夢」。因此，對於凡夫無法感知的佛陀的法身，怎麼能讚頌呢？

看第二句，世間萬法皆無自性，世間萬法其實無生，這便是讚頌佛陀。那麼這句偈頌的意思就是，用口頭上的讚美之詞是無法讚頌佛陀的，而是要領受前四頌的「離生滅」、「法如幻」、「恒如夢」、「二無我」這些甚深法義，聽聞、思維、親證這些佛陀教誨的殊勝法義，才是真正的讚頌佛陀。

看第七頌，「**佛無根境相，不見名見佛，云何于牟尼，而能有讚毀**」？

這裡的「根」是指感覺器官。眼、耳、鼻、舌、身、意叫「六根」，這裡的「境相」，是這六種感覺器官生起功能時的對象，一般叫「六境」或「六塵」，就是色、聲、香、味、觸、法。佛陀是超越了這六根和六塵的，佛陀是見無可見的。「牟尼」是釋迦牟尼的簡稱，就是指佛陀。既然，佛陀是見無可見，超越了六根、六塵，因此對於佛陀怎麼可能有讚頌或詆毀呢？就是佛陀是無法用語言來讚美或詆毀的。

看第八頌，「**若見於牟尼，寂靜遠離生，是人今後世，離著無所見**」。

這個頌的意思就是，如果看到了佛陀如此的平靜，遠離了生，那麼今世、後世的人們就會離雜染，無取著。總結一下，前面三個偈頌要表達的意思就是，讚美佛陀不是用言語，而是用聽聞、思維來領受佛陀的教誨。

大慧菩薩在正式向佛陀提問前，說了八個偈頌讚美佛陀。這八個偈頌是《楞伽經》第二品的第一段，這一段我們學習圓滿了。

　　下面，看第二品的第二段。
　　「**爾時大慧菩薩摩訶薩偈讚佛已，自說姓名**」。
　　就是大慧菩薩用偈頌讚佛了之後，開始自我介紹了。
　　看下面經文，「**我名為大慧，通達於大乘，今以百八義，仰諮尊中上**」
　　大慧菩薩說：「我是大慧，通曉大乘佛法。」大家注意，大慧菩薩自己都說他自己是已經通達了大乘佛法的法義，所以大慧是不需要再向佛陀請教了。因此大慧菩薩向佛陀提問，不是為自己而問，是為眾生而問。「尊中上」是最傑出的說法者，指的就是佛陀。大慧菩薩說：「我有一百零八個問題，要像您這位最傑出的說法者（佛陀）提出來。」
　　看下一句經文，「**時世間解聞是語已，普觀眾會而說是言：汝等諸佛子，今皆恣所問，我當為汝說，自證之境界**」。
　　「世間解」指的就是佛陀。「佛子」指的就是菩薩。這時，佛陀聽了大慧菩薩說的話，看著所有來參加法會的眾生，對大慧菩薩說：「你和菩薩們向我提問吧，我為你們宣說佛陀的自證境界。」注意，這裡佛陀再次強調，在楞伽法會上，佛陀是講「自所得聖智證法」。這說明以《楞伽經》為代表的佛陀三時教理體系，是立足於「聖者境界」而向凡夫說法。

《楞伽經》導讀045

2-02-01云何起計度？

我們繼續往下學習經文。

「爾時大慧菩薩摩訶薩蒙佛許已，頂禮佛足，以頌問曰」。

這時，大慧菩薩得到佛陀的許可，給佛陀頂禮之後，向佛陀提問。

看大慧菩薩提問的第一個偈頌，

「云何起計度？云何淨計度？云何起迷惑？云何淨迷惑？」

先看第一句。這第一句裡的核心詞是「計度」，這個詞的梵文是tarka，這個詞來源於動詞詞根√tark，這個動詞詞根是推測、推斷、猜想的意思。由這個動詞詞根引申出的這個名詞tarka，古代的譯師把它譯爲「計度」、「臆度」或者「思量」。

在《楞伽經》第一品第二段，一開始就有這樣一段經文，佛陀說：「昔諸如來、應、正等覺皆於此城說自所得聖智證法，非諸外道臆度邪見及以二乘修行境界。」當時對這段經文做了非常細緻地解讀，這句經文的意思就是，佛陀說，過去的如來都在楞伽城講說過「自所得聖智證法」，這個自所得聖智證法，不是外道臆度、邪見的境界，也不是小乘的修行境界。這裡外道臆度的「臆度」，梵文就是這個tarka。

因此，大家就可以理解了，什麼是計度？「計度」就是外道或者說是凡夫誤以爲處於分別狀態下的思維活動。注意，什麼是分別？「分別」就是能所分離的認知模式。大慧菩薩問的第一個問題就很尖

銳，「云何起計度？」就是凡夫誤以為處於分別狀態下的這個思維活動是怎麼生起的？講的直接明了一點就是，分別是怎麼生起的？這是一個好問題。我們在前面的課程中講過，分別就是「雜染」，無分別就是「清淨」。

看第二個問題「云何淨計度？」就是怎樣才能把這個雜染計度轉清淨了？就是如何才能從誤以為的分別狀態下的思維活動轉為無分別？就是如何轉染成淨？這又是一個好問題。

看第二句。這第二句的核心詞是「迷惑」，這個詞的梵文是bhrānti。這個bhrānti的動詞詞根是√bhram，這個動詞的意思是「困惑」、「錯誤」、「混亂」。由這個動詞詞根，衍生出了這個名詞bhrānti，那麼古代譯師把它翻譯成「迷惑」或者「迷惑法」，或者「妄法」。這個「迷惑」，其實就是把生翳病的眼睛顯現的似毛的影誤執為的心外的「毛」，這個「毛」就是迷惑。「云何起迷惑？」就是凡夫誤以為的凡夫心外存在的事物是怎麼生起的？好問題。好在何處？凡夫誤以為的凡夫心外存在的這個事物，真的生起了嗎？大家思考一下。

「云何淨迷惑？」這裡的「淨」，其實梵文對應的是dṛśyate，是「見」，就是「顯現」，求那跋陀羅和菩提流支就譯為「見」。但是這個「見」在這裡應該念作xiàn（音同「現」），「風吹草低見牛羊」的「見（xiàn）」，是顯現的意思。這句經文的意思就是，根本不存在的這個迷惑，為何能在凡夫的感知世界裡如此的真實顯現出來？依然是個好問題。

大慧菩薩不愧為是十地菩薩，開口提出的第一個偈頌的四個問題，就切中要害。可以說，後面佛陀回答問題，宣講法義的80%的篇幅，就是在回答這四個問題。為什麼？我們在前面的課程裡講了，佛陀教法的「橫向教理體系」——「破增益」和「補損減」，而對凡夫而言，「破增益」是重頭戲，因此佛陀向凡夫說法的重點就是「破增益」。在佛陀三時教法的經典裡，一般「破增益」的內容要占到80%。把這四個問題回答清楚了，「破增益」的法義就講圓滿了。這

第一個偈頌的重要性，是後面大慧菩薩提問的其他偈頌所不能比擬的，對於這第一個偈頌不能看輕、講輕。

由於，求那跋陀羅把tarka（計度）這個詞，譯為「念」，想念的「念」。而這句經文求那跋陀羅譯為「云何淨其念？云何念增長？」這個翻譯就很容易產生誤導，就會使人把tarka（計度）理解成凡夫的普通的念頭、心念、妄念；把「淨其念」理解成淨化自己的妄念；把「念增長」理解成增長自己的正念。這就是把「念」還分為了「妄念」和「正念」。而且，還與修習禪定聯繫起來了，要以禪定「去妄念」；以禪定「長正念」。很多人都是這樣解讀的。這樣的理解是錯誤的。還有人把「計度」解釋為：凡夫遇到事情時，就以利害之心去「抉擇」。把這個凡夫的利害抉擇的心當「計度」，這就更沒有道理了。這些理解都不符合tarka這個詞的本意。

我們再看菩提流支對這句話的翻譯，菩提流支把tarka（計度）譯為「覺」。這句經文菩提流支譯為「云何淨諸覺？何因而有覺？」這個翻譯也容易導致誤解，就會把這句經文理解為「如何清淨我們的覺悟呢？」、「我們夢中人怎麼會有覺悟呢？」、「我們的智慧和覺悟是從哪兒來的？」、「我們怎麼增長這個智慧和覺悟呢？」這樣解讀就是把tarka（計度）這個凡夫的「虛妄分別」解釋成了「智慧」和「覺悟」，正好解釋反了。

在《楞伽經》後面的經文中，有tarka-vijñapti這樣的複合詞出現。大家還記得vijñapti這個詞嗎？前面課程中講過，「唯識」有兩重意思：

第一個是vijñānamātra，就是只有心識沒有外境，這是唯識。

第二個就是vijñaptimātra，「唯分別」就是立足於聖者境界回看凡夫境界只是虛妄分別，除此之外什麼都沒有，這是唯識。

這第二種唯識——唯分別的「分別」，就是vijñapti，與tarka連用組成複合詞tarka-vijñapti，就是「計度分別」，表示這個計度，其實就是分別。強調的是在分別狀態下的凡夫的思維活動，重點在「分別」——這是理解tarka，理解「計度」的關鍵處。

下面再說「迷惑」（bhrānti）。在後面的《楞伽經》經文中，有一段詳細解說bhrānti（迷惑）的經文，明確的把這個bhrānti（迷惑），比喻成「垂髮」。垂髮的梵文就是keśoṇḍuka，也譯作「毛輪」。那什麼是keśoṇḍuka呢？就是生翳病的眼睛顯現的似毛的影被誤執爲的心外的毛，這個「毛」就叫做keśoṇḍuka。所以，「迷惑」就是「毛」；就是凡夫以爲存在而聖者認爲根本不存在；就是遍計所執自性。有人把這裡的「迷惑」解釋成「見惑」、「思惑」，還有人解釋成「無明」。這些都是不符合bhrānti這個詞的本意的。

　　下面，再講一個重要的問題。剛才講「計度」時，我是這樣表述的：「計度」就是凡夫誤以爲處於分別狀態下的思維活動。注意，我強調了「凡夫誤以爲處於分別狀態」，就是「分別」是誤以爲的分別。大家注意，「分別」，是能所分離的認知模式，是凡夫的認知模式。只要分別就一定是凡夫，只要是凡夫就一定分別。但是，凡夫的認知模式眞的是「能所分離」的嗎？凡夫的認知模式「能所」眞的分離了嗎？

　　如果，「毛」眞的是存在的，那就一定有一個能感知毛的「能認識」，還有一個在這個「能認識」之外的「被認識」的毛，這時「能所」眞的就分離了。可是「毛」存在嗎？「毛」只是凡夫誤以爲存在，而聖者認爲根本不存在。根本沒有「能認識的心」之外的「所認識的毛」。「所」根本不存在，哪裡還會有「能所分離」呢？因此，所謂凡夫的能所分離的分別的認知模式，也是凡夫誤以爲的分別。這個分別是假的，所以凡夫的分別就叫虛妄分別。正是因爲分別是虛妄的，所以「分別」才能夠轉爲「無分別」。如果那個「毛」是眞實存在的，能所眞的分離了，這樣的分別就不是虛妄分別了，那是眞實分別，也就是把分別給做實了。做實了的眞實分別就根本無法轉爲無分別了。因此，眾生的解脫也就沒有可能性了。

　　之所以能夠轉染成淨，轉識成智，就是因爲凡夫的分別是虛妄分別，凡夫的分別只是凡夫誤以爲的分別。因此，我們始終堅持阿賴耶識雜染種子的現行，只是現行不是現物，只是現行出了心外沒有

事物而非要誤以為心外有事物的「錯覺」。我們始終堅持「唯識無境」──凡夫心外一無所有，這才是真實的「了義佛法」。

《楞伽經》導讀046

2-02-02云何名佛子？

下面，我們學習大慧菩薩提問的第二個偈頌。

「云何名佛子，及無影次第？云何剎土化，相及諸外道」？

先看第一句經文。「佛子」就是佛的兒子，指的就是菩薩。為什麼菩薩才可以稱為佛子呢？因為，菩薩是發了菩提心的，能夠荷擔如來家業。什麼是如來家業？就是永無止境的度化眾生而又實無眾生得度。「云何名佛子」，就是怎樣才能稱為是佛子，是菩薩？標準就是「發菩提心」。只要真實發起菩提心，依照佛陀二時教法，即便發起的是世俗諦菩提心，也可以稱為是菩薩。菩薩是佛陀的法子，故名「佛子」。

「無影」梵文是nirābhāsa，這個詞就是ābhāsa加了一個否定的前綴詞nir。大家還記得ābhāsa嗎？ābhāsa就是「似顯現」，可以翻譯為「似相」。用個比喻就是生翳病的眼睛顯現的似毛的影，這個「影」就是ābhāsa。加上否定前綴詞nir，nirābhāsa就是「沒有影」，實叉難陀就譯為「無影」，也可以譯為「無似相」。求那跋陀羅譯為「無受」，菩提流支譯為「寂靜」，顯然這兩個譯得都不太好，容易造成誤讀。在前面的課程中講過，佛陀三時教法講「無相」是兩重無相——「無外相」和「無似相」。證「無外相」，見道登初地；證「無似相」，就從第七地登上第八地。分清和領受兩重無相的法義是極其極其重要的！

下一個詞「次第」，就是修行的次序和步驟。比如，「破增益」和「補損減」就是修行的「兩大次第」。還比如，從初發菩提心到成

佛可以分爲「三大次第」：第一，見道位之前的「資糧位」和「加行位」；第二，見道位之後的從「初地」到「七地」；第三，登八地到成佛。還有一些細分的次第，比如見道之後的修道位，就分爲初地、二地、三地、四地、五地、六地、七地、八地、九地、十地等等次第。那「無影」，也就是「無似相」，與修行次第有什麼關係嗎？在《楞伽經》後面的經文中有明確的講述，就是「次第」只是對登八地之前的菩薩而說。證「無似相」，登八地，就能領受其實從凡夫到成佛根本無次第，「次第」只是方便說。大慧菩薩在這裡代表眾生問佛陀，什麼是無似相？什麼是修行的次第？

看第二句經文，這句經文涉及四件事「刹土」、「化」、「相」和「外道」。「刹土」的梵文就是kṣetra，就是土地、國土的意思。「化」的梵文是nirmāṇa，是化生、化現的意思，在這裡指的就是佛陀在世界上的化身。「相」梵文是lakṣaṇa，在這裡指的就是佛陀化身的「身相」（比如三十二相）。「外道」就是與佛陀思想觀點不同，並不接受佛陀教化的學派及這些學派裡的學者。這句經文的意思就是：什麼是國土？什麼是佛陀的化身和化身的身相？什麼是外道？

下面，學習大慧菩薩提問的第三個偈頌，

「解脫至何所？誰縛誰能解？云何禪境界？何故有三乘？」

「解脫至何所？」很多人都提這個問題：修行解脫成佛了，那成佛是去哪兒了？因爲凡夫總是以爲當前的世界是眞實的，成佛解脫是否就是從眼前這個眞實的世界，去往了另一個美好的眞實世界？這是很多人感興趣的問題，大慧菩薩代表大家向佛陀提出了這個問題。

「誰縛誰能解？」學佛修行就是爲解脫，可是佛陀說「無我」，那誰曾被捆綁，誰又在努力解脫呢？

「云何禪境界？」就是各種禪定的境界是什麼？

「何故有三乘？」就是佛法爲什麼要有三乘？「三乘」就是聲聞乘、緣覺乘和菩薩乘。

下面，學習大慧菩薩提問的第四個偈頌，

「彼以何緣生？何作何能作？誰說二俱異？云何諸有起？」

「彼以何緣生？」這句經文的意思就是「由『緣』怎麼能生起？」這是一個好問題，這是在問「緣起」。由「緣」眞的能生起嗎？眞的由「緣」能生起的話，那生起的是什麼？

　　大家知道，佛說「緣起」，「緣起」是佛法的標識，是佛法的logo，佛陀在印度有一個別名——說緣起者。「佛法」與「非佛法」的不共，就可以表達爲「緣起」，不講緣起，違背緣起都不是佛法。但問題是怎麼理解佛法的緣起？把「緣起」理解爲：世界萬事萬物都是由緣的和合而生起。這樣的理解只是依「緣起」的字面的意思來理解的。佛法說「緣起」，是另有法義的。另有什麼法義呢？

　　在前面的課程裡我們討論過，佛陀教法的橫向教理體系——「破增益」和「補損減」。對凡夫而言，「破增益」是重頭戲。那佛陀是怎樣破增益的呢？其實一言以蔽之，佛陀就是用「緣起」來破增益的。大家注意：「緣起」是佛陀破增益的手段、工具，這就是佛說緣起的眞實法義之所在！這句話很重要。我再重複一遍：「緣起」是佛陀破增益的手段、工具，這就是佛說緣起的眞實法義之所在！！

　　在前面的課程裡我們也討論過，佛陀教法的「縱向教理體系」依照《解深密經》分爲：初時教法、二時教法和三時教法。這三套教法體系是三套相對獨立的名言系統。在這三套相對獨立的名言系統裡，相應的佛陀就建立了「三套緣起」來破增益。

　　第一套：初時教法破增益的緣起就是「十二緣起」。

　　第二套：二時教法破增益的緣起就是「緣生緣起」（在《解構凡夫的「眞實」世界——〈金剛經〉導讀》中有詳細解讀）。

　　第三套：三時教法破增益的緣起就是「藏識緣起」。

　　大家注意，依據《解深密經》三時判教，佛說的緣起只有這三套，沒有第四種緣起。也就是這三種緣起，就能涵蓋佛說的一切緣起。「佛說『緣起』，並不是說由緣的和合而生起」，很多人接受不了這個說法。其實，佛陀講「緣起」，是要表達由緣的和合併未眞的生起事物。對於這一點《楞伽經》中有很好的表述。

　　大家看《楞伽經》這第二品後面的第一百六十五頌，我們把這一

頌提到這裡來學習。這一頌的頌文是這樣的：「因緣和合中，愚夫妄謂生，不能如實解，流轉於三有。」這一頌是《楞伽經》中最重要的偈頌之一，是要求背誦的。五十歲以下的人背梵文，五十歲以上的學生背漢語譯文。

我們學習一下這句經文。第一句，看梵文，hetupratyayasā-magryāṃ bālāḥ kalpanti saṃbhavam。這句經文的意思就是，在因緣和合當中，傻瓜們才會妄想、分別真有事物產生了。看第二句，ajānānā nayam idaṃ bhramanti tribhavālaye。這句經文的意思就是，對於因緣和合這個道理不能正確理解，就會在欲界、色界、無色界這三有之中生死輪轉。大家注意，佛陀在這裡，把對緣起的理解的重要性提得很高，不能如實理解緣起，就會生生死死的輪迴。

《楞伽經》這句經文，對當今佛教界應該是極其震撼的，是顛覆性的。因為，目前普天下講授佛法的人幾乎都在說，「緣起」就是因緣和合而生起了萬事萬物，只不過這萬事萬物既然是因緣和合而產生的，所以萬事萬物都不具有獨立存在性，也就是無自性，無自性也叫性空。因此，有人就把佛教的「緣起法」總結為四個字叫「緣起性空」。可是，依據《楞伽經》這一句偈頌，只要認為因緣和合有事物產生了，即便你認為這個事物是無自性的，這就是愚夫、傻瓜的觀點，就是錯解「緣起」，就會導致生死輪迴。佛說「緣起」，是破增益，是破，不是立！佛說「緣起」，是為解構凡夫自以為的真實世界！

在初時教法中，佛說「十二緣起」。這十二緣起，貌似是在講一環扣一環的緣起的生命鏈條，好像可以解讀成「緣緣相生的相似相續」。其實，佛說「十二緣起」是在解構，解構無明凡夫誤以為生命輪迴之中，有一個獨立存在、永恆不變的精神主體始終貫穿於生死過程。就是在破除凡夫在生命輪迴中，增益上去的恒常不變的精神主體──我。佛說「十二緣起」，目的只有一個，就是破這個「我」的增益，講「人無我」的道理，講「輪迴無我」的道理。

在二時教法中，佛說「緣生緣起」。在《解構凡夫的「真實」世

界──〈金剛經〉導讀》中，構建「四重二諦」，來闡述這個緣生緣起。前兩重二諦，佛陀隨順眾生講「緣生性空」。注意，這個表述是「緣生性空」，不是「緣起性空」。但是，這前兩重二諦只是接引眾生的「前行法」，還未正式進入佛法。如果只是把前兩重二諦就當作是佛法的「緣起法」來講授，那就是不折不扣的講「相似佛法」。在《金剛經導讀》中，特別強調了「第三重二諦」才是進入大乘佛法的門檻。不能理解「第三重二諦」，不能理解那個汽車製造廠組裝車間的例子，就只能徘徊於大乘佛法門外。後兩重二諦才是講「緣生緣起」。「緣生緣起」就是在解構，解構無明凡夫誤以為凡夫境界真有事物存在的這個「錯誤認識」；就是在破除凡夫在凡夫境界中增益上去的「人我」和「法我」。佛說「緣生緣起」，就是破這個「二我」的增益，講「人法二無我」的道理，講「諸法無生」的道理，從而引導眾生證悟空性。

在三時教法中，佛說「藏識緣起」。這在前面的課程中已經講述過了，就是立足於聖者境界安立「阿賴耶識」，構建「眼翳執毛模型」。清晰表述阿賴耶識雜染種子現行不是現出了心外的事物，只是顯現出了心外沒有事物、而非要誤以為心外有事物的「錯覺」，這就是「藏識緣起」。所以，「藏識緣起」並不是要講「依藏識，而真的緣起出了心外世界」，而是恰恰相反，「藏識緣起」同樣是在解構，解構凡夫心外誤以為的存在的事物，並且，與此同時，還解決了一個二時教法沒有解決的問題，就是凡夫境界不存在，那為什麼在凡夫的感知中，心外事物卻存在的那麼真實。「藏識緣起」，由「緣」真的生起了，也只能是生起了，沒有心外事物生起而誤以為有心外事物生起的「錯覺」。「藏識緣起」不是在給心外世界的存在找存在依據，相反是在破除無明凡夫增益上去的外境的存在，以此講「唯識無境」。

佛陀教法納領								
	縱向判教（無次第）	立足點	三大緣起	六套解構模型		教法綱領	橫向判教(有次第)	
							破增益(前)	補損減(後)
小乘	初時教法	立足於凡夫境界 向凡夫說法	十二緣起 （緣起的方便說）	十二緣起模型		四諦 十二因緣 三法印	十二緣起 （輪迴無我）	遮詮 除妄即真 （無常無我）
大乘	二時教法	立足於凡夫境界 向凡夫說法	緣生緣起 （緣起的方便說）	四重二諦模型	漸法	權便中觀 究竟中觀 歸謬解構	緣生緣起 （諸法無生）	遮詮 指向真實 （實相離言）
				悖論歸謬模型	頓法			
	三時教法	立足於聖者境界 向凡夫說法	藏識緣起 （緣起的究竟說）	種子薰現模型		五法 三自性 八識 二無我	藏識緣起 （唯識無境）	表詮 直陳真實 （如來藏）
				眼翳執毛模型				
				眼識轉起模型				

　　通過上面的討論，大家可以理解了，對「緣起」最根本的誤讀，就是以爲「緣起」是因緣和合而有事物生起，從而爲無明凡夫誤執的「人我」與「法我」的存在，尋找到了「存在的依據」。這就是「因緣和合中，愚夫妄謂生」。然而，其實恰恰相反，佛說「緣生」是說「無生」；佛說「緣起」是爲「解構」。如果要用最簡潔的語言概括表述「緣起」，我用下面四個字表達——緣起無生。大家不要忘了「無生義若存，法眼恒不滅」。大慧菩薩在這裡問佛陀這個問題「由緣怎麼能生起？」大家看，這個問題問得何等之妙啊！

　　下面看這第一句的後半句，「何作何能作？」「何作」的「作」，指「所作」，還有「能作」。能作與所作，梵文是kāraṇa和kārya，其實kāraṇa和kārya更直接的翻譯就是「因」和「果」。那這句經文就是在問：什麼是因，什麼是果？大家注意，緣起無生——世間根本沒有生和滅，那因果怎麼建立？請大家回顧前面課程中，講述過的「世俗因果」和「勝義因果」，其中就有答案。

《楞伽經》導讀047

2-02-03緣起的甚深法義

上一講，講了一個非常重要的話題「什麼是緣起」。有人問我，大乘佛法真正復興的標誌是什麼？我想標誌之一就是《楞伽經》裡：「因緣和合中，愚夫妄謂生，不能如實解，流轉於三有。」這個偈頌能深入佛教徒的心中，也就是「緣起無生」這個法義，能被廣大佛教徒真實領受，這就標誌著大乘佛法真正復興了。

有人會問，既然「緣起無生」——由緣沒有任何事物和合而生起，那為什麼要起名叫「緣起」呢？「緣起」的梵文是 pratītyasa-mutpāda，就是由「緣」生起的意思，譯為「緣起」很準確。那回答這個問題，就要更深入的討論「什麼是緣起？」

由「緣」真的什麼都沒有生起嗎？如果只學習「十二緣起」和「緣生緣起」，那由緣真的什麼都沒有生起，這又似乎和「緣起」這個名字有矛盾。直到我們學習了佛陀三時教法的「藏識緣起」之後，大家就可以理解了，緣起真的是由「緣」生起了，但是生起的不是事物，生起的是沒有事物生起卻誤以為有事物生起的「錯覺」，這個「虛妄分別」真的由緣生起了。而且，虛妄分別這個「kṛ」又成為「緣」，在阿賴耶識熏習下雜染種子。也就是以「kṛ」為緣，生起了種子，又以雜染種子為緣，現行出虛妄分別的「kṛ」。「kṛ」熏習種子，種子現行「kṛ」，所以「kṛ」與種子互為緣起，這兩者「此有故彼有，此生故彼生，此無故彼無，此滅故彼滅」，因此起名叫「緣起」。這就是「藏識緣起」，這就是「勝義因果」。

從這個意義上說，「十二緣起」和「緣生緣起」只是緣起的方便

說，「藏識緣起」才是緣起的究竟說。講的再直接一點，佛說「緣起」就是要說「藏識緣起」。

「凡夫境界」在三時教法裡，如同把生翳病的眼睛顯現的似毛的影誤執爲實有的心外的毛。「毛」根本不存在——凡夫境界根本就沒有存在過。根本不存在，從來就沒有存在過的凡夫境界，也就是「遍計所執自性」，非說它是因緣而生起，豈不荒唐？而聖者證悟的眞實性（眞如），本來如此，從來如此，不必生起！因此，「不空如來藏」、「圓成實自性」不需要因緣而生起。更嚴重的是，如果說如如不動的眞如，還要緣起根本不存在的凡夫境界，那就是荒唐上的荒唐，虛妄上的虛妄。因此，「緣起」只能安立在雜染依他起自性上。立足於聖者境界安立「阿賴耶識」，而建立的「藏識緣起」才是眞緣起。

換一種語言模式，再表達一遍。凡夫境界（就是「遍計所執自性」）根本無生——從來無，何需生？聖者證悟的眞實性——眞如（就是「圓成實自性」）也是無生——本來有，不需生！兩重無生，既然無生就不必緣起！立足於聖者境界，回看凡夫境界只是虛妄分別，除此之外什麼都沒有。因此，「緣起」只可能是虛妄分別上的緣起，也就是只可能是雜染依他起性上的緣起。

佛陀安立這個「緣起」的目的可以理解爲兩個：

第一，就是要告訴凡夫，其實凡夫境界根本不存在，這就是「緣起無生」的法義，這就是解構，這就是破增益；

第二，就是對於根本不存在的凡夫境界，非要誤以爲它存在的這個「錯覺」是存在的，這個「錯覺」是緣起的。

再強調一遍，佛陀說「緣起」，就是要告訴我們這些凡夫：

第一，凡夫境界根本不存在；

第二，不存在的凡夫境界，爲什麼在凡夫的感知中卻又如此眞實的存在著。

這就是佛陀所說的緣起的甚深法義；這就是爲什麼緣起能成爲佛陀教法的標識；這就是爲什麼佛陀被稱爲說緣起者的原因。

在當今這個末法時期，把佛陀說的「緣起」理解為凡夫境界的萬事萬物都是由因緣和合而生起的，山是土堆的，河是水聚的。大家想一想，偉大的智者佛陀，怎麼可能只是講了如此粗俗的看法，而成為智者呢？中國有句成語，「以小人之心，度君子之腹」，那比附這句成語，我們今天就是以凡夫淺薄之心，度佛陀深邃之腹啊。我們只有慚愧，我們只能懺悔。

下面繼續學習經文，看大慧贊佛提問的第四頌的第二句，「誰說二俱異？云何諸有起？」這句的梵文是ubhayāntakathā kena kathaṃ vā sampravartate，核心詞是ubhayānta，意思就是「二邊」。「二邊」指的就是「生與滅」、「有與無」、「常與斷」、「美與醜」、「好與壞」等等二邊。那這句經文的意思就是，怎麼會有「二邊」的觀點？「二邊」的觀點是怎麼產生的？

下面，學習大慧菩薩提問的第五個偈頌，

「云何無色定？及與滅盡定？云何為想滅？云何從定覺？」

「無色定」就是能住於無色界的定。「滅盡定」就是聲聞、阿羅漢的定，它的特點是前七識不生起。「想滅」就是無想定，它的特點是前六識不生起。「無色定」和「無想定」在佛教看來是外道定，印度有些外道把修成無色定或無想定當做解脫。「滅盡定」是阿羅漢的定，這是聲聞乘以為的解脫。而菩薩乘，也就是大乘，不認為這三種定是真解脫。這頌經文的意思就是「什麼是無色定？什麼是滅盡定？什麼是無想定？如何從定而解脫？」

下面，學習大慧菩薩提問的第六頌，

「云何所作生，進去及持身？云何見諸物？云何入諸地？」

看第一句，這裡的「所作」，梵文是kriyā，就是造作、造業的意思。「進去」的梵文是gamana，就是「去處」。「持身」就是dehadhārin，就是「具有身者」。這句經文的意思就是，為什麼會產生有身者的造業的行為？他們會去往何處？

看第二句，「見」，梵文是dṛśya，顯現的意思。所以，這個「見」字在這裡應該讀作「現（xiàn）」。「諸物」梵文vibhāva，所

見之物。那這句經文的意思就是「爲何所見之物顯現？」好問題。怎樣才能進入修道位的各個住地？注意，這個住地（bhūmi），就是聖者修行的住地，就是初地、二地、三地、四地、五地、六地……這些修行位的次第。

下面，學習大慧菩薩提問的第七頌，

「云何有佛子？誰能破三有？何處身云何？生復住何處？」

第一句，怎麼會有佛子？誰能破欲界、色界、無色界這三有？第二句，什麼是身？什麼是處？又會轉生何處？

下面，學習大慧菩薩提問的第八頌，

「云何得神通，自在及三昧？三昧心何相？願佛為我說。」

如何才能獲得神通、自在力和入定？什麼是入定之心？請佛爲我說。

下面，學習大慧菩薩提問的第九頌，

「云何名藏識？云何名意識？云何起諸見？云何退諸見？」

第一句，什麼是藏識？什麼是意識？第二句，這裡的「見」，梵文是dṛśya，顯現，因此這個「見」依然要讀作「現（xiàn）」。爲什麼顯現會生起？如何消除這些顯現？

《楞伽經》導讀048

2-02-04辨了不了義

下面，學習大慧菩薩提問的第十個偈頌，
「云何姓非姓？云何唯是心？何因建立相？云何成無我？」
「姓非姓」的「姓」，梵文是gotra，就是種類、類別的意思。
「云何姓非姓？」意思就是，為什麼在佛教信仰上，要把眾生分類別？而又不分類別？《楞伽經》中後面的經文就有五種「種姓」的劃分。「云何唯是心？」就是「為什麼佛說唯有心？」看第二句，怎麼有相的安立？這裡的「相」，梵文是lakṣaṇa，外相。如何成立無我？

下面，學習大慧菩薩提問的第十一個偈頌，
「云何無眾生？云何隨俗說？云何得不起，常見及斷見？」。
看第一句，大乘佛法說，菩薩度眾生，又實無眾生得度。因此大慧菩薩問佛，為什麼佛說眾生不存在？為什麼要隨順世俗而宣說佛法？大家知道，佛陀對世界的理解與凡夫對世界的理解是相反的，佛陀的教法對凡夫的認知是顛覆性的。所以，如果佛陀把現量親證的真實性，向所有眾生一下子和盤托出的話，結果一定是絕大多數眾生接受不了。因此，在世間宣說佛法要隨順眾生，也就是要適度的向凡夫做些妥協。但是，妥協的目的是要接引眾生，走向佛陀證悟的真實，也就是同時還必須隨順真實。這就是「隨順眾生」與「隨順真實」的平衡不二。

不隨順真實，只是所謂隨順眾生，一味遷就凡夫，那就不是宣說正法，那是宣說相似佛法。在《解構凡夫的「真實」世界──〈金剛經〉導讀》中，講「權便中觀」時建立的「四重二諦」，就是既隨順

隨順	隨順真實	上求佛道	契理	善解法相	上供
	隨順眾生	下化眾生	契機	知眾生根	下施

眾生，又隨順眞實的典範。

上一講，講「緣起」時說道：「十二緣起」和「緣生緣起」是緣起的方便說，「藏識緣起」才是緣起的究竟說。「方便說」就是隨順眾生而成的方便。把佛陀宣說的方便法當究竟法講授是嚴重過失，是宣說相似佛法。所以，分清佛陀的「方便法」與「究竟法」，分清佛陀教法的「不了義法」與「了義法」是非常重要的。

《解深密經》三時判教是我們學習、理解「佛陀教法體系」的準繩。它能使我們對佛法的理解既完整又系統。更重要的是，《解深密經》的判教對三時體系的「了不了義」有清晰論斷。

《解深密經》中說：

初時教法是佛陀「惟爲發趣聲聞乘者，以四諦相轉正法輪」，就是初時教法是講給發小乘心的眾生聽的，講的內容是苦、集、滅、道──四諦法。這個法「雖是甚奇、甚爲稀有」，但此初時教法「有上有容，是未了義」。注意這八個字，「有上有容，是未了義」，就是說初時教法之上，還有比它更究竟的法，初時教法──不了義。

二時教法是佛陀「惟爲發趣修大乘者，依一切法皆無自性、無生無滅、本來寂靜、自性涅槃，以隱密相轉正法輪」。就是二時教法是講給發大乘心的眾生聽的，講的內容是一切法「皆無自性、無生無滅、本來寂靜、自性涅槃」，用了十六個字概括。而且，講法的方式是「隱密相」。爲何隱密？隱密了什麼？後面討論。這個法「雖更甚奇，甚爲稀有」。但此二時教法，「亦是有上、有所容受，猶未了義」。注意這十二個字，「亦是有上、有所容受，猶未了義」，就是說二時教法之上，還有比它更究竟的法，二時教法──不了義。

三時教法是佛陀「普爲發趣一切乘者，依一切法皆無自性、無生無滅、本來寂靜、自性涅槃、無自性性，以顯了相轉正法輪」。就

是三時教法，是給發一切乘的心的眾生講授的，覆蓋面最廣。講的內容是一切法「皆無自性、無生無滅、本來寂靜、自性涅槃、無自性性」，用了二十個字概括，與二時教法相比多了四個字——無自性性。而講法的方式是「顯了相」，不是二時教法的「隱密相」。這個法「第一甚奇，最為稀有」，而且此三時教法「無上無容，是真了義」。注意這八個字，「無上無容，是真了義」，三時教法是了義法。

前面就是依據《解深密經》，我對這三時教法的「了不了義」的一個轉述。「二時教法」和「三時教法」同屬大乘佛法，而二時教法「不了義」，三時教法「了義」，這是《解深密經》中的教誨。

如果你承認《解深密經》是真實佛經，那就應該信受。如果暫時理解不了三時的了義，接受不了二時的不了義，那就應該懺悔，懺悔自己的智慧不足，從而加倍努力，參研學習教理。而不應該以自己的一己之見去辨了不了義，而且辨的結果居然是二時了義，三時不了義，公然與佛經唱反調。可以辨了不了義，但是辨的目的是更好理解《解深密經》中關於「了不了義」的教導。

我在「了不了義」的問題上，總結了以下七點：

第一，之所以《解深密經》判三時了義，二時不了義，首先就體現在二時教法和三時教法的佛陀說法的「立足點」的不同。二時教法佛陀立足於「凡夫境界」向凡夫說法，而三時教法是佛陀立足於「聖者境界」向凡夫說法，這說法的「立足點」的差異，就決定了三時教法的教理體系要比二時教法教理體系更圓滿、更了義。

第二，二時教法與三時教法破增益，解構凡夫境界的「解構模式」不同。二時教法用「二諦」解構「二邊見」；三時教法用「唯識」解構「分別」。「二邊見」與「分別」這兩個解構把手相比較，「分別」比「二邊見」更基本。能所分離的「能取」與「所取」之二，是一切「二邊見」的根本。因為凡夫分別，所以凡夫才「二」，這就決定了三時教法比二時教法更了義。

第三，二時教法只解構了「世俗因果」，而三時教法不僅解構了

世俗因果，同時還建立了「勝義因果」。這也是說法立足點不同所導致的結果。所以二時教法是「藥」也是「毒」，三時教法是「純甘露」。因此，三時比二時了義。

第四，三時教法的「轉」比二時教法的「空」更基本。佛法的「空」是空原本不存在，而凡夫誤以爲的存在。空的對象其實並不存在，眞存在就空不了了，也沒必要空了。因此，與其說空這個不存在，不如說是轉不存在卻誤以爲存在的錯誤認識。「轉」比「空」更貼切，更了義。

第五，由於說法的立足點不同，二時教法對聖者證悟的眞實性只能遮詮 ——「實相」與「空性」不一不異，這就是「隱密相而說法」；三時教法由於立足於聖者境界而說法，所以對聖者證悟的眞實性表詮、直陳，並且安立「如來藏」、「圓成實自性」等名言，這就是「顯了相而說法」。因此，三時教法比二時教法更了義。

第六，二時教法重點在破增益，用「二諦」對治「二邊」，以至於泯滅二邊而建立「中觀」；三時教法，以「唯識」破增益，從而以正智攀緣眞如而補損減，以「不增益，不損減」而建立中道。三時教法比二時教法更完整、更了義。

第七，在表達從凡夫到成佛的修行次第上，三時教法的修行「五位三階段」比二時教法更清晰、更系統、更了義。

以上，是我總結的「三時教法」比「二時教法」了義的七點理由，也是我學習《解深密經》和《楞伽經》之後「辨了不了義」的心得，分享給大家參考。

《楞伽經》導讀049

2-02-05云何佛外道 其相不相違

下面，看大慧菩薩提問的第十一頌的第二句，「云何得不起，常見及斷見？」意思就是，怎樣不生起常見和斷見呢？

下面看大慧菩薩提問的第十二個偈頌，

「云何佛外道，其相不相違？何故當來世，種種諸異部？」

爲什麼外道和您，外相上並不相違？請說爲什麼未來必定會有不同的宗派？

下面看大慧菩薩提問的第十三個偈頌，

「云何爲性空？云何剎那滅？胎藏云何起？云何世不動？」

這裡的「性空」梵文是śūnyatā，應該譯爲「空性」。在《解構凡夫的「眞實」世界——〈金剛經〉導讀》中，有一講專門討論了「性空」與「空性」，那一講非常重要。漢傳佛教翻譯史上「性空」與「空性」的混亂翻譯，是造成相似佛法盛行的原因之一。在這裡求那跋陀羅和菩提流支譯爲「空」，也是不準確的。

「剎那」的梵文是kṣaṇa，表示極短的時間單位。「剎那」就是kṣaṇa這個梵文詞的音譯，「剎那」這個詞已經成爲了一個漢語的常用詞彙。「胎藏」的梵文是garbha，就是「子宮」，引申爲「胎兒」。那這個偈頌就是，什麼是空性？什麼是剎那壞滅？爲什麼會有胎兒？爲什麼世界不動？

我們現在是在讀大慧菩薩向佛陀提的問題，對於這些問題，後面經文中佛陀有回答。佛陀沒有直接回答的問題，讀完《楞伽經》之後，讀者也就可以自己回答了。所以，只是出於對三時教法的教理的

學習這個目的，只有個別偈頌，比如第一頌、第四頌、第十一頌，我們展開來討論一下，其它的多數偈頌，只是明白大慧菩薩提的問題本身就可以了。

下面，看大慧菩薩提問的第十四個偈頌，

「云何諸世間，如幻亦如夢，乾城及陽焰，乃至水中月？」

請您告訴我，為什麼世界如幻，如夢，如乾闥婆城，如陽焰，如水中月？

下面，看大慧菩薩提問的第十五個偈頌，

「云何菩提分？覺分從何起？云何國土亂？何故見諸有？」

什麼是覺知？菩提分從哪裡來？怎麼會有國土的動亂？怎麼會有「有見」？「有見」的梵文是bhavadṛṣṭi，就是認為心外有事物的這種見解。

下面，看大慧菩薩提問的第十六個偈頌，

「云何知世法？云何離文字？云何如空花，不生亦不滅？」

怎麼認知世界？為什麼世界不生不滅如虛空花？怎樣離文字言說？

下面，看大慧菩薩提問的第十七個偈頌，

「真如有幾種？諸度心有幾？云何如虛空？云何離分別？」

這裡「諸度」的「度」，梵文就是pāramitā，就是我們通常翻譯的「波羅蜜」或者「波羅蜜多」。真如、波羅蜜和心各有多少種？為何如虛空？怎樣不分別？

下面，看大慧菩薩提問的第十八個偈頌，

「云何地次第？云何得無影？何者二無我？云何所知淨？」

這裡的「地次第」指的就是修道位的初地、二地、三地、四地、五地……這些修行的次第。「無影」的梵文就是nirābhāsa，就是「無似相」。「二無我」就是「人無我和法無我」。「所知」的梵文就是jñeya，前面實叉難陀曾把這個詞音譯為「爾炎」。為什麼有修道位的地次第？什麼是無似相？為何二無我？怎樣清淨所知？

下面，看大慧菩薩提問的第十九個偈頌，

「聖智有幾種？戒眾生亦然？摩尼等諸寶，斯並云何出？」

聖者的智慧、戒律和眾生都各有幾種？為什麼會生出金子、寶珠和珍珠的種類？

下面，看大慧菩薩提問的第二十個偈頌，

「誰起于語言，眾生及諸物？明處與技術，誰之所顯示？」

為什麼會生出言說、眾生和事物？各門知識和技藝由誰宣說？這裡「明處」的「明」，梵文是vidyā，表示「知識」。印度古代分「五明」，就是五種知識，分別是內明、聲明、因明、醫方明和工巧明。

下面，看大慧菩薩提問的第二十一個偈頌，

「伽他有幾種，長行句亦然？道理幾不同，解釋幾差別？」

「伽他」的梵文是gāthā，這是一種文體，就是「偈頌體」。「長行」的梵文是gadya，是「散文體」。「句」的梵文是padya，是「詩歌體」。偈頌有幾種？為什麼有散文和詩歌？道理有幾種？解釋有幾種？「道理」的梵文是yukti，就是「原理」、「理論」。「解釋」的梵文是vyākhyāna，就是對原理的注解或注釋。

下面，看大慧菩薩提問的第二十二個偈頌，

「飲食是誰作？愛欲云何起？云何轉輪王，及以諸小王？」

這裡的「愛欲」，梵文是maithuna，指的就是男女兩性的性行為。印度古代tantra（坦特羅）信仰中有性力派，maithuna就是性力派修行的重要方法。這個偈頌的意思就是：飲食有多少種？為什麼要有性行為？為什麼會有轉輪王、國王和諸侯？「轉輪王」就是一統天下的大國王。大家可以看出來了，大慧菩薩不是在為自己向佛陀問問題，是代眾生而問。問的問題中，很多都是凡夫們特感興趣的話題。

下面，看大慧菩薩提問的第二十三個偈頌，

「云何王守護？天眾幾種別？地日月星宿，斯等並是何？」

國王怎樣守護國家？天道眾生有幾種？為什麼會有大地、太陽、月亮和星星？

下面看大慧菩薩提問的第二十四個偈頌，

「解脫有幾種？修行師復幾？云何阿闍梨？弟子幾差別？」

「阿闍梨」的梵文是ācārya，就是教授師的意思，通俗地講就是「老師」。解脫有幾種？修行者有幾種？老師有幾種？學生有幾種？

下面，看大慧菩薩提問的第二十五個偈頌，

「如來有幾種，本生事亦然？眾魔及異學，如是各有幾？」

「本生事」就是佛陀成佛前，往昔修行時相似相續的前生的事蹟。「異學」就是外道。佛陀有多少種？本生故事有多少？魔有多少種？外道有多少種？

下面，看大慧菩薩提問的第二十六個偈頌，

「自性幾種異？心有幾種別？云何唯假設？願佛為開演。」

「假設」的梵文是prajñapti，就是「假施設」、「假安立」。假施設、假安立什麼呢？假施設、假安立「名言」。因此，這個梵文詞有時候也譯作「假名」、「唯假設」。prajñaptimātra就是「只有假安立的名言」。自性有幾種？心有幾種？為什麼只有假安立的名言？請佛為我宣說。

《楞伽經》導讀050

2-02-06云何為風雲？

下面，看大慧菩薩提問的第二十七個偈頌，

「云何為風雲？念智何因有？藤樹等行列，此並誰能作？」

這裡的「念」，梵文是smṛti，通常譯為「憶念」，就是記憶、思念的意思。這裡的「智」，梵文是medhā，在這裡不是指聖者的智慧，而是指凡夫的聰明。那這個偈頌的意思就是，為什麼天空中會有雲和風？為什麼會有憶念和聰明？為什麼會有樹木的行列？請佛陀告訴我。

下面，看大慧菩薩提問的第二十八個偈頌，

「云何象馬獸？何因而捕取？云何卑陋人？願佛為我說。」

為什麼象、馬、野獸愚蠢被捕獲？為什麼會有卑賤醜陋的人？請佛陀告訴我。

下面，看大慧菩薩提問的第二十九個偈頌，

「云何六時攝？云何一闡提？女男及不男，此並云何生？」

這裡的「六時」，梵文是ṣaḍṛtu，是六季的意思，就是「六個季節」。印度人把一年分為六個季節：春季、夏季、雨季、秋季、霜季和冬季。「一闡提」梵文是icchantika，指的是「不能成佛的眾生」。怎樣的眾生不能成佛呢？後面《楞伽經》經文中有講授。「不男」梵文是napuṃsaka，就是具有男女兩性生理特徵的「雙性人」。這個偈頌的意思是，為什麼會有六個季節？為什麼會有一闡提？為什麼會有女人、男人和雙性人的出生？

下面，看大慧菩薩提問的第三十個偈頌，

「云何修行進？云何修行退？瑜伽師有幾，令人住其中？」

「瑜伽」梵文yoga，「瑜伽」是音譯，意譯是「相應」。在印度，「瑜伽」泛指一切的修行。有神論的宗教修行的目的就是能與自己所信奉的神相應。那麼，佛教修行的目的是與真如相應，所以佛教的修行也叫「瑜伽」。「瑜伽師」就是修行的人。這個偈頌的意思就是，修行是怎樣開始的？為什麼會從修行倒退？瑜伽有幾種，可以讓修行者安住其中？

下面，看大慧菩薩提問的第三十一個偈頌，

「眾生生諸趣，何形何色相？富饒大自在，此復何因得？」

眾生在生死中來去，都有什麼特徵和形象？怎樣才能獲得財富自由？「富饒大自在」梵文是dhaneśvara，就是財富自由的意思。這個「怎樣才能獲得財富自由」，這是人們最喜歡問的問題啊！

下面，看大慧菩薩提問的第三十二個偈頌，

「云何釋迦種？云何甘蔗種？仙人長苦行，是誰之教授？」

「釋迦種」是指釋迦牟尼出生的家族，就是「釋迦族」。「甘蔗種」就是「甘蔗族」，釋迦族屬於甘蔗族。「長苦行」這是一位印度古代著名的修行者的名字，被尊稱為「長苦行仙人」。這個偈頌的意思是，什麼是釋迦族？為何有甘蔗族？誰是長苦行仙人？他是怎樣修行的？

下面，看大慧菩薩提問的第三十三個偈頌，

「何因佛世尊，一切剎中現，異名諸色類，佛子眾圍繞？」

為什麼您會示現在一切的國土中，有不同名字和形象的菩薩們圍繞著您？

下面，看大慧菩薩提問的第三十四個偈頌，

「何因不食肉？何因令斷肉？食肉諸眾生，以何因故食？」

為什麼不食肉？為什麼要斷肉食？食肉類眾生為什麼會食肉？在《楞伽經》的第八品就有《斷食肉品》。

下面，看大慧菩薩提問的第三十五個偈頌，

「何故諸國土，猶如日月形，須彌及蓮花，卍字師子像？」

為什麼國土的形狀如同太陽、月亮、須彌山、蓮花、卍字和獅子？

下面，看大慧菩薩提問的第三十六個偈頌，

「何故諸國土，如因陀羅網，覆住或側住，一切寶所成？」

為何國土形狀，如同由一切寶石構成的因陀羅網覆蓋世界一般？

下面，看大慧菩薩提問的第三十七個偈頌，

「何故諸國土，無垢日月光，或如花果形，箜篌細腰鼓？」

為什麼國土無垢，如同太陽和月亮？為什麼國土形狀，如同各種花果、箜篌和腰鼓？

下面，看大慧菩薩提問的第三十八個偈頌，

「云何變化佛？云何為報佛？真如智慧佛，願皆為我說。」

「變化佛」的梵文是nirmāṇikabuddha，就是「化身佛」，就是化現在凡夫夢中度化凡夫的佛。「報佛」的梵文是vipākaja buddha。「報身佛」，「報」vipāka，就是異熟的果報的意思，這是應現給初地以上菩薩的佛身。「真如智慧佛」的梵文是tathatājñānabuddha，這就是以聖者的智慧親證真如，從而「智慧」與「真如」不二的佛，也就是「法身佛」。那麼，這個偈頌的意思就是，什麼是化身佛？什麼是報身佛？什麼是法身佛？

下面，看大慧菩薩提問的第三十九個偈頌，

「云何於欲界，不成等正覺？何故色究竟，離染得菩提？」

為何在欲界不能成正覺？為什麼要在離欲色究竟天成正覺？

下面，看大慧菩薩提問的第四十個偈頌，

「如來滅度後，誰當持正法？世尊住久如？正法幾時住？」

佛陀涅槃後，誰住持正法？世尊住世教化多久？正法住世多久？

下面，看大慧菩薩提問的第四十一個偈頌，

「悉檀有幾種？諸見復有幾？何故立毘尼，及以諸比丘？」

「悉檀」的梵文是siddhānta，悉檀是音譯，意譯就是「宗」。《楞伽經》的後面講了一個非常重要的話題，就是「宗通」與「說通」。這個宗通的「宗」就是這個siddhānta。siddhānta也譯成「成

就」，或者譯成「如實」，用《楞伽經》後面的經文來表達就是「自覺聖智所行境界」。那麼，通俗地講就是「聖者證悟的真實境界」，這就叫siddhānta。這裡的「諸見」的「見」，要念「見（jiàn）」，不能念「現（xiàn）」，因為它對應的梵文是dṛṣṭi，就是見解、見地的意思。「毘尼」梵文是vinaya，也音譯為「毗奈耶」，意譯就是「戒律」。這句經文的意思就是，成就有幾種？見解有幾種？為什麼會有戒律和比丘？

下面，看大慧菩薩提問的第四十二個偈頌，

「一切諸佛子，獨覺及聲聞，云何轉所依，云何得無相？」

這裡的「轉所依」，梵文是parāvṛtti，就是「轉變」的意思，沒有「所依」的含義。但是，在《楞伽經》後面的經文中，有āśrayaparāvṛtti這樣的表達，這個表達是「轉所依」。想必實叉難陀應該是參照後面的經文，把這裡的「轉變」譯成了「轉所依」。「所依」的梵文就是āśraya。什麼是所依？在佛陀三時教法中，「所依」就是阿賴耶識，更具體的講就是「阿賴耶識雜染種子」。轉所依就是「轉染成淨」、「轉識成智」。

這裡的「無相」，梵文是nirābhāsa（無似相）。在前面大慧菩薩提問的第十八個偈頌中，出現過這個nirābhāsa，在那裡實叉難陀譯作「無影」。「顯然無影」這個翻譯比這裡譯的「無相」要好，因為，譯「無相」讀者分不清是「無外相」還是「無似相」。分不清「無外相」和「無似相」就不可能學懂唯識，就不可能通達佛陀三時教法。這個偈頌的意思就是，菩薩、聲聞、緣覺，佛法的一切修行者，怎樣做到轉染成淨？怎樣才能證得無似相？

《楞伽經》導讀051

下面，看大慧菩薩提問的第四十三個偈頌，

「云何得世通？云何得出世？復以何因緣，心住七地中？」

什麼是世間神通？如何得出世間？什麼是七地心？請您告訴我。

下面，看大慧菩薩提問的第四十四個偈頌，

「僧伽有幾種？云何成破僧？云何為眾生，廣說醫方論？」

「僧伽」的梵文是saṃgha，這是個音譯詞。「僧伽」簡稱「僧」。「僧」在佛教裡是指四位以上出家人組成的團體。注意：「僧」是團體，不是個人。比如，皈依三寶中的皈依「僧寶」，不是指皈依某一位出家人，而是指皈依眾多出家人組成的這個團體，為了強調是團體不是個人，有時也稱為「僧團」。這句偈頌的意思就是，僧有幾種？怎樣就是破壞僧團？什麼是為利益眾生的「醫學理論」？

下面，看大慧菩薩提問的第四十五個偈頌，

「何故大牟尼？唱說如是言：迦葉拘留孫，拘那含是我？」

「大牟尼」指的就是釋迦牟尼佛。「迦葉」，梵文是Kāśyapa，「迦葉」是音譯，這是一位佛的名字——迦葉佛。「拘留孫」，梵文是Krakuchanda，也是一位佛的名字——拘留孫佛。「拘那含」，梵文是Kanaka，也是一位佛的名字——拘那含佛。佛陀曾經說過，在我們這個世界上，在他之前有很多很多的佛的示現。就是在釋迦牟尼之前，還有很多像他一樣降生在我們這個世界示現出家、悟道、說法、涅槃的佛。這眾多的佛按順序排列，在釋迦牟尼佛之前的三位就是：拘留孫佛、拘那含佛和迦葉佛，這都被稱為「過去佛」。這句偈

頌的意思就是，佛陀啊，您爲什麼對菩薩們說，迦葉佛、拘留孫佛和拘那含佛其實就是「我」？

下面，看大慧菩薩提問的第四十六個偈頌，

「何故說斷常，及與我無我？何不恆說實，一切唯是心？」

爲什麼說「常」與「斷」？爲什麼說「無我」？您爲什麼不是在一切的場合每時每刻都宣講「唯心」這個法義呢？

大家知道，佛陀只有在三時教法中才宣講了「立足於聖者境界，回看凡夫境界，其實只是虛妄分別，除此之外什麼都沒有」、「所謂『凡夫境界』，不過就是聖者能見的凡夫心的顯現，重要的是，不是顯現出了心外事物，只是顯現出了心外沒有事物卻誤以爲心外有事物的『錯覺』」、「唯識無境」，這就是佛陀的「唯心」法義，這是究竟、了義的佛法。佛陀在初時教法和二時教法中，沒有講「了義法」。所以，佛陀不是總講「了義法」，佛陀要觀眾生的根機，佛陀也經常宣講「不了義法」。

下面，看大慧菩薩提問的第四十七個偈頌，

「云何男女林，訶梨菴摩羅，雞羅娑輪圍，及以金剛山？」

男女林是什麼？相傳是一種很特殊的樹林。樹所結的果實從形狀上看非常像男人和女人，果實成熟的時候色彩豔麗，但落地之後狀如男女屍體，而且很快腐敗，氣味惡臭難聞。因此，有些比丘就來到男女林中修行，修「無常觀」，修「不淨觀」。「訶梨」的梵文是harītakī，這是一個音譯詞，這個詞有四個音節，音譯了前兩個音節，這是一種植物的名字。「菴摩羅」的梵文是amalā，這也是音譯詞，這也是一種樹木的名字。「雞羅娑」的梵文是kailāsa，這是一座山的名字。「輪圍」的梵文是cakravāḍa，這也是山的名字。那這句偈頌的意思就是：什麼是男女樹林？什麼是訶梨樹林？什麼是菴摩羅樹林？爲什麼會有雞羅娑山、輪圍山和金剛山？

下面，看大慧菩薩提問的第四十八個偈頌。這也是大慧菩薩這次集中提問的最後一個偈頌。

「如是處中間，無量寶莊嚴，仙人乾闥婆，一切皆充滿，此皆何

因緣？願尊為我說」。

在雞羅娑山、輪圍山和金剛山，等等山中，爲什麼會充滿著各種各樣的寶石和仙人乾闥婆？請您告訴我。

前面大慧菩薩用了四十八個偈頌，代眾生向佛陀提出了一百多個問題。大慧菩薩這一輪集中提問到這裡結束了。那麼，《楞伽經》第二品的第二段到這裡也結束了。

下面是《楞伽經》第二品的第三段經文，看看佛陀聽了大慧菩薩的提問之後，做何反應？

看經文，「**爾時世尊，聞其所請大乘微妙諸佛之心最上法門，即告之言**」。

這裡「諸佛之心」的「心」，梵文是hṛdaya，是核心、要義的意思。所以，「諸佛之心」是指：諸佛所說佛法的核心要義。那這句經文的意思就是，這時世尊聽了大慧菩薩的提問，提的這些問題是要請他說大乘佛法的核心法義，佛陀就說了……

看下一句，「**『善哉，大慧！諦聽諦聽！如汝所問，當次第說。』即說頌言**」。佛陀說：「太好了，大慧，你認眞地聽，我以你所問的問題按順序說一說。」注意，這裡佛陀是說一說，只是說一說，沒有說是回答。也就是下面的很長篇幅是佛陀把這些問題本身又複述了一遍，又重新捋了一遍，還提了一些佛陀認爲大慧菩薩應該問，卻沒有問的問題。「即說頌言」就是佛陀複述大慧菩薩的問題也是用的偈頌文體。

看佛陀複述的第一個偈頌，

「若生若不生，涅槃及空相，流轉無自性，波羅蜜佛子」。

佛陀說，你大慧不就是問了下面這些問題嗎！什麼是生，什麼是不生，什麼是涅槃，什麼是空，什麼是相，什麼是生死輪迴，什麼是無自性性，什麼是佛，什麼是波羅蜜，什麼是佛子？

看佛陀複述的第二個偈頌，

「聲聞辟支佛，外道無色行，須彌巨海山，洲渚刹土地」。

佛陀繼續說，你大慧問的就是，什麼是聲聞，什麼是緣覺，什麼

是外道，什麼是無色行，什麼是須彌，什麼是大海，什麼是山，什麼是島，什麼是國土，什麼是大地？

看佛陀複述的第三個偈頌，

「星宿與日月，天眾阿修羅，解脫自在通，力禪諸三昧」。

佛陀繼續說，你問的就是，什麼是星宿、太陽和月亮；什麼是外道、天界眾生；什麼是阿修羅；什麼是解脫、自在和神通；什麼是威力、禪那和三昧？

看佛陀複述的第四個偈頌，

「滅及如意足，菩提分及道，禪定與無量，諸蘊及往來」。

佛陀繼續說，你問什麼是「苦、集、滅、道」四諦當中的「滅」和「道」？什麼是道諦當中的「如意足」和「菩提分」？什麼是禪定和無量？什麼是五蘊身和往來？

這裡的「往來」，指的是聲聞乘修行者還要往來於欲界受生。《金剛經》中就說，聲聞二果——斯陀含，就叫「一往來」，就是說還要再欲界受生一次。聲聞三果——阿那含，就叫「不來」，就是不再需要往來於欲界修行了，可以安住於色界或者無色界了。但是，雖然可以不往來於欲界了，可還不是涅槃。

看佛陀複述的第五個偈頌，

「乃至滅盡定，心生起言說，心意識無我，五法及自性。」

什麼是入滅盡定？注意，前一個偈頌講「往來」，聲聞三果可以不往來，可還不是涅槃。這裡的「入滅盡定」，就是聲聞四果——阿羅漢，就是聲聞乘的涅槃。顯然，前面的幾個問題都是有關「聲聞乘」的問題。

繼續往下看經文，什麼是生起心言說？什麼是心、意和意識？這就是指「阿賴耶識」，這是阿賴耶識的「三分法」，還有阿賴耶識的「八分法」就是「八識」。什麼是無我？指的是「人無我」和「法無我」的這「二無我」。什麼是五法？什麼是自性？在這裡的「自性」指的是「三自性」。大家還記得吧，佛陀三時教法體系是由四個基本道理支撐起來的，就是「五法、三自性、八識、二無我」。

《楞伽經》導讀052

2-03-01分別 所分別

下面，看佛陀複述的第六個偈頌，

「分別所分別，能所二種見，諸乘種性處，金摩尼真珠」。

佛陀繼續說，你想問：能分別、所分別顯現二邊見？各種乘、種姓？金子、摩尼寶和珍珠？

下面，看佛陀複述的第七個偈頌，

「一闡提大種，荒亂及一佛，智所智教得，眾生有無有」。

佛陀繼續說，你想問：一闡提，四大種？糊裡糊塗的輪迴？一佛性？聖者的智慧？凡夫的所知？教法所證得和眾生的有無？

下面，看佛陀複述的第八個偈頌，

「象馬獸何因，云何而捕取？云何因譬喻，相應成悉檀？」

佛陀繼續說，你想問：為什麼象、馬、野獸會被捕獲？為什麼以譬喻因，使得言說與悉檀相應？

下面，看佛陀複述的第九個偈頌，

「所作及能作，眾林與迷惑，如是真實理，唯心無境界，諸地無次第」。

佛陀繼續說，你想問什麼是能做的因？什麼是所做的果？為什麼迷惑如稠林？為什麼說真實的道理就是「只有心，沒有心顯現的心外事物的存在」？為什麼又說菩薩修行的初地、二地、三地、四地等等，是無次第？

下面，看佛陀複述的第十個偈頌，

「無相轉所依，醫方工巧論，伎術諸明處」。

佛陀繼續說，你想問：什麼是無似相，什麼是轉所依？什麼是醫方論、工巧論和各種技藝？

下面，看佛陀複述的第十一個偈頌，

「須彌諸山地，巨海日月量」。

如何測量須彌山、大地、大海和日月？

下面，看佛陀複述的第十二個偈頌，

「上中下眾生，身各幾微塵？一一剎幾塵？一一弓幾肘？」

這裡「微塵」的「塵」，梵文是rajas，是塵土、塵埃的意思。每位上、中、下的眾生身上有多少塵土？每個國土有多少塵土？每弓等於多少肘？這裡的「弓」和「肘」都是印度古代的長度單位。

下面，看佛陀複述的第十三個偈頌，

「幾弓俱盧舍，半由旬由旬，兔毫與隙游，蟣羊毛穬麥？」

「俱盧舍」的梵文是krośa。「由旬」的梵文是yojana。都是音譯詞，這兩個詞也是長度單位。「兔毫」就是兔毛很細。「隙游」就是大風從窗戶縫隙中，吹進來的塵埃，很小。「蟣」就是蝨子的卵。「穬麥」就是麥粒。這個偈頌的意思就是，每一肘、弓、俱盧舍、由旬和半由旬中，有多少兔毛、窗塵、蝨子卵、羊毛和麥粒？

看佛陀複述的第十四個偈頌，

「半升與一升，是各幾穬麥？一斛及十斛，十萬暨千億，乃至頻婆羅，是等各幾數？」

這裡的「斛」，梵文是droṇa，是容器的計量單位，相當於「斗」。「頻婆羅」梵文是biṃbara，這是音譯詞，意譯就是「兆」，這是表示「很大的數量」。這個偈頌的意思就是：半升有多少麥粒？一升有多少麥粒？一斛、十斛、十萬斛、億和兆斛有多少麥粒？

看佛陀複述的第十五個偈頌，

「幾塵成芥子？幾芥成草子？復以幾草子，而成於一豆？」

大家注意，這裡的「塵」，梵文是aṇu，常譯為「微塵」或「極微」，這是印度古人認為世界的最小的物質存在的單位，相當於古希臘哲學家說的「原子」，相當於現代物理學說的「基本粒子」。所

以，大家一定要把這個偈頌裡的「塵」與前面第十二個偈頌裡的那個「塵」、「微塵」區別開來，那裡的「塵」、「微塵」指的是塵土、塵埃。這裡的「塵」、「微塵」指的是物質的最小的存在單位。這個偈頌的意思就是，多少微塵可以成一個芥子？多少芥子相當於一個草子？多少草子相當於一個豆？

看佛陀複述的第十六個偈頌，

「幾豆成一銖？幾銖成一兩？幾兩成一斤？幾斤成須彌？此等所應請，何因問餘事」。

「銖」是重量單位。多少豆的重量是一銖？多少銖是一兩？幾兩是一斤？須彌重多少？這些問題你應該問我呀，為什麼沒有問啊？

看佛陀複述的第十七個偈頌，

「聲聞辟支佛，諸佛及佛子，如是等身量，各有幾微塵？」

聲聞、緣覺、佛陀和菩薩的身體有多少微塵組成？這裡的「微塵」是aṇu，是物質存在的最小單位。

看佛陀複述的第十八個偈頌，

「火風各幾塵？一一根有幾？眉及諸毛孔，復各幾塵成？如是等諸事，云何不問我？」

這裡的「根」，梵文是indriya，指的是感覺器官，比如：眼根、耳根，等等。這個偈頌裡的「塵」是aṇu，物質的基本的存在單位。這句經文意思就是，每個火苗裡多少微塵？風有多少微塵？每個感覺器官有多少微塵？這些事你為什麼沒有問？

看佛陀複述的第十九個偈頌，

「云何得財富？云何轉輪王？云何王守護？云何得解脫？」

世人怎樣才能獲得財富自由？為什麼會有轉輪王？國王怎樣守護國家？怎樣獲得解脫？

看佛陀複述的第二十個偈頌，

「云何長行句，淫欲及飲食？云何男女林？」

為什麼會有散文體和詩歌體？為什麼會有性行為和各種飲食？什麼是男女樹林？

《楞伽經》導讀053

2-03-02金剛等諸山

看佛陀複述的第二十一個偈頌，

「**金剛等諸山，幻夢渴愛譬？**」

「渴愛」的梵文是mṛgatṛṣṇā，這是一個複合詞。第一個詞mṛga，就是「鹿」。tṛṣṇā就是「欲望」、「貪愛」。那麼，mṛgatṛṣṇā就是「鹿的欲望」、「鹿的貪愛」。鹿貪愛什麼呢？就是在荒漠上很渴的鹿看見遠方好像有水，就朝著似乎有水的方向奔跑。遺憾的是根本沒有水，只是由於光線的作用造成的看起來好像有水的錯覺。這個看起來有，實際根本沒有的水，這就叫mṛgatṛṣṇā，也譯為「鹿渴」。那麼，這個偈頌的意思就是，為什麼會有這些金剛山？為什麼如幻、如夢、如鹿渴？

看佛陀複述的第二十二個偈頌，

「**諸雲從何起？時節云何有？何因種種味，女男及不男**」。

雲從什麼地方升起？為什麼會有六個季節？為什麼食品會有種種味道？為什麼會有女人、男人和生理特徵上的兩性人？

看佛陀複述的第二十三個偈頌，

「**佛菩薩嚴飾？云何諸妙山，仙闥婆莊嚴？**」

為什麼菩薩妙好莊嚴？為什麼仙人乾闥婆裝飾勝妙的山？

看佛陀複述的第二十四個偈頌，

「**解脫至何所？誰縛誰解脫？云何禪境界？變化及外道？**」

解脫是去了什麼地方？那又是誰曾被捆綁？又是誰在解脫？什麼是修禪者的境界？什麼是佛的化身？什麼是外道？

看佛陀複述的二十五個偈頌，

「云何無因作？云何有因作？云何轉諸見？云何起計度？云何淨計度？」

無作是怎樣從無到有的？所顯現是怎樣消失的？凡夫的思量、計度是怎樣生起的？怎樣才能轉清淨？

看佛陀複述的第二十六個偈頌，

「所作云何起？云何而轉去？云何斷諸想？云何起三昧？」

「所作」的梵文是kriyā，是造作、造業的意思，來源於動詞詞根√kṛ。這個「所作」的「作」，不是指一般的工作，而是專指阿賴耶識雜染種子的現行，特別是現行中的分別。「現行」這個詞的一種梵文的表達就是kriyā。前面的課程中學習過，所謂「現行」就是「顯現」與「分別」。就是生翳病的眼睛顯現了似毛的影，而把這個似毛的影誤執為心外的毛，把「似毛的影」誤執為「心外的毛」的這件事情就是kriyā。實叉難陀翻譯為「所作」，加了一個「所」字，非常好！體現了凡夫誤執心外有離能之「所」，誤以為能所分離。上一個偈頌中，出現了一個梵文詞叫akriyā，就是在kriyā前邊加上了一個否定前綴詞a，我把這個akriyā譯為「無作」。「無作」就是不把生翳病的眼睛顯現的似毛的影執為心外的毛。不去分別，這就是「無作」。

因此，大家就清楚了，「所作」的是凡夫，「無作」的是聖者。以為nimitta（外相）存在，就是「所作」；知道只是似相（ābhāsa）而無外相（nimitta）就是「無作」。學佛修行，就是要從「所作」的凡夫轉為「無作」的聖者。

那麼，這個偈頌的意思就是，所作是怎樣生起的？所作怎樣才能離去？怎樣斷除想？怎樣才能稱為是入定？這裡的「想」，梵文是saṃjñā，是認識、認知的意思，但指的是凡夫對凡夫境界的錯誤認識、錯誤認知。比如說，沒有桌子，可非認為有桌子的「錯誤認識」。《金剛經》的鳩摩羅什譯本中，有一句非常有名的經文「無我相、人相、眾生相、壽者相」，鳩摩羅什譯的「我相、人相、眾

生相、壽者相」的「相」，梵文不是lakṣaṇa而是saṃjñā，就是這裡的「想」。玄奘法師《金剛經》譯本就譯爲「想」，「無我想」就是「我相」其實從來就沒有存在過，因此，與其說「無我相」不如說無的是沒有我相卻誤以爲有我相的這個「錯誤認識」，就是「無我想」，就是「斷除想」。

下面，看佛陀複述的第二十七個偈頌，

「破三有者誰？何處身云何？云何無有我？云何隨俗說？」

誰能破三有？什麼是處，什麼是身？什麼是無我論？爲什麼要隨順世俗而宣說佛法？

看佛陀複述的第二十八個偈頌：**「汝問相云何，及所問非我？云何爲胎藏，及以餘支分？」**

你問，什麼是外相，爲什麼無我？你問，什麼是胎藏，什麼是不同宗派？

看佛陀複述的第二十九個偈頌，

「云何斷常見？云何心一境？云何言說智？戒種性佛子？」

什麼是常見和斷見？什麼是心得定？什麼是言說、智慧、戒律、種性和佛子？

看佛陀複述的第三十個偈頌，

「云何稱理釋？云何師弟子，眾生種性別，飲食及虛空，聰明魔施設？」

什麼是道理和解釋？什麼是老師和弟子？什麼是各種眾生？什麼是飲食和天空？什麼是聰明和魔障？什麼是爲名言安立？

看佛陀複述的第三十一個偈頌，

「云何樹行布？是汝之所問。何因一切刹，種種相不同，或有如箜篌，腰鼓及眾花，或有離光明，仙人長苦行？」

爲什麼會有樹木的排列？這是你的提問。爲什麼國土有不同的形狀？如箜篌、腰鼓和花形？爲什麼有的國土失去了光明？爲什麼有長苦行仙人？

看佛陀複述的的第三十二個偈頌，

「或有好族姓，令眾生尊重，或有體卑陋，為人所輕賤，云何欲界中，修行不成佛？」

為什麼會有族姓世系？為什麼會有卑陋人？為什麼不能在欲界成正覺？

看佛陀複述的的第三十三個偈頌，

「而于色究竟，乃升等正覺？云何世間人，而能獲神通？何因稱比丘？」

為什麼要在色究竟天才能獲得成就？什麼是世間神通？怎樣才能成為比丘？

看佛陀複述的第三十四個偈頌，

「何故名僧伽？云何化及報，真如智慧佛？」

什麼是化身佛、報身佛和法身佛？什麼是僧團？大家注意，比丘或者比丘尼可以是指「個體出家人」，我們可以說一位比丘或一位比丘尼。但是，「僧伽」簡稱「僧」，是指比丘或比丘尼的團體，也稱「僧團」。因此，我們只能說這是一位比丘，不能說這是一位僧人，這就是「比丘」和「僧」的區別。

看佛陀複述的第三十五個偈頌，這也是佛陀複述的最後一個偈頌。

「云何使其心，得住七地中？此及于餘義，汝今咸問我」。

什麼是七地心？佛子呀，你問了這些問題，還有無量無數的問題。

佛陀用了三十五個偈頌複述大慧菩薩的集中提問。《楞伽經》的第二品第三段到這裡結束了。

《楞伽經》導讀054

2-04-01百八種句皆應聽受

　　大慧菩薩提出了一百多個問題，其中有的問題是切中佛陀三時教法思想核心的大問題，但也有很多是世間法的小問題。有人就很詫異，為什麼大慧菩薩會問這些小問題？而且，這些小問題還被佛陀又複述了一遍，略顯深長，似乎有點囉嗦。其實，這是表法。前面我們反復強調了，大慧菩薩不是為自己而問，而是代眾生而問，既然是代眾生而問，就得問出點眾生的味道。

　　大家設想一下，假如佛陀今天又一次化現在我們這個世界，你見到佛陀，你會問什麼問題？眾生會問什麼問題？大概只會問這些世間法的小問題。看看當今自覺自己是佛教徒的人，到寺院裡去幹了些什麼？無非就是點上所謂高香──其實大多都是劣質產品──在佛像前磕幾個頭，跪在那裡很虔誠的樣子，有的心中默念，有的口中暢言。不過就是祈求父母長壽，子女升學，自己發財，找對象，求生子等等，這些世間法。你見過在寺院裡跪在佛像前發菩提心的嗎？你見過跪在佛像前祈請佛陀加持，早日證空性，見實相，或者早日證唯識性，攀緣真如的嗎？幾乎見不著。您此時此刻能學習《楞伽經導讀》、《金剛經導讀》，這已經是甚難稀有了，要為自己點個贊。

　　從另一個角度講，大慧菩薩問了幾十個小問題，佛陀又把這些小問題複述了一遍，而且說還有很多小問題，你大慧可以問卻沒問。這就是在告訴我們，世間的小問題何只是這幾十個？可以問出幾百個、幾千個、幾萬個。有本著名的書就叫《十萬個為什麼》，何只十萬。在《楞伽經》上一段經文最後一個偈頌裡，有一個梵文詞subahu，就

是無量無數的意思，這些小問題其實無量無數問不完。在《楞伽經》後面的經文中，佛陀也沒有對大慧菩薩提的這些小問題一一回答。沒必要一一回答。

下面，我們開始學習《楞伽經》第二品的第四段經文。

「如先佛所說，一百八種句，一一相相應，遠離諸見過。亦離於世俗，言語所成法。我當為汝說，佛子應聽受」。

「一百八種句」就是一百零八個句，這裡的「句」，梵文是pada，用現代漢語直譯就是「詞」，引申成「範疇」的意思。有一百零八對範疇被過去的佛所講授。「一一相」的「相」，梵文是lakṣaṇa，就是「外相」，就是誤以為的凡夫心外的事物的「相」。「一一相相應」，就是這一百零八對範疇與凡夫心外事物的相是相應的；就是這一百零八對範疇可以覆蓋凡夫心外事物的相；就是不用去回答每一個世間法的小問題，這些小問題全都可以囊括在這一百零八對範疇之中。以這一百零八對範疇就可以解決世間法的一切問題；用這一百零八對範疇就可以遠離錯誤的見解。佛陀說，我要宣講「言說法」和「成就法」，次第建立這一百零八對範疇。佛子啊，請聽吧！

看下面的經文：**「爾時大慧菩薩摩訶薩白佛言：『世尊，何者是一百八句？』」**

大慧菩薩對佛說，世尊哪，什麼是一百零八對範疇？

「佛言：『大慧，所謂生句非生句。』」

佛陀說，大慧啊，一百零八對範疇就是「生句非生句」。這個「生句非生句」，就是第一對範疇，就是「生」與「非生」組成一對範疇，凡夫境界「能取」與「所取」之二，導致一切皆「二」。在凡夫境界的言說法，即可表達為一對、一對的「二」的範疇。但是，言說法的「二」並非是認可「二」，而是最終要泯滅「二」，證成就法。

下面，我們就把一對一對的範疇讀一下，

「生句非生句，常句非常句，相句非相句」。

注意，這個「相」，梵文是lakṣaṇa，外相。

「住異句非住異句」。

這個「住異」，就是《解構凡夫的「眞實」世界——〈金剛經〉導讀》中講「無常」的生滅無常中，「生住異滅」的無常。這個「住異」，就是「生住異滅」的「住異」。

「剎那句非剎那句，自性句非自性句，空句非空句」。

注意：這裡的「空」，梵文是śūnyatā，是「空性」。所以這句應該是「空性句非空性句」。

「斷句非斷句，心句非心句」。

這裡的「心」，就是梵文citta，表示那個「心識活動」的心。

「中句非中句，恒句非恒句，緣句非緣句，因句非因句，煩惱句非煩惱句，愛句非愛句」。

這個「愛」，梵文是tṛṣṇā，是「貪愛」。所以這句應該是「貪愛句非貪愛句」。

「方便句非方便句，善巧句非善巧句，清淨句非清淨句，相應句非相應句，譬喻句非譬喻句，弟子句非弟子句，師句非師句，種性句非種性句，三乘句非三乘句，無影像句非無影像句」。

這個「無影像」，就是nirābhāsa，就是「無似相」。

「願句非願句，三輪句非三輪句，標相句非標相句」。

「標相」，梵文是nimitta。nimitta與lakṣaṇa是近義詞，這兩個詞一般都譯作「相」，在《楞伽經》中都表示「外相」。前面有了lakṣaṇa「相句」，爲了區別，實叉難陀在這裡加了一個「標」字。

「有句非有句，無句非無句」。

那麼對照梵文本，這兩句其實是一句，是「有無相待句，非有無相待句」。

「俱句非俱句」。

這個「俱」，梵文是ubhaya，就是「兩者都具有」的意思。

比如說，亦有亦無——既是有也是無，這就叫「俱」；亦常亦斷——既是常也是斷，這就叫「俱」。

「自證聖智句非自證聖智句，現法樂句非現法樂句，剎句非剎

句」。

這裡的「剎」，梵文是kṣetra，剎土。所以，這句最好翻譯爲「剎土句非剎土句」。

「塵句非塵句」。

這裡的「塵」，梵文是aṇu，就是前面講過的、表示最基本的物質存在單位的那個極微、原子、基本粒子。

「水句非水句，弓句非弓句，大種句非大種句，算數句非算數句，神通句非神通句，虛空句非虛空句，云句非云句，巧明句非巧明句，伎術句非伎術句，風句非風句，地句非地句，心句非心句」。

注意這裡的「心」，梵文是cintya，用現代漢語翻譯最接近的詞是「思維」，所以這句應該是「思維句非思維句」，要區別前面那個「心句非心句」。

「假立句非假立句，體性句非體性句」。

這裡面的「體性」，梵文就是svabhāva（自性）。與前面的「自性句非自性句」重複了。

「蘊句非蘊句，眾生句非眾生句，覺句非覺句，涅槃句非涅槃句，所知句非所知句，外道句非外道句，荒亂句非荒亂句，幻句非幻句，夢句非夢句，陽焰句非陽焰句，影像句非影像句」。

注意，前面有「無影像」，梵文是nirābhāsa，這裡又出現了「影像」。那麼，這裡的「影像」對應的梵文是bimba，是在照鏡子的時候，鏡子中的影像。所以，這裡的「影像」與前面「無影像」的「影像」是不一樣的。

「火輪句非火輪句，乾闥婆句非乾闥婆句，天句非天句，飲食句非飲食句，淫欲句非淫欲句，見句非見句，波羅蜜句非波羅蜜句，戒句非戒句，日月星宿句非日月星宿句，諦句非諦句，果句非果句，滅句非滅句」。

這裡面的「滅」，梵文是nirodha，就是「滅盡定」。

「滅起句非滅起句」。

「滅起」的梵文是nirodhavyutthāna，就是從滅盡定中出定。

「醫方句非醫方句，相句非相句」。

這裡又出現了「相句」，梵文是lakṣaṇa，顯然與前面的「相句」重複了。

「支分句非支分句，禪句非禪句，迷句非迷句」。

這個「迷」，梵文就是bhrānti，就是前面我們反復講過的那個「迷惑」。

「現句非現句，護句非護句，種族句非種族句，仙句非仙句，王句非王句，攝受句非攝受句，寶句非寶句，記句非記句」。

這個「記」，梵文是vyākaraṇa，是授記的意思，就是佛給八地以上菩薩預記即將成佛。

「一闡提句非一闡提句，女男不男句非女男不男句，味句非味句，作句非作句」。

這個「作」，就是上一講我們講過的kriyā，就是把生翳病的眼睛顯現的似毛的影執為心外的毛的這個行為。凡夫一定「作」，聖者「不作」。

「身句非身句，計度句非計度句，動句非動句，根句非根句，有為句非有為句，因果句非因果句，色究竟句非色究竟句，時節句非時節句，樹藤句非樹藤句，種種句非種種句，演說句非演說句，決定句非決定句，毗尼句非毗尼句，比丘句非比丘句，住持句非住持句」。

這個「住持」，梵文adhiṣṭhāna，是護持、加持的意思。

「文字句非文字句」。

好，前面我們就把一百零八對範疇讀完了。

看下一句經文，「大慧，此百八句，皆是過去諸佛所說」。

這一百零八對範疇都是被過去佛所宣說過的呀。

《楞伽經》第二品的第四段經文，學習圓滿了。

NOTE

NOTE

NOTE

NOTE

NOTE

NOTE

NOTE

NOTE

國家圖書館出版品預行編目資料

虛妄與眞實：楞伽經導讀 / 于曉非著. -- 初版. -- 新北市：華夏
出版有限公司, 2023.12
　　面；　　公分. -- （于曉非作品集；01-02）
ISBN 978-626-7393-07-9（第1冊：平裝）. --
ISBN 978-626-7393-08-6（第2冊：平裝）
1.CST：經集部

221.751　　　　　　　　　　　　　　　　　112018016

于曉非作品集 001

虛妄與眞實：楞伽經導讀 1

著　　作	于曉非	

出　　版　華夏出版有限公司
　　　　　220 新北市板橋區縣民大道 3 段 93 巷 30 弄 25 號 1 樓
　　　　　電話：02-32343788　傳眞：02-22234544
E-mail　pftwsdom@ms7.hinet.net
印　　刷　百通科技股份有限公司
　　　　　電話：02-86926066　傳眞：02-86926016
總 經 銷　貿騰發賣股份有限公司
　　　　　新北市 235 中和區立德街 136 號 6 樓
　　　　　電話：02-82275988　傳眞：02-82275989
　　　　　網址：www.namode.com
版　　次　2023年12月初版一刷
定　　價　新台幣 400 元　　（缺頁或破損的書，請寄回更換）

ISBN-13：978-626-7393-07-9
《楞伽經導讀》由于曉非獨家授權至華夏出版有限公司，在台灣
地區（包括中國香港、澳門地區）以繁體字中文版出版發行此書。